LA QUESTION ÉTHIQUE
ET JURIDIQUE
DANS LA PENSÉE ISLAMIQUE

DU MÊME AUTEUR

Deux Épîtres de Miskawayh, édition critique, Damas, B.E.O., 1961.

Aspects de la pensée islamique classique, Paris, IPN, 1963.

L'islam, religion et société, Paris, Le Cerf, 1982; trad. italienne, Rome, RAI, 1980.

L'islam, hier, demain, 1 re éd. Paris, Buchet-Chastel, 1978; 2 e éd. Paris, Buchet-Chastel, 1982.

Essais sur la pensée islamique, 1 re éd. Paris, Maisonneuve et Larose, 1973, 1984 2.

Pour une critique de la raison islamique, Paris, Maisonneuve et Larose, 1984.

L'islam, morale et politique, Paris, UNESCO-Desclée de Brouwer, 1986.

Religion et laïcité : une approche laïque de l'islam, L'Arbrelle, Centre Thomas More, 1989.

Lectures du Coran, 1 e éd. Paris, Maisonneuve et Larose, 1982; 2 e éd. Tunis, Aleef, 1991.

Ouvertures sur l'islam, 1 re éd. Paris, J. Grancher, 1989; 3 e éd. *L'islam. Approche critique*, Paris, Le grand Livre du mois, 2002.

The Unthought in Contemporary Islamic Thought, London, Saqi Books, 2002.

De Manhattan à Bagdad. Au-delà du Bien et du Mal, en collaboration avec J. Maila, Paris, Desclée De Brouwer, 2003.

L'humanisme arabe au IV e/X e siècle : Miskawayh, philosophe et historien, 3 e éd. Paris, Vrin, 2005.

Humanisme et Islam. Combats et propositions, Paris, Vrin, 2006, 2008 2.

Islam : To Reform or to Subvert?, London, Saqi Books, 2006.

L'islam et les musulmans en France du Moyen Âge à nos jours, M. Arkoun (dir.), Paris, Albin Michel, 2006.

L'ABC de l'islam. Pour sortir des clôtures dogmatiques, Paris, J. Grancher, 2007.

La pensée arabe, 8 e éd. Paris, PUF, 2010.

MISKAWAYH, *Traité d'éthique*, trad. fr., introd. et notes du *Tahdhîb al-akhlâq*, 1 re éd. Damas, 1969; 3 e éd. Paris, Vrin, 2010.

ÉTUDES MUSULMANES

Mohammed ARKOUN

LA QUESTION ÉTHIQUE ET JURIDIQUE DANS LA PENSÉE ISLAMIQUE

PARIS
LIBRAIRIE PHILOSOPHIQUE J. VRIN
6, place de la Sorbonne, V^e

2010

© *Librairie Philosophique J. VRIN*, 2010

Imprimé en France

ISSN 0531-1888

ISBN 978-2-7116-2301-3

www.vrin.fr

AVERTISSEMENT

Je ne peux livrer aux lecteurs les quatre chapitres qui composent ce livre sans clarifier un reproche constant sur la difficulté à suivre un travail de conceptualisation inhabituelle aussi bien dans le champ peu fréquenté de la Critique de la Raison islamique que celui des rapports entre connaissance des faits religieux et la Raison des Lumières en Europe. Comme on le constatera, j'applique systématiquement à ces deux champs de la recherche et de la connaissance critiques les mêmes outils de penser et les mêmes stratégies cognitives d'intervention. Et j'explique pourquoi cette approche est urgente, nécessaire et trop longtemps ignorée. Tout le monde connaît les malentendus, les ignorances réciproques qui ont toujours alimenté les conflits récurrents entre les immigrés musulmans dans l'Union européenne et les réponses politiques inadéquates que continuent de donner les deux protagonistes aux conflits en cours.

Pour illustrer de façon concrète les raisons évidentes qui empêchent mes lecteurs européens et musulmans d'entrer d'emblée dans mes exposés et mes digressions théoriques, je propose à tous de parcourir avec minutie la bibliographie succinte qui donnera une idée des parcours intellectuels, historiques, culturels, scientifiques, méthodologiques, épistémologiques qu'il est indispensable de partager pleinement avec l'auteur. Les titres retenus ont pour trait commun de s'inscrire dans la quête et le renforcement pour notre futur historique de ce que je défends depuis les années 1970, la raison émergente. Celle-ci libère des systèmes de croyance et de non-croyance des traditions religieuses et en même temps de que j'appelle aussi la *clôture moderne de l'esprit humain*.

Note de l'éditeur

Ayant supervisé la réimpression du *Traité d'éthique* de Miskawayh, à nouveau disponible depuis mai 2010, Mohammed Arkoun a souhaité écrire une préface à cette réimpression qui prolonge et approfondisse l'introduction qu'il avait rédigée pour la première édition de cet ouvrage, ainsi transformée en une publication autonome que constitue le présent volume. La mort l'a emporté avant qu'il ne le vit paraître. C'est à Madame Touria Yacoubi Arkoun que nous devons la correction des dernières épreuves et la mise au point de la couverture de ce livre posthume. Qu'elle soit ici remerciée de sa participation active en ces moments de peine intense.

Novembre 2010

CHAPITRE PREMIER

LES VICISSITUDES DE LA QUESTION ÉTHIQUE DANS LA PENSÉE ISLAMIQUE

Dans l'institution religieuse islamique (al-milla-l-islâmiyya), *la guerre sainte ou juste* (jihâd) *est une prescription religieuse en raison de l'universalité de l'appel en vue d'amener la totalité des hommes à l'islam de gré ou de force. C'est pourquoi le califat et la souveraineté temporelle* (mulk) *y ont été établis de telle façon que ceux qui en ont la charge puissent exercer leur force dans les deux domaines à la fois. Pour les autres institutions religieuses, leur mission* (da'wa) *n'y est pas universelle, pas plus que la guerre sainte n'y est prescrite, sauf pour se défendre...* [1].

L'ensemble des sciences a dégagé aujourd'hui ce que j'appelle un grand récit. Chaque science ajoute son affluent à cet énorme récit qui se développe un peu comme un fleuve. Ce dernier existait, bien sûr, auparavant, mais il était extrêmement fragmenté, moins unitaire, et il n'y avait pas cette espèce de conscience de tous les savoirs d'appartenir à ce récit, d'y apporter sa pierre, de le rectifier sans cesse, de le déconstruire et de le reconstruire. Cet immense récit qui est aujourd'hui globalement vrai, appartient désormais à la totalité de l'humanité. Il existe; nous avons les outils nécessaires pour nous le transmettre et il constitue aujourd'hui le fondement de notre culture [2].

À LA RECHERCHE D'UNE PROBLÉMATIQUE

Ibn Khaldoun est un des rares historiens penseurs d'expression arabe au Moyen Âge qui a écrit d'amples prolégomènes à son livre sur l'histoire des Berbères. J'ai choisi cette citation pour situer ma propre réflexion sur l'Éthique à la fois par rapport à l'histoire de la pensée

---

1. Ibn Khaldoun (m. 1406), *Muqaddima*, Beyrouth, 1967-1968, III, chap. 33, p. 408.
2. M. Serres, *Le Monde* du 19/06/2001.

islamique indissociable de la source coranique et à la longue lignée philosophique qui a connu une présence éphémère dans la logosphère arabe, alors qu'elle n'a cessé de se renouveler jusqu'à nos jours dans ses déploiements en Europe et en Occident. Beaucoup d'auteurs ont prêté à Ibn Khaldoun des traits de la pensée critique moderne avec des restrictions pour son écriture narrative de l'histoire. On en a fait un sociologue et même un anthropologue; on le compare volontiers à Machiavel. Il est clair cependant que sa pensée religieuse s'inscrit dans les limites communes d'une posture théologique d'exclusion réciproque commune aux trois versions rivales du monothéisme. L'idée fondamentale et la donnée première postulée théologiquement est que chaque religion s'autoproclame comme la *seule vraie*, sans jamais confesser qu'il s'agit là d'une construction dogmatique de la foi communautariste qui s'obstine à rejeter les enseignements les plus émancipateurs accumulés depuis le XIXe siècle par la communauté scientifique mondiale sur de tels sujets. Ainsi, les historiens nous enseignent que les papes qui ont inspiré et conduit des croisades successives depuis 1095, ont surenchéri sur le statut théologique de la guerre dite juste par saint Augustin, en la qualifiant de *sainte* quand il s'agissait de délivrer le tombeau du Christ du fanatisme d'une religion non seulement ennemie, mais *fausse*.

Saladin a utilisé le même esprit du *Jihâd* pour reconquérir les territoires occupés par les Croisés. Nous sommes bien dans l'imaginaire religieux commun aux théologies médiévales. Pour l'historien Ibn Khaldoun, il ne s'agit pas d'une posture que nous relions aujourd'hui à la production imaginaire des sociétés, mais d'une vérité rationnellement établie par la reine des sciences qu'était et demeure encore pour beaucoup de croyants la théologie et notamment la branche de cette discipline nommée la théologie politique. Voici deux citations qui donnent beaucoup à penser dans la perspective d'une Éthique de dépassement au-delà de toutes les constructions théologiques et idéologiques modernes :

> Le chevalier du Christ tue en conscience et meurt tranquille : en mourant, il fait son salut; en tuant il travaille pour le Christ. Subir ou donner la mort pour le Christ n'a, d'une part, rien de criminel et, de l'autre, mérite une immensité de gloire. Sans doute, il ne faudrait pas tuer les païens non plus que les autres hommes s'il y avait un autre moyen d'arrêter leurs invasions et de les empêcher d'opprimer les

fidèles. Mais dans les circonstances actuelles, il vaut mieux les massacrer que de laisser la verge des pécheurs suspendue sur la tête des justes. [...] La vie est utile, la victoire glorieuse, mais une sainte mort est bien préférable. [...] Quelle sécurité dans la vie quand non seulement on attend la mort sans crainte, mais, bien plus, quand on la désire comme un bonheur et qu'on la reçoit avec dévotion [1].

Quand les mois sacrés seront expirés, tuez les polythéistes (*almushrikûn*) partout où vous les trouverez ! Capturez-les, assiégez les, dressez leur des embuscades ! Mais s'ils reviennent à Dieu (*tâbû*) en accomplissant la prière, en versant l'aumône légale, alors laissez les libres, car Dieu est toute indulgence et toute compassion [2].

Ce double enfermement perpétué dans les guerres dites religieuses relayées par les rivalités impérialistes « modernes », continuent de peser lourdement sur toute quête d'une Éthique qui intègrerait précisément la critique des simulacres de vérité, de droit, de légitimité, de légalité, de justice, de valeurs spirituelles et morales maintenus, enseignés, imposés dans tous les « *ordres sociaux et politiques* » où se déploie l'existence humaine aujourd'hui comme dans les passés lointains. Ajoutons que le même saint Augustin qui a défini pour la première fois la notion de guerre juste, a aussi écrit un court traité sur la notion de *religion vraie* qui fonde les principes de l'Éthique et du droit. Elle seule conduit à reconnaître le Créateur avec révérence, unissant la perspective intellectuelle correcte et les attitudes et actions appropriées à cette reconnaissance. La nature de celle-ci peut varier selon les moments et les périodes de l'histoire. Le christianisme unifie ainsi dès le IVe siècle la philosophie de Platon et la vérité incarnée dans le Christ. La religion vraie existe au singulier seulement ; elle ne peut avoir de pluriel. Elle articule l'activité intellectuelle et la vie spirituelle à tous les niveaux de déploiement de ces deux dimensions de l'existence humaine. La religion ainsi définie reçoit dès lors un contenu doctrinal fondateur qui l'enrichit et l'habilite à devenir l'instance unique d'articulation des attitudes et des actions bonnes capitalisées dans la Tradition vivante de la Communauté des fidèles. Plus tard au

---

1. Éloge de la nouvelle milice, à la demande de Saint Bernard de Clairvaux au Concile de Troyes 14/01/1128 ; cité par J. Daniel dans *La jouissance du pire*, 24/01/2002 à propos du 11/09/2001.

2. Coran 9, verset 5.

XVIIᵉ siècle, le juriste hollandais Hugo Grotius publia en 1627 un livre sur *La Vérité de la religion chrétienne* qui connut un grand et durable succès, car il a donné un argumentaire solide aux marins chrétiens qui sillonnaient les mers pour évangéliser, conquérir des terres et faire du commerce.

Ces précisions donnent leur vraie portée aux propos d'Ibn Khaldoun sur l'obligation et le sens doctrinal et conquérant du *Jihâd* en islam. Ces cheminements de la pensée et de l'action historique qui en découlent, sont communs aux deux religions conquérantes et missionnaires que sont l'islam et le christianisme. Car le Coran introduit sa propre définition de la religion en énonçant des fractures théologiques durables par rapport au judaïsme et au christianisme. Dans les deux cas, l'Éthique, le droit, la théologie politique s'inscrivent nécessairement dans le cadre englobant de la religion vraie au singulier. Il faut attendre les révolutions intellectuelles, juridiques, politiques et scientifiques de la Raison des Lumières pour inaugurer une philosophie politique laïque comme alternative libératrice de la théologie politique qui fait retour sur la scène historique sous les deux Figures irréconciliables de *Jihâd* versus *McWorld*. Tout le travail est à reprendre avec de nouvelles données historiques, linguistiques, anthropologiques ; de nouveaux outils de pensée, de nouvelles conceptualisations des conditions concrètes de déploiements historiques de la condition humaine. C'est ce que je vais montrer en esquissant les vicissitudes de la question éthique dans le parcours de la pensée en contextes historiques d'hier et d'aujourd'hui.

LES TROIS SOURCES DE L'ÉTHIQUE : LA RELIGION, LA PHILOSOPHIE ET LES RÉVOLUTIONS SCIENTIFIQUES

> There is not, neither ever was there, any other religion in the whole world (other than Christanity), that can be imagined more honourable for Excellency of reward, more absolute and perfect for precept, or more admirable for the manor according to which it was commanded to be propagated and divulged [1].

---

1. Hugo Grotius, *True Religion*, London, 1632, p. 99.

I follow the religion of love, wherever its camels turn; love is my religion and my faith [1].

Ces deux citations nous serviront de fil conducteur pour nous interroger à nouveaux frais sur les sources de la pensée éthique. Pendant des siècles, deux sources concurrentes ont alimenté la réflexion éthique : les traditions religieuses et la lignée grecque de la philosophie. Les premières révolutions scientifiques n'ont guère modifié l'impact de ces deux sources sur les fondements et l'enseignement de l'Éthique. Il faut attendre les grandes avancées des sciences de la vie pour voir se multiplier en Europe les Comités d'Éthique pour une refondation de l'Éthique qui intégrerait les données biologiques sur le statut réel de la personne ou sujet humain. Les sciences de l'homme et de la société ont également complexifié les conditions d'identification et d'utilisation de ce qu'on continue d'appeler les fondements de l'Éthique. J'ai eu le privilège de siéger au Comité d'Éthique pour les sciences de la vie créé en France au début des années 1980. Sa composition reflète des changements significatifs dans l'élaboration des principes et des conduites éthiques face notamment aux défis des connaissances irrécusables sur le statut et le destin du sujet humain. Le comité rassemble des représentants éminents des sciences de la vie et de la pratique médicale ; ils sont très écoutés, mais ils écoutent aussi les observations de toutes les familles d'esprit présentes dans la société civile : traditions religieuses, orientations laïques variées. Ainsi se trouvent dépassés les Magistères doctrinaux souverains des grandes religions et les maîtres à penser des écoles philosophiques.

Cela n'empêche pas la prolongation des débats dans la société civile sur les avis émis pour le législateur par les Comités d'éthique, même au niveau de l'UNESCO. Qu'en est-il de cette évolution en contextes islamiques contemporains ? Des Comités ont été créés dans un certain nombre de pays. Il faudrait connaître exactement leur composition en dehors des scientifiques attitrés ; combien parlent au nom de la Loi divine (*Sharî'a*) là notamment où l'islam est religion d'État et où l'écrasante majorité de la population adhère à une seule école théologico-juridique comme les Malikites au Maghreb ? Plus

1. Ibn 'Arabî, *Tarjumân al-ashwâq*, Beyrouth, 1966, p. 44.

fondamentalement, où en est la pensée et la culture éthique dans les contextes islamiques contemporains où prédominent un discours et une pratique populistes d'un islam entièrement contrôlé par des Partis-États en déficit de légitimité démocratique et encore plus de tout Magistère doctrinal. C'est dans ce paysage intellectuel, culturel, politique, juridique et institutionnel que doivent être examinées les vicissitudes de la question éthique en contextes islamiques. Je remonte au Xᵉ siècle quand parut et circula Le *Traité des vertus* de Miskawayh. Il a été traduit par mes soins en 1961 et publié seulement en 1969 par l'Institut français d'études arabes à Damas, dans la prestigieuse collection scientifique d'éditions critiques et de recherche sur le domaine arabe. Cette traduction annotée du *Tahdhîb al-akhlâq* du philosophe et historien Miskawayh (m. 1030) est la figure centrale, avec Tawhîdî (1023), du courant de pensée humaniste que j'ai appelé l'*adab* philosophique.

En donnant dans mes enseignements la priorité et la primauté de mes premières investigations aux analyses linguistiques, sémiotiques, historiques et anthropologiques du discours coranique [1], j'ai cependant observé dans tous les contextes islamiques contemporains, l'effacement de toute réflexion éthique dans deux traditions parallèles : la lignée philosophique et la lignée religieuse connue sous l'expression ambitieuse de *Makârim al-akhlâq*, le Noble caractère, ou les hautes valeurs morales. Cette expression est rendue célèbre par un de ces hadîths qui n'a pas besoin d'être authentique pour habiter durablement les mémoires individuelles et collectives : « J'ai été envoyé pour porter à la perfection les *Makârim al-akhlâq* ».

Cette annonce est concrétisée dans les grands corpus de traditions prophétiques augmentés des traditions des Imâms chez les Shî'ites. Ces traditions mémorisées, citées partout dans les situations vécues de la vie quotidienne réduiront considérablement les possibilités d'expansion et de succès de la lignée philosophique. Dans les croyances communes des musulmans, la norme juridique renvoie à la fois aux définitions théologico-morales des *Makârim* qui la fondent et aux conduites morales qu'elle homologue ou prohibe. Les interactions entre ces trois niveaux de la croyance et de la conduite des croyants se

---

1. Voir M. Arkoun, *Lectures du Coran*, Paris, Maisonneuve et Larose, 1982 et *Pour une critique de la raison islamique*, Paris, Maisonneuve et Larose, 1984.

trouvent déjà dans le discours coranique, car elles découlent de la source première qu'est la Parole de Dieu articulée en arabe par ce discours. C'est pourquoi, après une période de tensions éducatives entre les deux généalogies – religieuse et philosophique – des principes éthiques qui fondent la morale pratique, il va se produire une séparation durable entre la lignée religieuse qui prédomine jusqu'à nos jours et la lignée philosophique qui disparaît pratiquement après le XIIIᵉ siècle.

L'inverse va s'imposer en Europe chrétienne, puis moderne dans un parcours à la fois continu et marqué par les bonds subversifs de la raison des Lumières et des révolutions scientifiques et techniques.

J'ai montré comment le *Traité* de Miskawayh représente un sommet à deux versants : celui de la montée vers les tensions éducatives entre les enseignements et positions de la raison philosophique et ceux de la tradition religieuse en voie de construction (VIIᵉ-XIIᵉ siècles) ; celui de la régression et de l'oubli continus à la fois du pluralisme doctrinal de la tradition religieuse et de la lignée philosophique interrompue jusqu'à nos jours. Je ne reviendrai pas sur la synthèse humaniste réalisée dans le *Traité des vertus* et dont s'éloignent aussi bien l'usage sélectif qu'en a fait Ghazâlî (m. 1111) dans son *Mîzân al-'amal* et celui de Nâsir al-dîn al-Tûsî (1201-1274) dans son *Akhlâq-e-Nâsiri* où l'usage des sources chez Miskawayh est dévié vers des développements ésotériques ismaéliens. Bien plus tard, Muhammad 'Abdu (m. 1905) est censé avoir pris connaissance du *Traité* ; mais son œuvre réformiste ne porte pas trace d'une influence explicite. On a donc là un exemple éloquent du poids de l'oubli et de la pression de sélection des islams orthodoxes sur l'histoire des œuvres marquantes de la pensée arabo-islamique classique. Dans mon récent livre *Humanisme et islam*, on trouvera d'autres exemples d'oubli et d'éliminations qui affectent l'ensemble de la question humaniste en contextes islamiques durant la longue période des empires ottoman, safavide, moghol après les XVᵉ-XVIᵉ siècles.

Quels impacts exercent ces impasses et les divers blocages intellectuels, culturels, politiques et sociaux qui s'en suivent, sur les crises récurrentes à l'échelle mondiale ? Que reste-t-il de la réflexion éthique dans le long et riche parcours des deux raisons, philosophique et religieuse, en Europe ? Car on ne peut plus dissocier le devenir des

valeurs en Occident hégémonique dans tous les domaines de production de l'histoire humaine et les dislocations intellectuelles et culturelles plus graves où se débattent un grand nombre de sociétés
longtemps classées dans la catégorie du sous-développement après
celles de l'archaïsme, du primitivisme et du traditionalisme. Dans
les années 1960-1970, le sous-développement impliquait l'idée d'un
développement inéluctable pour rejoindre le camp des développés
selon le modèle de l'Occident. Thème idéologique auquel a succédé
celui du développement durable qui débouche sur les éclatements des
bulles économiques, informatiques et financières. Cet enfoncement
dans l'illusion du développement salvateur creuse le fossé entre la
pensée jetable qui prévaut partout et l'oubli de la question éthique.
C'est dans cette perspective critique à l'échelle mondiale que je
m'interroge sur les vicissitudes de la réflexion éthique et des conduites
morales à travers les trois thèmes suivants.

1) Des tensions raison/foi au pragmatisme ultralibéral. Essai de
reconceptualisation.

2) De l'Éthique de Miskawayh à l'expansion du fondamentalisme
islamique : quelles leçons spécifiques ?

3) Où vont les valeurs ?

Des tensions raison/foi. Du pragmatisme ultralibéral versus
fondamentalisme islamiste

Les tensions et les oppositions entre raison et foi sont un thème
récurrent qui mobilise théologiens et philosophes depuis le Moyen
Âge. Il a un regain d'intérêt depuis que le retour du religieux s'impose
dans toutes les instances internationales et fait son entrée dans les
relations diplomatiques. Le ministre français des affaires étrangères
vient de créer un *pôle religions* dans ses services. Le geste a une portée
iconoclaste dans une République laïque qui a confié la gestion des
cultes au ministère de l'intérieur depuis Napoléon. Les positions du
président Obama à l'égard de l'islam dans son récent discours du
Caire ont sûrement contribué à faciliter une telle initiative. S'agit-il
d'une stratégie formelle pour apaiser les sentiments d'humiliation
et les réactions émotionnelles des musulmans répandus à travers le
monde ? Il est certain qu'il y a urgence à faciliter des négociations sur
des thèmes délicats qu'aucune diplomatie n'a osé aborder surtout

depuis que les musulmans en Europe et en Amérique ont une visibilité politique et sociale grandissante. J'ai souvent défendu moi-même dans mes écrits et mes conférences, l'idée d'une diplomatie préventive qui négocierait la création d'un tronc éducatif commun à tous les pays représentés au *Processus* de Barcelone inauguré en 1995 relayé depuis l'élection du président Sarkozy en France par le projet d'Union pour la Méditerranée.

La question de l'enseignement du fait religieux qui fait quelques progrès en Europe est loin de s'imposer durablement du côté des partenaires arabo-turco-iraniens qui lient leurs identités nationales à un islam pris en otage par des idéologies de combat d'essence politique et idéologique. Le décalage intellectuel, culturel, institutionnel entre les rives Sud-Est et Nord-Ouest de la Méditerranée s'est ainsi élargi depuis les années 1950, alors que la sortie politique de l'ère coloniale était censée inaugurer pour les peuples de nouvelles émancipations sur les plans culturels, scientifiques et intellectuels. Les stratégies politiques et les orientations économiques et éducatives retenues de part et d'autre, ont conduit à des tensions, des crises, des régressions et des échecs inattendus dont nous vivons chaque jour les conséquences à l'échelle mondiale. Le terrorisme international, les réponses punitives des puissants, la peur généralisée, les piétinements des droits nationaux et internationaux, les mécanismes d'exclusion sociale, les mafias politico-financières, les promesses prodiguées et trop souvent reniées, les mensonges d'État, la corruption à tous les niveaux des relations sociales et bien d'autres facteurs pervers conduisent à la *pensée jetable*, à la disparition de la préoccupation éthique, à la dislocation de la pratique éducative et finalement au triomphe généralisé de l'insécurité et de la violence systémique à l'échelle mondiale.

On est ainsi passé de la proclamation jubilante de la mort de Dieu suivie de celle du sujet humain aux génuflexions devant le retour du religieux, aux apologétiques des « valeurs » religieuses, proclamées, exaltées dans les sermons, mais jamais soumises à l'incontournable critique généalogique inaugurée par Nietzche pour le christianisme. L'œuvre de celui-ci demeure, comme beaucoup d'autres dans le domaine de l'Éthique, un des impensés majeurs dans les discours islamiques contemporains. L'étatisation de l'islam commence avec l'installation du pouvoir omeyyade à Damas en 661. Mais avant l'émergence des outils modernes de contrôle de tous les citoyens, elle a laissé des ilots de liberté de fait aux expressions de la pensée et de la vie religieuse. Ces ilots ont disparu avec les États postcoloniaux qui disposent d'une bureaucratie sophistiquée pour étendre le contrôle policier à tous les citoyens où qu'ils se trouvent sur la planète. L'étatisation atteint alors des niveaux sans précédents d'élimination, voire de perversion de la raison pour tout ce qui touche l'orthodoxie de la religion officielle.

Dans la mesure où cette orthodoxie fonde et régule la morale et la réflexion éthique, la religion se mue en menu à la carte en contextes nationaux et mondiaux. Le mensonge à soi-même entretient partout la mise en scène ostentatoire des « valeurs » islamiques en affichant dans l'espace public des signes physiques d'observance de l'islam authentique. L'exigence d'espaces de prières dans tous les lieux de travail, les rassemblements spectaculaires de fidèles à l'heure ponctuelle de chaque prière, renvoient plus au simulacre d'un Magistère doctrinal qui veille au maintien des Commandements de la Loi divine qu'à une expérience personnelle du divin intériorisée librement dans la quête sincère de chaque sujet humain. C'est celui-ci qui témoigne sans contraintes extérieures, d'une spiritualité et d'une Éthique maîtrisées et porteuses de sens pour soi et de *dette de sens* pour les observateurs.

Les mises en scène rituelles du religieux accréditent l'autorité des faux Magistères fonctionnarisés. Sans l'analyse que je viens de faire, on ne peut mettre à nu cette vérité aveuglante que l'étatisation a réduit ces soi-disant Magistères à des simulacres de l'autorité religieuse. Autre perversion majeure de l'essence de la fonction religieuse. Dans la pensée islamique classique, on débattait avec des argumentaires théologiques et juridiques intellectuellement respectables, de l'autorité revendiquée par tel docteur de la Loi liée à une fonction étatique. Nasser avait placé al-Azhar sous le contrôle de l'État. Les hauts Conseils islamiques sont des institutions fonctionnarisées sous le contrôle des ministères des affaires religieuses. Le ministre de l'intérieur français consacre à sa façon cette étatisation en allant consulter les recteurs d'al-Azhar sur les mises en scène rituelles du voile, de la *burqa*, des minarets, des prières dans la rue…

Ainsi, le mensonge à soi-même et aux sociétés se généralise en contextes laïcs et démocratiques. Toute instance autonome, intellectuellement, moralement et spirituellement responsable et inviolable devient inconcevable au sens où les mécanismes institutionnels en place ne lui laissent aucune chance d'émerger et de fonctionner durablement. Sociologiquement et politiquement, il n'y a plus que des simulacres de religion, de pensée religieuse, de valeurs, d'accomplissements moraux et spirituels et même de débats politiques sur ces travestissements accumulés de la construction sociale des vécus quotidiens. Ces simulacres et ces travestissements atteignent, on le sait, les relations internationales, les négociations diplomatiques, les instances les plus hautes comme l'ONU, l'UNESCO et même le Vatican comme on l'a vérifié après la fameuse conférence de Ratisbonne en particulier. Il est clair que cet aspect du « retour des religions » n'est pas adéquatement intégré dans l'exploration critique des liens entre les transformations radicales du champ religieux sans cesse confronté aux usages de la gestion politique moderne des sociétés; il l'est encore moins par les gestionnaires du sacré qui participent au pouvoir social et politique et entretiennent une vision dangereuse de l'avenir des faits religieux dans les devenirs en cours de la destinée humaine.

Il va de soi que tout cela retentit négativement sur l'oubli de la question éthique sous la pression continue des pratiques dominantes dans les sphères économiques, monétaires, technologiques et politiques. Ce ne sont pas les simulacres et les travestissements multipliés dans le champ religieux qui réduiront tant soit peu cet oubli; il y a, au contraire, addition des facteurs et marche forcée vers l'effacement de toute éthique de la parole et de toute instance de l'autorité porteuse de sens et créatrice de *dette de sens* pour le futur proche et lointain de la condition humaine. Il reste encore l'*espérance* dans son sens et ses fonctions *théologales*[1], dans les cheminements invisibles, imperceptibles des capacités de découverte, d'innovation et de créativité qui perpétuent la noblesse de l'esprit humain. Les rapports de force en cours entre les églises-mosquées-synagogues, temples, les institutions académiques, éducatives et de recherche, les tissus associatifs, les ONG et autres corps des sociétés civiles, d'une part, les divers régimes politiques, d'autre part, laissent entrevoir ici et là des possibilités

---

1. Conceptualisation chrétienne qui fait de l'espérance la troisième vertu théologale avec l'amour et la charité. En islam, on peut trouver des équivalents de ces vertus dans le vocabulaire de l'expérience soufie.

d'émergence d'une autre humanité. Cela cependant reste du côté de l'espérance plus que de volontés politiques éclairées.

Je n'ignore pas que cette prospective englobante du sort de la question éthique est à l'opposé des promesses politiques et eschatologiques de cet Islam avec I majuscule qui se présente sous les traits du *Front Islamique du Salut*, du *Parti de Dieu*, ou d'un Modèle historique alternatif qui remplacera le Modèle occidental. Cette donnée de l'histoire en cours depuis la défaite de la *Révolution socialiste arabe* de Nasser en 1967, mérite un examen approfondi en tant que force de subversion politique et idéologique très négative à l'échelle mondiale. Contrairement à la vulgate mondiale diffusée sur *Al Quaïda* et la figure fantomatique mythologisée de Ben Laden, il convient d'élargir ici l'explication de la violence terroriste attachée spécifiquement aux sociétés travaillées par la référence aux mouvements islamistes fondamentalistes. Ces mouvements sont réels et concrets; ils pèsent lourdement sur l'histoire en cours; ils ont des racines lointaines dans le théologico-politique et juridique commun aux trois religions monothéistes (voir la citation en exergue d'Ibn Khaldoun). Il reste cependant que le protagoniste historique nommé Occident a joué un rôle dominant dans la construction d'un *Ennemi dialectique* identifié à l'*Axe du Mal* pour remplacer l'Ennemi communiste disparu soudain en 1989.

Au Monde libre opposé au Monde concentrationnaire pendant la guerre froide, ont succédé les «*valeurs universelles*» du même Occident menacées par une nouvelle barbarie qui finit par prendre le nom d'Islam avec un I majuscule. Ainsi, au cœur de l'Occident où se poursuivent parallèlement des révolutions scientifiques sans précédent, on réactive avec crédulité la vision manichéenne de l'Axe du Bien face à l'Axe du Mal. La pensée dualiste portée et diffusée par de puissants médias, proclame et légitime la *guerre juste* pour implanter les valeurs démocratiques dans des pays qui vivent encore sous le régime archaïque des solidarités tribales. Quelle connaissance de la *guerre juste* avaient les conseillers de Tony Blair et de G.W. Bush? Se doutaient-ils que Tertullien et Saint Augustin l'ont construite pour protéger la «*religion vraie*» contre les menaces d'un paganisme majoritaire. C'est pour faire le lien avec cette paternité théologico-politique chrétienne que j'ai retenu le texte éloquent d'Ibn Khaldoun sur le *Jihâd*. Les Talibans et les *soldats du droit* selon l'expression de F. Mitterrand durant la première guerre du Golfe, ignorent qu'ils s'entretuent au nom d'une théologie politique reprise et habillée de la philosophie des droits de l'homme d'un côté, des fantasmes collectifs des représentations eschatologiques et messianiques de l'autre.

Ces rappels sont historiques et doctrinaux; ils sont totalement absents des discours contemporains des médias qui rapportent avec le même vocabulaire factuel, froid, déculturé, la litanie des massacres quotidiens qui se poursuivent dans les sociétés soumises à un islam dégénéré et partout où les soldats de l'Alliance atlantique viennent rétablir la paix rendue simultanément impossible par la persistance inavouée d'une théologie politique archaïque que les sciences sociales nommeraient la *mytho-idéologie* d'une modernité confisquée, pervertie par le jeu implacable des volontés de puissance des États. Car il faut ajouter à toutes les analyses précédentes, l'alliance ancienne et « sacrée » entre les États-Unis et l'Arabie saoudite dès les premiers jaillissements des puits de pétrole dans ce pays. L'État saoudien lui-même est né et assis sur une expression locale, doctrinalement tardive et considérablement rétrécie de ce qu'on appelle l'islam wahhabite. Pour présenter cet islam très particulier, j'utiliserai une comparaison frappante, car elle situe historiquement l'état de l'islam et de la pensée islamique au XVIII e siècle. Ibn 'Abd al-Wahhâb (1703-1792) et E. Kant (1724-1804) sont chronologiquement des contemporains, mais tout les sépare intellectuellement, culturellement, scientifiquement, religieusement. Nous sommes au XVIII e siècle : pour le premier, la religion est non seulement un *impensable* et un *impensé* dans le sens où elle l'est pour la première fois avec le second; mais l'islam qu'il enseigne à ses contemporains et qui deviendra la version officielle d'un islam mondialisé grâce aux pétrodollars, est le résultat d'un lent processus social-historique d'oublis, d'éliminations, de restrictions, de prohibitions, de ritualisations développés depuis les XIII e-XIV e siècles.

Le pluralisme doctrinal et les ouvertures scientifiques et humanistes de l'islam classique (VIII e-XIII e) laissent place à l'islam scholastique, confrérique, populaire, fragmenté en groupes sociaux refermés sur eux-mêmes (*millat*), avec des pouvoirs locaux affaiblis. C'est l'islam du Hijâz appauvri intellectuellement et culturellement par rapport à celui de la longue lignée de l'école hanbalite qui, au XIII e siècle, avait encore des représentants éminents ouverts à l'*adab* comme éducation et culture séculière. Parallèlement, en ce XVIIIe siècle révolutionnaire dans l'Europe des Lumières naissantes, Kant inclut la religion et Dieu dans la quête philosophique critique, sans annuler nécessairement le long travail accompli par la raison théologique dans la tradition chrétienne. L'œuvre de Kant subvertit les usages de la raison antérieure à lui en renouvelant le statut cognitif et les tâches de ce qu'il a appelé la *Raison pure* et la *Raison pratique*; il y ajoute la raison théologique dans un livre intitulé *La Religion dans les limites de la raison*. Qu'ont fait l'islam saoudien de la soi-disant réforme de 'Abd al-Wahhab et le christianisme européen de l'héritage de Kant ?

Cette comparaison ouvre des horizons de sens et d'intelligibilité ignorés jusqu'ici des trois religions monothéistes et pas seulement de l'islam actuel, dans sa version malmenée, instrumentalisée, prise en otage concurremment par les Partis-États et les mouvements d'opposition radicaux. C'est cet avatar idéologique qui irrite et nourrit les rejets de beaucoup d'Européens. Cela nous renvoie aux problèmes signalés déjà sur foi et raison et raison et foi qui sont loin d'être pris en charge tant les polémiques et les passions dominent chez tous les protagonistes. La persistance de la violence politique au sein de plusieurs sociétés dites musulmanes renforce l'idée d'une religion particulièrement marquée par l'appel permanent au *Jihâd* compris et vécu comme *guerre juste*, comme riposte prescrite par Dieu aux formes changeantes de la domination de l'Occident. Cette « logique théologique » lapidaire nourrit en même temps la fantasmagorie du *Modèle islamique* de production de l'histoire universelle des hommes.

Ce modèle ainsi formulé ne hante pas l'ensemble de l'imaginaire islamique contemporain; en revanche, toutes les catégories sociales, quels que soient leurs niveaux de culture et leurs valeurs de référence, partagent l'idée forte que l'Europe coloniale et l'Occident d'aujourd'hui sont la source permanente depuis le XIXe siècle, des malheurs et des échecs historiques qu'endurent les sociétés rangées sous l'étendard de l'islam. Dans le Maghreb actuel, un mouvement vient d'organiser une rencontre à Tunis pour réclamer à la France la réparation intégrale des destructions et massacres commis durant les conquêtes et la domination coloniales. On notera la part considérable de l'imaginaire dans de telles démarches qui gomment 60 ans d'exercice de souverainetés nationales par des dirigeants nationaux « élus ».

Cette addition de forces et de visions aussi explosives que différenciées ont nourri les tragédies que vivent les sociétés du Sud-Est méditerranéen depuis 1945. Avec Al Quaïda, les tragédies touchent l'Asie et l'Afrique; la dialectique historique qui meut les protagonistes demeure la même en se complexifiant. L'Alliance indéfectible entre l'État d'Israël et l'Europe-Occident depuis 60 ans illustre à elle seule les ravages du «retour» des religions exploitées avec le cynisme positiviste moderne aussi bien par les États modernes démocratiques que par les États postcoloniaux qui refusent encore aujourd'hui la construction réfléchie, éclairée, sans manipulation d'une légitimité démocratique. C'est la seule réponse historique qui permettrait de sortir de la pensée dualiste qui interprète le monde et enferme l'homme dans l'opposition axiologique du Mal contre le Bien. Le discours d'Obama au Caire a ignoré cette voie de sortie de l'impasse idéologique où nous enferme le couple infernal *Islam versus Occident*.

En récitant des versets du Coran et en célébrant les valeurs de «l'islam», il a voulu redonner la légitimité morale aux États-Unis et effacer le choix de la *guerre juste* par son prédécesseur pour éradiquer le terrorisme islamiste. En fait, il reprend le discours commun aux Européens qui exploitent le thème apologétique de l'islam dit authentique qui n'a rien à voir avec les violences militantes de l'islamisme terroriste. Discours diplomatique d'États à États, ignorant les peuples islamophobes d'un côté, privés des libertés élémentaires et vivant dans la peur de l'autre. Ainsi se trouve renforcé et jamais déminé le terrain de la violence structurelle installée, systématisée avec les discours du simulacre et des travestissements présentés ci-dessus. La violence politique poursuit partout ses ravages. Il est clair que dans l'état actuel de la «*géopolitique des émotions*»[1] dans le monde, le président des États-Unis dont on attend la paix mondiale, ne pouvait s'exprimer autrement dans la ville particulièrement explosive du Caire.

L'écrasement de la question éthique

Depuis la soi-disant révolution islamique en Iran, les observateurs, les médias, la majorité des chercheurs et essayistes, la

---

1. Voir le livre récent de D. Moïsi et F. Boisivon, *La géopolitique de l'émotion. Comment les cultures de peur, d'humiliation et d'espoir façonnent le monde*, Paris, Flammarion, 2008.

« culture » diplomatique ont mis l'accent sur le fondamentalisme et l'islamisme radical. La question éthique se trouve totalement occultée comme objet complexe d'étude inséparable de l'analyse de l'islam à la carte inventé chaque jour à la fois par les stratégies de survie des régimes en place et par des oppositions qui surenchérissent sur les recours à l'*islam vrai* comme Modèle d'action historique bien supérieur à celui de l'Occident. Les surenchères d'essence idéologique sur la définition doctrinale et l'application de cet islam-Modèle alternatif, exploitent les mêmes thèmes qui sont en fait ceux de la vie politique, sociale et économique : le mal-vivre, les exclusions sociales, le scandale des mafias politico-financières, la corruption, les dislocations des tissus sociaux, l'inadéquation des pratiques éducatives et de transmission des savoirs, la fragilité et la précarité des valeurs, la manipulation constante des « symboles » réduits au rôle de simples signaux ou marqueurs d'appartenance sociale, idéologique, religieuse. C'est le cas du voile dans ses fonctions variées de dissimulation ou d'expression d'une partie ou de la totalité du corps féminin (*hijâb*, *tchador*, *burqa*, *niqâb*). Il y a aussi des variétés de barbes et de moustaches affichées ensemble ou l'une sans l'autre ; les rites d'accomplissement des obligations religieuses, les tenues vestimentaires, les manières de table, les nourritures et les boissons consommées ou refusées, les mariages contractés ou évités : tout est codifié et qualifié *légalement* dans les catégories *licite/illicite* avec leurs connotations religieuses dans la terminologie arabe *harâm/halâl*.

Le vote suisse sur les minarets vient de montrer à quel point sa dimension symbolique est ravalée à celle d'un signal ostentatoire chargé de passions idéologiques. On notera surtout que toutes ces formes d'expression s'étalent dans l'espace public et finissent par générer des effets plutôt négatifs sur les citoyens non musulmans dans les contextes occidentaux. À l'inverse, les expressions spirituelles et morales plus intimes de la vie religieuse des fidèles plus discrets, demeurent par définition invisibles. Je reviendrai sur cette sémiologie psycho-socio-politico-religieuse qui renforce dans les sociétés contemporaines la confusion pernicieuse entre les trois domaines de communication, d'action et de décision que sont le religieux, le politique et le social. Miskawayh en parle dans son *Traité* en soulignant la portée éthique et politique des bonnes manières qui embellissent la vie bonne. Dans les contextes islamiques contemporains, la réflexion éthique sur les fondements et le statut cognitif de toute conduite morale est absorbée jusqu'à l'effacement dans l'amalgame confusionniste entre ce que j'appelle les trois D en arabe : *Dîn, Dawla, Dunyâ*, Religion, État, Monde profane qui inclut l'espace public [1]. Il est nécessaire ici d'expliciter les enjeux spirituels et moraux dans les parcours historiques et doctrinaux de l'islam et du catholicisme face à cette confrontation séculaire entre les trois domaines de déploiement historique de l'existence humaine. La comparaison doit être étendue à d'autres grandes traditions religieuses plus ou moins confrontées aux interventions subversives de la modernité. Le couple islam et christianisme est particulièrement pertinent pour deux raisons : les deux religions sont présentes depuis longtemps dans tous les continents et tous les contextes politiques et culturels du monde; toutes deux ont connu les tensions et les confrontations entre l'axiomatique monothéiste et l'axiomatique philosophique grecque de l'histoire générale de la pensée dans l'espace géohistorique méditerranéen [2].

Sous le rapport aux trois D, l'islam est demeuré *théologiquement* protestant (droit d'examen des Écritures pour chaque fidèle dûment préparé aux confrontations doctrinales avec ses pairs) et *politiquement* catholique (autorité et pouvoir absolus du calife ou de l'Imâm médiatisés verticalement par les docteurs de la Loi chez les sunnites et une hiérarchie cléricale chez les shî'ites). L'Église catholique comme institution humaine, a longtemps cumulé l'autorité spirituelle et morale et la prérogative de légitimer le pouvoir des rois dans une cérémonie sacramentelle et même de l'exercer sous le contrôle du roi régnant. En mettant fin à ce cumul, les révolutions modernes ont permis à l'Église d'exercer pleinement sa fonction religieuse propre tout en assignant au seul État la gestion de la légitimité politique et la légalité qui en découle pour chaque société civile. L'islam a perdu sur tous les tableaux : il est resté sous la tutelle des États avec les allégeances des ulémas et il n'a jamais bénéficié de l'exercice autonome

1. Voir M. Arkoun, « Repenser les concepts *Dîn, Dawla, Dunyâ* », dans *Penser la modernité et l'islam, Regads croisés*, M. Mestiri et M. Khedimallah (dir.), Paris, Institut internatinal de la Pensée islamique, 2005. Voir aussi les analyses très éclairantes de Thierry Paquot sur *L'espace public*, Paris, La Découverte, 2009.

2. Voir M. Arkoun, « Penser l'espace méditerranéen aujourd'hui », *DIOGENE*, UNESCO 2004, n° 206.

de l'autorité spirituelle et morale. Même si l'on proclame l'autonomie des juristes et des juges dans l'élaboration du droit et son application par les juges, le droit de regard de l'État demeure prédominant jusqu'à nos jours.

Venons-en aux tensions et aux ruptures cognitives entre *raison et foi*, ou *foi et raison* et leurs conséquences pour les avancées ou les blocages de la pensée éthique. On a déjà indiqué qu'après avoir été plus favorable en contextes islamiques durant la période classique, la situation s'est dégradée et le statut de la raison a régressé en islam, alors que l'inverse s'est imposé pour le catholicisme et le protestantisme en Europe. Allons plus avant dans l'identification des causes et des enjeux de ces temporalités inversées. Le Magistère catholique a montré des réticences, des précautions, voire des rejets explicites à l'égard de la raison moderne; mais il n'a jamais rompu avec cette raison reçue comme *logos* dans les quatre Évangiles et les épîtres de Paul. Le *logos* et le *muthos* sont les véhicules constants et premiers des corpus d'Aristote et de Platon, ainsi que des récits mythiques perpétués et enrichis en latin qui deviendra la langue officielle de l'Église romaine. Ces données linguistiques marquent une grande rupture conceptuelle et culturelle par rapport aux enseignements de Jésus de Nazareth qui s'est exprimé en araméen, forme parlée du syriaque dont la forme écrite et savante renvoie au même socle sémitique de l'hébreu et de l'arabe. C'est ainsi que l'élaboration des contenus de la foi catholique, puis protestante et orthodoxe, va suivre l'histoire de la raison/logos [1] en Europe héritière du double patrimoine grec et latin répandu dans le vaste espace de la Rome méditerranéenne.

C'est dans cet espace que va s'insérer la langue arabe avec les conquêtes dites arabes en raison précisément de l'expansion de la langue arabe comme véhicule de la pensée philosophique et scientifique entre 661-1258 dans ce même espace historique méditerranéen. Il est vrai que cette expansion demeure précaire, car l'étude du grec et du latin en Europe chrétienne prend un essor irrésistible dès les XIe-XIIe siècles pour atteindre son apogée avec la Renaissance. Bien que la langue arabe ait été marquée durant son hégémonie politique et

---

1. Voir mon article « Logocentrisme et vérité religieuse dans la pensée islamique », dans *Essais sur la pensée islamique*, 3e éd. Paris, Maisonneuve et Larose, 1984.

scientifique par le *logocentrisme* du corpus aristotélicien avec les traductions du syriaque ou du grec à l'arabe, elle ne pouvait résister à la forte présence du latin et du grec en Europe chrétienne. Il faut ajouter que très peu de philosophes juifs et musulmans ont eu accès directement en grec aux œuvres d'une longue tradition chrétienne (pères de l'Église de l'Antiquité tardive) de diffusion de la philosophie grecque des deux périodes helléniques et hellénistique.

Tout cela explique la précarité de la présence de la pensée grecque dans les traditions juive et islamique : en arabe, on a utilisé très tôt le terme *intrusion* (*'ulûm dakhîla*) de cette pensée dans la langue arabe qui doit rester avant tout le véhicule de la version authentique de la Parole de Dieu récapitulée dans le Coran. Il n'y a guère eu d'intérêt pour l'enseignement du grec pour élargir l'accès à toute la littérature grecque ancienne comme ce fut le cas en Europe ; ainsi le théâtre et la mythologie grecs sont demeurés ignorés chez les juifs et les musulmans préoccupés par la réception et la transmission de leurs textes fondateurs respectifs. Dans ces conditions, on comprend que la philosophie d'expression arabe privée de bases culturelles larges et solides, a fini par tomber en désuétude, causant ainsi un vide préjudiciable aux usages de la raison religieuse limitée à une rumination scolastique des gloses sur les textes fondateurs.

Soumettre la philosophie à la théologie ou l'inverse au XXIe siècle, n'est plus le problème pertinent. Dans le parcours européen de ces deux disciplines, il y a désormais une saine compétition à dépasser l'une et l'autre problématique pour répondre à des défis nouveaux. Dans un court essai sur le *Mal*[1], P. Ricœur qui a tant contribué à enrichir la réflexion éthique, a annoncé la nécessité d'un dépassement. De leur côté, beaucoup de théologiens catholiques et protestants utilisent de plus en plus les méthodologies et les problématisations qui viennent des sciences de l'homme et de la société et pas seulement de la philosophie[2]. L'*éthique* est comprise ici comme discipline théorique et pratique qui réfléchit sur les fondements axiologiques de

---

1. P. Ricœur, *Le mal. Un défi à la philosophie et à la théologie*, Paris, Labor et Fides, 2004.

2. Parmi de nombreuses autres références, on lira avec profit P. Gisel et J.-M. Tétaz, *Théories de la religion*, Genève, Labor et Fides, 2002.

toute conduite morale du grec *ethos* qui signifie lieu de vie, habitude, mœurs, caractère, et du latin *ethicus*, la morale. Cette définition
renvoie aux origines de la conceptualisation grecque, notamment avec
les grands initiateurs Socrate, Aristote, Platon et la longue tradition
d'expansion de l'*Éthique à Nicomaque* dans laquelle s'inscrit l'intervention de Miskawayh. Les objets de l'éthique sont nombreux et
changeants; mais les interrogations sur les fondements doivent tendre
à l'universalisable pour inclure la condition humaine dans toutes les
cultures, les traditions, les ordres sociaux et les régimes politiques. Or
cette visée philosophique de ce que doivent être les impératifs catégoriques éthiques, non pas seulement au sens idéaliste kantien, mais
dans la perspective ouverte par la *Déclaration dite Universelle des
droits de l'homme* par l'ONU ou la *Charte* plus récente de l'*Union
européenne*, fait ressurgir les débats médiévaux sur *foi et raison* ou
raison et foi, impliquant une hiérarchie épistémologique, ontologique,
méthodologique entre théologie et philosophie.

Le retour du religieux sous la figure d'une violence idéologique
qui rend dérisoires et décalées les urgences éthiques et cognitives
médiévales, force la quête éthique d'aujourd'hui à modifier les voies
conduisant à l'application effective et universelle des impératifs
éthiques redéfinis dans un travail de reconceptualisation à tous les
niveaux d'une critique de la raison juridique[1]. Cependant, dans tous
les cas, en tout lieu, en tout temps, la question fondatrice et invariante
de l'Éthique demeure : *Comment agir au mieux ?* Je reviendrai sur tout
ce paragraphe pour montrer comment le poids humain de l'islam
dominant d'aujourd'hui oblige à trouver des réponses aux impasses
historiques et doctrinales générées par l'alliance de plusieurs facteurs
négatifs, y compris les stratégies géopolitiques changeantes dans la
sévère confrontation entre « *Islam* » *et* « *Occident* » agissant comme
pôles idéologiques irréconciliables du point de vue de l'Éthique que
nous mettons progressivement en examen ici. Il existe un autre facteur
qui impose également des limites implicites de nature structurelle à
l'exercice de cette raison : je vise le triomphe sans partage de l'ultra

---

1. Voir le livre récent d'O. Roy, *La Sainte ignorance*, Paris, Seuil, 2009. À ce
concept très pertinent, il faut ajouter celui d'ignorance institutionnalisée que j'ai introduit
depuis 1985 en étudiant les systèmes éducatifs imposés par les Partis-États postcoloniaux
en pays d'islam.

libéralisme dans les domaines du politique, de l'économique, de la gestion du système monétaire, des lois du marché mondial. Les limites inhérentes à l'ultra libéralisme sont rendues évidentes par les crises répétées qui jalonnent les pratiques mondiales depuis la proclamation aux États-Unis de *la fin de l'histoire*, c'est-à-dire des *régimes concurrents de la Vérité* avec un grand « V », avant et après l'effondrement du régime soviétique. On ne pensait pas alors qu'un régime religieux de la Vérité allait prendre le relais du régime athé soviétique. C'est après le fracas du 11/09/2001 et devant les ripostes des violences d'État aux violences terroristes au nom du Dieu unique, que l'on a commencé à réviser les certitudes de la fin de l'histoire et du *clash des civilisations*.

Il faut souligner un autre paradoxe du côté de l'islam. Si les problématiques ouvertes par Averroès sur les rapports entre *Foi et raison* ont eu une suite féconde dans le versant latin chrétien aux XIIIe-XIVe siècles, elles sont demeurées lettre morte du côté arabe et islamique. Pire encore : c'est depuis l'émergence des États postcoloniaux que la gestion fondamentaliste de l'islam a proscrit les apports philosophiques et même théologiques dans la phase pluraliste de la pensée islamique classique. L'éthique et le droit ne sont pas absents dans les ouvertures proposées par Averroès dans ses réfutations, notamment des positions dogmatiques et polémiques de Ghazâlî contre les errances des philosophes. Mais on ne lie guère aujourd'hui les ouvrages consacrés par ces deux penseurs aux questions de fonds des rapports entre les types de raison et de rationalité propres à la théologie, au droit, à l'éthique, à la mystique, à la philosophie, à la grammaire, à l'historiographie, etc. On réduit cette diversité aux Lumières de la philosophie d'un côté et à celles de la Révélation véhiculée par le discours prophétique de l'autre. Ce qu'on appelle la philosophie illuminative en Iran a plus d'affinités avec la spiritualité gnostique, plotinienne et mystique (sûfisme) qu'avec les tensions entre *logos* et *muthos* chez Platon et Aristote. Dans sa réponse au *Faysal al-tafriqa* (distinction tranchée) de Ghazâlî, Ibn Rushd s'attarde à juste titre, sur les rationalités spécifiques aux disciplines appelées globalement les sciences religieuses opposées aux sciences rationnelles.

Faute d'avoir perpétué et élargi cette démarche, les discours islamiques contemporains ignorent totalement la notion d'historicité de la raison et des rationalités qu'elle produit. En écrasant ainsi la raison, le discours fondamentaliste intégriste oppose le mur de «*La*

Sainte ignorance » à celui des ripostes laïcistes qui le combattent sans merci en Europe. L'islamophobie inhérente à ces querelles également aveugles et passionnées refoule chez les deux protagonistes la primauté et la priorité des droits de l'esprit humain bafoués dans tous les domaines par les forces incontrôlables de la mondialisation. Ainsi resurgissent à chaque pas de notre parcours l'oubli et l'écrasement de la question éthique.

De l'Éthique de Miskawayh à l'expansion du fondamentalisme islamique : quelles leçons spécifiques ?

La citation d'Ibn Khaldoun en épigraphe à cet essai va nous permettre d'approfondir les observations qui précèdent sur les vicissitudes de l'Éthique en contextes islamiques d'hier et d'aujourd'hui. Ibn Khaldoun confirme et explicite clairement sans restriction critique, ce que j'ai appelé la clôture dogmatique. Comment combler l'immense vide qui s'est creusé pendant des siècles du côté de la clôture dogmatique islamique transformée en plateforme d'un *jihâd* désacralisé, décontextualisé par rapport aux représentations de l'imaginaire religieux médiéval pour mobiliser des générations grandies dans les religions séculières des années 1945-2010 ? On donne ainsi à comprendre et à pratiquer le *Jihâd* comme luttes *défensives* justes prescrites par le Coran. D'un côté, nous avons une longue tradition religieuse qui résiste aux défis de la modernité en instrumentalisant l'imaginaire religieux des foules avec des moyens technologiques et médiatiques mis à la portée de tous par l'économie de marché ; de l'autre, on assiste à l'émergence d'une nouvelle raison qui lutte pour donner un statut éthique aux conditions de fonctionnement de ce qu'on appelle précisément la raison *télétechnoscientifique*.

Il faut souligner qu'en Europe/Occident, la télétechnoscience déploie ses ressources inventives en confrontation permanente avec la pensée critique des sciences de l'homme et de la société, elles-mêmes en échanges permanents avec la raison philosophique critique. En contextes islamiques contemporains, il y a des discontinuités graves entre ces domaines distincts, mais interdépendants des activités de l'esprit humain. Il y a des ingénieurs, des directeurs de ressources humaines, des experts compétents formés le plus souvent en Europe/Occident ; il y a des demandes fortes de consommation des objets fabriqués et des connaissances pratiques comme la médecine ; mais il y a trop peu de productions comparables à celles de John Rawls qui a repensé l'Éthique et le Politique dans le contexte du libéralisme américain. Il y a encore moins de penseurs qui soumettent l'islam comme religion et tradition de pensée aux analyses critiques appliquées au christianisme depuis le XVIe siècle.

Tout cela veut dire que l'Éthique, la morale, la déontologie ont besoin de refonder leur légitimité dans une *Méta-éthique*. Celle-ci s'interroge en permanence aujourd'hui sur les contenus et la généalogie historique, sociale, doctrinale, pragmatique, anthropologique des principes et des valeurs changeants qui les légitiment. C'est l'*amont* de toute réflexion éthique dont la morale et la déontologie deviennent l'aval aux niveaux des pratiques et des conduites quotidiennes. En amont, on ne définit pas des normes, des impératifs catégoriques, mais on les déconstruit pour mieux évaluer leur pertinence par rapport à l'émancipation de la condition humaine par delà les solidarités, les vertus, les valeurs limitées aux *frères* en religion, aux concitoyens dans la nation, aux *camarades* dans les partis politiques, aux collègues dans les corporations et les syndicats, etc.

Revenons au *Traité* de Miskawayh. Au temps et dans l'espace social, culturel et politique où s'exprimait la génération de Miskawayh (945-1030), l'*adab* philosophique élargissait les champs de réflexion, de connaissance et d'écriture dans la logosphère arabe. Le concept d'*adab* avait été travaillé par de grands écrivains, poètes, historiens, grammairiens, géographes, secrétaires (*kuttâb*) des grands services (*dîwân*) de l'État califal. Il désignait l'ensemble des connaissances profanes et religieuses que devaient maîtriser en premier lieu les *kuttâb*, ensuite tous les esprits qui prétendaient au statut d'*adîb*, additionnant les bonnes manières, les vertus, la culture raffinée indispensables pour accéder à la société des lettrés et des auteurs réputés pour leurs productions et leurs expertises. Quand vient s'ajouter l'*adab* philosophique à tous ces codes de conduites et de vie de l'esprit, le concept d'*adab* s'élève de ce qu'on connaîtra en Europe sous le nom d'humanisme à partir des XIVe-XVe siècles.

À ce moment précis où s'annonce l'Euphorie intellectuelle et culturelle de la Renaissance et de la Réforme en Europe chrétienne et latine, les processus de promotion et d'expansion de l'*adab* en contextes islamiques entrent dans les processus inverses de régression, d'oubli, d'élimination et d'entrée dans la phase de répétitions scolastiques pour l'islam écrit et savant des villes, et de culture orale et populaire gérée par les confréries religieuses dans les milieux paysans et nomades. Le terme même d'*adab* coupé de ses contenus et de ses fonctions classiques tombe en désuétude. Cela rend nécessaire aujourd'hui le recours au néologisme *ansana* pour traduire le concept d'humanisme, car le terme *adab* ne désigne plus que la littérature et les départements de littérature dans les universités arabes [1].

C'est dans ces conditions que le *Traité d'Éthique* n'a été conservé dans sa version arabe que dans quatre manuscrits que j'ai utilisés pour une édition critique, base de ma traduction. C'est que l'auteur a suivi résolument le cadre d'argumentation, de réflexion et de conceptualisation de l'*Éthique à Nicomaque*. J'ai noté cependant que le style de Miskawayh, dans ses livres en général et dans celui-ci en particulier, reflète certains traits de l'écriture philosophique qui atteste la qualité des traductions du syriaque et surtout du grec en arabe. Cela montre aussi que l'assimilation de l'écriture et de la pensée philosophiques est si pertinente qu'elles ont permis d'exercer cette pensée directement en langue arabe et non comme transcription servile de formules ou de concepts étrangers à une pensée prisonnière de la langue coranique et religieuse. En perdant tout contact avec le discours philosophique, les juifs, les chrétiens et les musulmans arabophones se sont repliés sur leurs traditions textuelles respectives; la plateforme philosophique qui leur permettait de traiter des problèmes communs a donc disparu. La langue arabe s'est trouvée également coupée des lexiques philosophiques propres à chaque philosophe. Aujourd'hui, partout où l'enseignement de la philosophie est autorisé, les enseignants connaissent de grandes difficultés à intégrer des conceptualisations aussi diverses que changeantes, alors qu'en arabe la production philosophique demeure rare et surtout trop indifférente ou même ignorante des tâches les plus urgentes.

Pour contextualiser davantage le moment et la portée exceptionnelle du *Traité*, pour comprendre aussi les raisons de sa longue mise à

---

1. Pour plus d'informations, voir M. Arkoun, *Humanisme arabe au IVe/Xe siècle*, 3e éd. Paris, Vrin, 2005 et *Humanisme et islam. Combats et propositions*, Paris, Vrin, 2006.

l'écart, je rappellerai l'exemple instructif de Tawhîdî, grand contemporain et interlocuteur de Miskawayh dans le champ culturel de
l'*adab*. Tandis que Miskawayh ne fait guère mention dans son œuvre
et particulièrement dans le *Traité*, des grands textes fondateurs de la
croyance islamique, Tawhîdî embrasse dans son regard et son œuvre
aussi bien les disciplines religieuses que les disciplines dites rationnelles. Il s'est imposé comme l'un des très rares intellectuels révoltés
de son temps et comme le philosophe, le penseur, l'écrivain le plus
accompli peut-être de la pensée arabo-islamique. Il a entretenu une
correspondance d'essence humaniste avec Miskawayh. Cela prouve
que le choix de la ligne éthique philosophique disposait de cadres
sociaux de réception de cette tendance et de celle de Tawhîdî. Depuis
les années 1980-1990, les cadres sociaux de la connaissance en
contextes islamiques sont si mobilisés par l'alternative fondamentaliste et intégriste de la pensée et de la production *imaginaire* de
la société que la fréquentation de ces deux auteurs classiques est au
mieux tolérée, le plus souvent vouée à l'oubli dans l'enseignement
secondaire.

Un malentendu peut surgir à ce point de mon argumentaire sous-
jacent à ces rappels historiques. Je ne plaide pas pour la restauration du
patrimoine de « l'âge d'or » arabo-islamique (*Turâth*) comme le font
souvent bien des militants soucieux de rappeler à l'Occident sa dette
envers la pensée et la culture arabes. Des militants d'Occident attisent
cette polémique comme vient de le faire Sylvain Gouguenheim
avec son livre *Aristote au Mont St Michel. Les racines grecques de
l'Europe chrétienne*. La tâche de l'historien est de restituer, sans
anachronismes, ni errances idéologiques, les contenus réels, les
méthodes, les postures cognitives et les horizons de sens des œuvres
et des auteurs. Dans le cas précis de l'Éthique, on aura compris déjà
qu'outre la connaissance historique des situations et de la genèse des
œuvres, mon objectif est de clarifier deux points :

1) les raisons et les conséquences de l'oubli et finalement de
l'élimination de la pensée éthique critique en contextes islamiques ;

2) les conditions de possibilité d'une sortie rapide de l'apologétique et de l'arrogance militante pour favoriser enfin le succès des
recherches et de la transmission des savoirs nouveaux qu'exige le
renouveau de la réflexion éthique face à l'expansion de la violence
systémique dans toutes les sociétés contemporaines. On sait à quel

point les sociétés qui confient leur avenir à un islam fondamentaliste généré par des idéologies de combats nationalistes, puis de refus d'un Occident imaginé et très peu connu dans ses performances culturelles et intellectuelles, ont contribué à rendre *systémique* au niveau mondial la violence structurelle inhérente à chaque régime politique. Et cela en l'absence des outils de pensée nécessaires pour distinguer l'Éthique universalisable des impératifs dogmatiques utilisés par des groupes de militants sans aucun programme politique porteur d'avenir émancipateur pour la condition humaine et pas seulement pour la communauté, la nation, voire la région.

Lier les valeurs aux cheminements vers les horizons de l'universalisable est un premier pas de l'indispensable travail de repenser le droit comme on le fera au chapitre suivant[1]. Il s'agit de dépasser la vieille pensée et morale dualistes : des Vertus et des Vices, du Bien et du Mal, du Beau et du Laid, du Vrai et du Faux. Les sociétés limitées aux impératifs des solidarités mécaniques, des représentations imaginaires, des certitudes propres à la crédulité se sont longtemps contentées de la vision et des jugements dualistes. Les fondamentalismes de toutes origines font régresser les sociétés contemporaines vers ces archaïsmes. On s'éloigne ainsi des quêtes en cours pour une Éthique universalisable pressentie déjà et même articulée par les grands humanistes de la Renaissance et les initiateurs des premières Lumières. Je pense à Pierre Bayle (1647-1707) et son contemporain John Locke (1632-1704) initiateurs du doute critique après Montaigne (1533-1592), Jean Bodin (1530-1596), Descartes, (1596-1650). Spinoza (1632-1677) occupe une place particulière, parce qu'il a inauguré et considérablement élargi le champ d'information et de pensée de l'Éthique qui s'éloigne d'Aristote et de l'herméneutique médiévale. Viennent ensuite les philosophes des secondes Lumières avec notamment les trois philosophes du soupçon (Marx, Nietzsche, Freud). Jean-François Lyotard a eu le mérite d'ouvrir les grands débats sur l'âge et la condition postmoderne. C'est un troisième bond lui-même en voie d'épuisement du chantier jamais achevé de la modernité.

---

1. Voir les travaux de M. Delmas-Marty, sous le titre général très significatif dans notre contexte, *Les forces imaginantes du droit*, t. I, *Le Relatif et l'Universel*, Paris, Seuil, 2004 ; t. II, *Le pluralisme ordonné*, Paris, Seuil, 2006 ; t. III, *La refondation des pouvoirs*, Paris, Seuil, 2007.

Face à ces rebonds et aux avancées de la pensée et des connaissances scientifiques en Europe/Occident, il y a les récessions successives dans le parcours parallèle de l'acteur historique brièvement et confusément nommé l'islam. Un premier constat massif sur cet acteur mal nommé et sur le mot-valise attrape-tout *islam* : à l'exception des pas incertains, des intérêts passagers, des ouvertures sans lendemain esquissés entre 1830-1940 (la fameuse « renaissance » dite *Nahdha*) vers la première modernité ou modernité de l'âge classique, les luttes nationalistes de libération, dès les années 1920 ont fait échouer les courants précaires de participation et de contribution à la dynamique historique initiée et sans cesse amplifiée par la modernité. Les tensions idéologiques nouvelles surgies depuis 1945 incitent également au réexamen critique de la lancinante question de la réforme (*islâh*) ou de la révolution (*thawra*) religieuses.

On continue de faire un usage laxiste et mensonger de ces concepts qui permettent aux États de construire des représentations mytho-idéologiques de la glorieuse *Nation arabe, Une chargée d'une Mission éternelle*. Le grand débat sur l'identité nationale instauré en France et ailleurs depuis quelques mois a permis aux historiens de rappeler que l'école obligatoire, gratuite et laïque instaurée sous la IIIᵉ République a nourri des générations de petits français d'un roman national qui met en scène mytho-historique des Figures Symboliques Idéales (FSI) appelées aussi des «*Lieux de mémoire*» de la Nation. Cela a duré de 1870 aux années 1960. Des générations de professeurs d'histoire formés dans les Universités par les Vidal de La Blache et les Ernest Lavisse, ont enseigné avec une naïve ardeur le Grand Récit laïc fondateur de la République Une et Indivisible et de la Nation ainsi construite.

Ce réexamen doit être conduit dans les *limites* et les *attentes* de ce que j'appelle la raison en voie d'émergence à l'instar de celle de la raison des premières Lumières portée très haut par les philosophes, les écrivains et les artistes. Aujourd'hui, ce sont davantage les sciences cognitives, les sciences de la vie, les sciences de l'homme et de la société qui font émerger de nouveaux outils de pensée et d'intelligibilité, mais la majorité des 'ulamâ musulmans verrouillent les portes de l'intelligence critique et l'accès aux grandes voies d'émancipation du sujet humain. Ainsi, l'inversion des temporalités historiques initiée dès les XIIIᵉ-XIVᵉ siècles se poursuit et même s'aggrave avec le volontarisme politique des Partis-États qui se sont imposés partout au lendemain des indépendances : l'école instaurée après les indépendances des états additionne les effets pervers du retour forcé à l'enseignement originel (*al-ta'lîm al-aslî*[1]), la quasi inexistence de la recherche scientifique, des institutions de formation des maîtres, le poids trop lourd des imaginaires sociaux enflammés par des discours nationalistes fondés sur un tissu serré d'anachronismes aliénants pour l'esprit. Le statut inamovible des Leaders chefs d'État ne laisse aucun espoir à la sortie de ce qui est devenu l'enfoncement de peuples entiers dans ce que je viens de mentionner sous les expressions de *Sainte ignorance* et d'*ignorance institutionnalisée*.

Dans ce cadre comparatiste interreligieux, on évaluera les *pensables* et les *impensables*, les *pensés* et les *impensés* accumulés au cours des siècles dans chaque tradition de pensée. Cette enquête jamais abordée ou seulement suggérée dans les centaines de dialogues interreligieux depuis Vatican II, ouvrira sûrement de nouvelles perspectives sur les traits spécifiques, positifs et négatifs, de chaque tradition. Ce travail indispensable est accompli par des chercheurs dispersés à travers le monde ; mais ces précieux travaux restent ignorés, voire condamnés partout où s'imposent les postulats et les *crédos* de l'enseignement originel. La Sainte ignorance a ce grand pouvoir de transformer en *certitudes* de la foi garanties par Dieu, tout ce que les acteurs sociaux les plus divers ont manipulé, transformé, transfiguré, mythifié, idéologisé au cours de l'histoire. Et qui donc enseigne la différence entre l'histoire réflexive et critique et l'historiographie surveillée, dictée, diffusée fidèlement sous le contrôle des États souverains et de leurs clercs ?

---

1. Je ne puis m'attarder ici à expliquer toutes les connotations lourdes du pluriel *usûl* qui donne l'adjectif *aslî*, traduit par originel ou originaire. L'origine, l'originaire, la racine, le fondement, la source première. Tout cela renvoie au corpus coranique, aux corpus de hadîths, aux corpus initiaux d'énonciation de la Loi religieuse par les premiers juristes fondateurs d'écoles qui deviendront ultérieurement les Maîtres éponymes de ces écoles. Ces définitions et ces énonciations dogmatiques ont été générées et travaillées dans la période inauguratrice (610-632), puis formative (632-848) et classique (848-1406) de l'islam comme seule religion vraie, explicitement agréée par Dieu. Voir M. Arkoun, *La pensée arabe*, 8ᵉ éd. Paris, PUF, 2010.

Commander le Bien/Juste et détourner du Mal/faux (al-amr bi-l-ma'rûf wa-l-nahy 'ani-l-munkar)

Parallèlement au versant logocentriste aristotélicien de la pensée éthique, s'est imposé depuis les temps bibliques le versant mytho-centriste d'une autre pensée éthique davantage enracinée dans les expériences humaines du divin. Parmi celles-ci, l'expérience mono-théiste du divin s'est distinguée des autres par ses confrontations très anciennes avec le versant logocentriste. Avec Platon et Aristote, les tensions entre le couple *Muthos/Logos* ont généré deux corpus monu-mentaux dont les déploiements intellectuels, culturels, littéraires, artistiques, discursifs sont encore aujourd'hui des instances de réfé-rence incontournables et des champs d'investigations et d'interro-gations toujours ouverts. En disant cela, je ne remonte pas au déluge pour égarer notre propos sur l'Éthique dans des curiosités obsolètes. Je souligne une problématique centrale, encore peu répandue dans les grandes cultures contemporaines ; et paradoxalement, c'est la pression politique de l'islamisme radical unanimement stigmatisé, qui comple-xifie les recherches actuelles sur les tensions entre le religieux et le politique et oblige à rouvrir des dossiers qui ont été ignorés ou prématurément fermés par les usages scientistes, historicistes, philo-logistes, laïcistes, idéologiques, fascistes qui ont longtemps dominé la recherche scientifique positiviste et la transmission fragmentée des savoirs.

Aujourd'hui encore, on peut trouver, même en contextes de modernité avancée, des chercheurs et des enseignants peu ou pas du tout concernés par trois hypothèses heuristiques très répandues dans la pratique des sciences de l'homme et de la société.

1) Les contenus vécus de l'histoire des hommes sont le résultats des constructions sociales de ce que nous appelons la réalité, la vérité, la légitimité, la légalité, la croyance, la foi, la religion, la constitution, le droit, la valeur, etc.

2) Les processus sociaux et langagiers de cette construction continue sont liés à des *mémoires collectives* et à des imaginaires sociaux conflictuels, eux-mêmes indissociables des cadres sociaux dominants de la perception, de l'interprétation et de la connaissance.

3) Se pose alors le problème du rôle effectif de la raison analytique, inductive, déductive, logocentriste, critique, confrontée

sans cesse aux constructions expansives des Grands Récits de fondation de tout groupe social. Aux premières hypothèses, vient alors
s'ajouter la notion subversive d'*institution sociale de l'esprit humain*
lui-même[1].

On notera que je parle d'hypothèses heuristiques qui demandent
à être testées, confirmées ou invalidées dans les divers domaines
de la recherche et de la transmission des savoirs. Pour beaucoup de
chercheurs, il s'agit de postures épistémologiques et méthodologiques
déjà largement vérifiées par la critique philosophique et les acquis
solides des sciences de l'homme et de la société. Que faire alors de la
posture non moins inébranlable et sociologiquement dominante qui
enferme et qualifie les conduites des acteurs sociaux dans les enseignements et les jugements garantis par Dieu ou par les longues traditions de sagesse de beaucoup de cultures? Les affrontements en cours
des créationnistes et des évolutionnistes darwiniens illustrent quotidiennement les heurts sans issue de ces deux postures de la « raison ».
C'est à ce niveau que s'inscrivent toutes les polémiques contre-
productives sur le voile, la *burqa*, les minarets, les clochers, l'application littérale de la Loi de Dieu, le communautarisme, d'une part, et
la « *riposte laïque* » d'autre part, en France notamment.

La raison émergente rejette toute posture immobile et sûre; elle
fait place à tous les problèmes, les conflits, les désaccords et s'en tient
pour cela aux hypothèses heuristiques sur tous les débats ouverts
dans les sociétés. Il en résulte une éthique de la communication,
de l'échange, de la recherche et de la transmission didactique des
connaissances. Les postures dogmatiques du positivisme et de
l'historico-criticisme du XIXe siècle ont soutenu la science coloniale
et les usages fascistes ou staliniens des sciences en plein contexte
européen. Ces excès font retour dans certains milieux en réponse au
retour ostentatoire et agressif de l'islamisme politique. Thématique
éthique par excellence; mais trop souvent passée sous silence pour
préserver la portée universelle des Lumières et des droits de l'homme.
Car on appelle Voltaire au secours pour arrêter les invasions barbares
des fondamentalismes d'aujourd'hui au lieu de radicaliser la priorité

---

1. Je concentre dans cette phrase beaucoup de références à des travaux novateurs
de quelques chercheurs comme P. Berger, C. Castoriadis, P. Bourdieu, R. Ogien,
Cl. Geertz, etc. Voir une plus ample bibliographie dans *Humanisme et islam, op. cit.*

et la primauté de l'Éthique dans toutes les cultures du monde, toujours candidates à l'universel même quand elles choisissent la régression vers des clôtures dogmatiques où le religieux et le politique s'additionnent pour pervertir la raison.

On gardera présentes à l'esprit ces précisions cognitives et épistémologiques pour traiter de la délicate question de la Commanderie du bien et de la Prohibition du Mal dans la tradition islamique. Question d'Éthique par excellence; mais quelle Éthique? Nous abordons une étape cruciale des vicissitudes de l'Éthique dans l'islam actuel. Ce qui va être dit sur l'islam s'appliquera d'ailleurs à toutes les traditions religieuses dans la mesure où toutes doivent se repenser dans des conditions nouvelles et communes à tous les citoyens du monde d'aujourd'hui. En outre, l'islam s'inscrit dans la tradition biblique et évangélique tout en s'en écartant par ses contestations et ses ruptures théologiques brutales. Elle utilise les mêmes procédés littéraires, le même regard mytho-historique pour exprimer et transmettre dans des *mini-récits* les conditions concrètes dans lesquelles émergent et se construisent les valeurs à commander et le mal à prohiber. La formule axiale est utilisée sept fois dans le Coran dans des contextes différents. Voici l'un des versets le plus cité aujourd'hui :

> Que de vous se forme une Communauté appelant au bien, recommandant la bonne conduite et détournant du prohibé. (IX, 104; voir aussi III, 124)

Les termes arabes *ma'rûf et munkar* réfèrent à un vocabulaire riche plus socio-moral que religieux; il s'agit des bonnes et mauvaises conduites référant au code de l'honneur (*'ird*) comme instance d'évaluation du bien et du mal avant l'intervention du Coran. C'est la longue application de l'impératif coranique qui va enrichir, modifier ou confirmer le code de l'honneur en usage dans chaque groupe social défini par ses solidarités parentales et sa mémoire collective. Dans une monographie de 702 pages [1], richement documentée et récapitulative des différentes écoles de pensée, communautés et sectes, Michael Cook a clairement montré la continuité historique, l'importance psychosociologique, les portées politiques et morales qui ont façonné

---

1. *Commanding Right and Forbidding Wrong in Islamic Thought*, Cambridge, Cambridge UP, 2000.

aux cours des siècles un *éthos islamique* commun, nourri des vécus différents d'un grand nombre de groupes, de mémoires collectives, sociétés et aujourd'hui de nations en voie de construction dans des conditions idéologiques bien loin d'être maîtrisées. Les traits communs à cette immense production sont un genre littéraire situé entre culture orale et culture savante, une didactique liée aux créativités et imaginaires populaires plus qu'à la discursivité de la production savante, un lien continu entre le vécu quotidien et ses expressions spontanées dans des mises en scène littéraires avec une critique malicieuse, enjouée et particulièrement adaptée aux réceptions des publics qui sont à la fois la source et la cible de ce genre qui renvoie aux grandes et si efficaces performances des récits bibliques, évangéliques et coraniques. Al-Ma'mûn qui a été l'un des califes ou dirigeant musulman a délibérément prôné et pratiqué ce que j'appellerai une politique de la raison éclairée dans la première moitié du IXe siècle. Les questions habiles qu'on lui prête illustrent clairement ce que je viens d'appeler l'*adab* philosophique mis au service de l'éducation des groupes sociaux réceptifs aux enseignements du courant de pensée mu'tazilite.

La question sociologique se pose de savoir ce que disaient les sermonnaires hanbalites aux fidèles qui remplissaient les mosquées de Bagdad en cette période de tensions entre les deux courants théologico-politiques. La même question se pose aujourd'hui pour les sermons servis en Europe et en Amérique, notamment ceux des imams très proches du zélote patiemment écouté et corrigé par le calife lui-même. Aujourd'hui, les présidents et leaders jouent le rôle du zélote avec le soutien d'imams formatés dans les écoles et universités wahhabites où le maître éponyme Ibn Hanbal (m. 855) est cité, mais jamais restitué historiquement à ses positionnements dans le champ religieux face au champ intellectuel en voie d'émergence grâce à la politique d'al-Ma'mûn. L'historien critique s'attarde à cette première expérience inauguratrice d'une lutte continue dont les enjeux véritables seront toujours escamotés par les protagonistes aussi bien « religieux » que « théologico-philosophiques ». L'affaiblissement de ces derniers commence en 848 avec l'arrivée au pouvoir du calife Mutawakkil qui choisit le renforcement du sunnisme orthodoxe; une défaite plus grave est consommée en 1017 quand le calife al-Qâdir fait lire dans les mosquées de Bagdad une profession de foi sunnite condamnant toute référence au courant mu'tazilite contraint de survivre clandestinement au Yémen zaydite, loin de la capitale.

Le théologico-philosophique survit et dépasse l'opposition rigide et étroite entre hanbalisme et mu'tazilisme à travers des vicissitudes que je ne peux détailler ici. Le sort de l'Éthique, de la morale et du politique est directement lié à celui du théologico-philosophique dont le plus grand et le dernier représentant demeure Averroès. En contexte européen, au XVIIIᵉ siècle, la raison des Lumières exerce alors le monopole de la souveraineté intellectuelle et scientifique; le progrès scientifique devient l'instance de référence pour toute légitimité politique comme pour l'homologation de toute vérité scientifique sous la haute autorité de la Communauté scientifique. L'instance de la Loi divine ne disparaît pas pour autant; mais la théologie est confinée dans les monastères et institutions de formation du clergé; elle est même chassée de l'Université française devenue laïque; les départements de philosophie sont distincts des départements de théologie. En islam le champ religieux a toujours eu la priorité et la primauté; le cas mu'tazilite sous al-Ma'mûn et la génération de Miskawayh-Tawhîdî sont des moments furtifs et précaires limités à quelques milieux urbains. Le moment Averroès est également précaire, car treize ans après sa mort, la défaite de Las Navas de Tolosa en 1212 ouvre la voie de la Reconquête de l'Andalousie par les catholiques du Nord de l'Espagne. L'islam malikite almohade fait alors trembler les philosophes et oblige Maimonide à aller s'installer au Caire. La grande controverse Averroès *versus* Ghazali sur la délimitation du champ religieux et du champ intellectuel n'a jamais eu de postérité jusqu'à nos jours.

Le champ religieux délivré de la rivalité fécondante du champ intellectuel critique est livré aux seuls zélotes et chefs de confréries qui se disputent plus pour l'élargissement de leur base sociale, politique et économique que pour des enjeux spécifiquement religieux. C'est le règne sans partage de la formule *amr bi-l-ma'rûf* et *nahy 'ani-l-munkar*. En l'absence de toute raison théologique tant soit peu ouverte à la rationalité critique, la vie religieuse est réduite à l'observance stricte du licite et de l'illicite (*al-halâl wa-l-harâm*). La ritualisation de l'islam d'aujourd'hui a des racines profondes et des antécédents lointains qu'on se garde d'enseigner aux fidèles enchaînés à la force de l'obéissance à un Dieu plus lointain que jamais. Ainsi, s'opère facilement et partout le transfert au maître absolu du régime en place [1] de l'obéissance due à Dieu dans la conscience des croyants. Ce transfert s'est effectué dans tous les régimes politiques qui confisquent à leur profit le régime de vérité « religieux » désignant la divinité et plus spécialement le Dieu unique comme le Destinateur de l'amour, de la protection, des bienfaits aux créatures et, en retour, le Destinataire des actions de grâce, de l'amour de sa Loi, de ses Commandements et de ses Révélations. C'est la fameuse Alliance de Yahvé avec le peuple juif, puis la Nouvelle Alliance avec le peuple chrétien et le Pacte coranique (*'ahd* ou *mîthâq*). Ce phénomène de transfert subsiste dans l'*implicite vécu* des croyants sans accéder à l'*explicite connu* tant que demeure absente l'initiation scolaire aux analyses linguistiques et sémiotiques de tous les types de discours et en premier lieu des discours religieux et politiques qui usent et abusent de la rhétorique du travestissement du réel.

Postulats et régime de vérité

On n'en a pas fini avec la morale liée au Commandement du Bien si on ne déconstruit pas les postulats de toute croyance religieuse pour légitimer l'application par chaque croyant de cet impératif dans un espace social où cohabitent plusieurs religions. Le problème est plus politique que religieux dans les sociétés modernes démocratiques ; il renvoie à l'application du principe de laïcité dans les sociétés multiconfessionnelles et au droit opposable du citoyen d'obéir aux injonctions de sa foi. Nous voilà renvoyés en 2009 aux impensables et aux impensés qui obligent à laisser sans réponse ou à laisser se multiplier les demandes de statuts juridiques particuliers dans un espace citoyen démocratique qui protège tous les cultes religieux tout en s'abstenant de donner aux citoyens les outils de pensée pour mettre en examen comme je le fais ici, les fonctions réelles dans les sociétés humaines des discours religieux en confrontations quotidiennes avec

---

1. Ce transfert explique la longévité extrême des « leaders » contemporains dans l'ensemble du monde dit musulman. On lira avec profit les analyses de B. Hibou dans *La force de l'obéissance. Economie politique de la représentation en Tunisie*, Paris, La Découverte, 2006.

des discours politiques laïcs. Et cela en l'absence de toute instance d'arbitrage. Car les chercheurs et les enseignants qui pourraient animer ces instances invoquent soit l'obligation de réserve, soit l'impréparation à ce genre d'exercice. Il y a longtemps que je dénonce sans succès ce vide à la fois intellectuel, scientifique, théologique et philosophique. Un vide rendu chaque jour évident par les débats télévisés organisés autour des thèmes récurrents voile, burqa, Sharî'a, minarets, mosquées, enseignement privé, etc. Les regrettés A. Greimas, P. Ricœur, J. Derrida ont contribué au dépassement de ces vides. Mais qui lit ces auteurs, qui les commente et qui prête attention à leurs disciples pour les inviter sur les plateaux de télévision? Les responsables politiques préfèrent s'abriter derrière la sacro-sainte neutralité laïque. Le *statu quo* est encore renforcé depuis que l'Église catholique adhère au compromis de la loi de 1905, longtemps combattue, mais désormais nécessaire pour contenir les débordements ostentatoires de l'islam ritualiste, dogmatique et politisé à la fois. Si la politique du compromis est nécessaire pour suspendre les violences dans la société, elle doit être dépassée par des solutions fondatrices d'une nouvelle intelligibilité du religieux, du politique et de leurs rapports dans l'espace public. Après une longue expérience de chercheur et d'enseignant, je maintiens que les dépassements dont je parle sont à notre portée si une volonté politique éclairée les soutient. Et je m'appuie pour cela sur l'exemple de l'islam qui suscite tant de peurs, de méfiances, de rejet, de haine même; mais aussi de laxisme, de soutien irréfléchi chez les islamophiles qui s'opposent aux islamophobes. En partant de cet exemple, je procède à deux confrontations rarement tentées jusqu'ici dans une approche comparatiste systématique.

1) Je traiterai le *fait islamique* (pas la religion construite au cours du temps) dans la lignée généalogique du judaïsme et du christianisme avec leurs bourgeonnements communautaires ou sectaires;

2) Je soumettrai ce fait islamique aux défis de la modernité qu'il n'a jamais reconnus comme tels, bien qu'ils continuent d'exercer leurs pressions face aux enseignements et aux valeurs dites invariantes des grandes religions. Le problème n'est plus d'imposer arbitrairement aux postures religieuses de la croyance vécue comme une *connaissance* vraie (chaque croyant naît avec elles), les connaissances scientifiques mieux fondées en vérité; cette attitude fut longtemps

adoptée par le scientisme souverain et positiviste. Il s'agit désormais de gérer solidairement avec toutes les ouvertures possibles, cette zone indécise, obscure, abandonnée au seul Magistère religieux sous les noms de mystère, de sacré, de sainteté, de divin, d'éternité, de révélation, de Parole de Dieu, de salut éternel de l'âme, etc. On montrera chemin faisant, comment les postulats fondateurs de la foi islamique peuvent être étendus aux contenus de la foi juive et chrétienne dans le champ religieux pour mettre en évidence la notion rarement invoquée de *clôture moderne de l'esprit humain*. Celle-ci s'est imposée en effet comme vis-à-vis dialectique de la clôture religieuse du même esprit. Cette dernière étape est particulièrement éclairante car si on peut encore dire que la modernité est un projet jamais achevé, il reste vrai qu'après un parcours européen de plus de trois siècles, il s'est bien formé historiquement une *clôture moderne de l'esprit humain*.

La raison moderne forte de ses découvertes scientifiques et de ses avancées dans la conquête des droits de l'homme et du citoyen, a toujours regardé de haut les postures et les enseignements figés des traditions religieuses. On appelle Voltaire au secours pour condamner sans examen le fanatisme religieux, sans se donner les moyens de récapituler les apports culturels positifs des religions dans la gestion millénaire de la condition humaine. En instituant l'athéisme comme religion officielle, Staline instaure les ravages de l'ignorance institutionnalisée face à la Sainte ignorance perpétuée par les religions jusqu'à nos jours. Le heurt séculaire de ces deux ignorances est réactivé à l'échelle mondiale avec la participation idéologique de la clôture moderne d'une raison des Lumières instrumentalisée par les urgences électoralistes. Car si la modernité a ouvert des possibilités à d'autres régimes de vérité, il lui est arrivé de se présenter et d'agir comme le Régime de vérité fiable, supérieur aux régimes de vérité antérieurs et fondateur de valeurs et de légitimité cognitive, politique, juridique, éthique à vocation universelle. C'est sur cette prétention que l'Occident s'est autorisé à dessiner et redessiner selon ses visions et ses intérêts, la carte géopolitique, géoéconomique, géomonétaire, géoscientifique, géoéthique et géoécologique du monde.

Les sciences humaines et la philosophie n'ont pas encore donné assez de réponses rassurantes pour solidariser la recherche et sortir des accusations de *réductionnisme* d'un côté et d'*obscurantisme*, *fanatisme*, *intolérance*, *fondamentalisme*, *barbarisme* de l'autre. Au

XIXᵉ siècle, on rangeait les sociétés primitives et leurs religions dans l'archaïsme, le conservatisme, les croyances magiques ; l'islam dans son ensemble était enfermé dans cette catégorie. Bien qu'opposé à la modernité jusqu'à Vatican II, le christianisme était considéré comme un adjuvant pour la tâche de civilisation des colonies. Face aux souverainetés postcoloniales, les Églises et les États ont révisé diplomatiquement leurs vocabulaires respectifs dans le sens où le Président Obama vient de le faire de façon spectaculaire devant le monde entier dans son discours du Caire. D'un côté on s'enfonce dans les certitudes d'une Loi divine rêvée et même fantasmée, de l'autre on prêche le respect des droits de l'homme et les acquis de la métamodernité. Les protagonistes des guerres successives depuis 1945 s'enferment dans leurs clôtures respectives et dans les regards d'exclusion réciproque travestis sous des concessions diplomatiques flatteuses, l'islamophilie indulgente des uns, ou, au contraire, exacerbés avec l'islamophobie expansive de beaucoup.

Dans tous les cas de figure, on donne de l'avenir à la *Sainte ignorance* et à l'ignorance institutionnalisée présentes dans toutes les sociétés confrontées à l'islamisme militant. Revenons aux postulats qui sous-tendent les polémiques sans issue en cours. Ils prescrivent trois tâches liées et interactives :

1) l'autocritique récapitulative et radicale à l'intérieur de chaque tradition religieuse et des différentes communautés qui s'en réclament ;

2) l'autocritique des instances de la recherche scientifique, de l'identification et du découpage des objets et champs d'étude, de la transmission des savoirs acquis, de définition des systèmes et des programmes d'enseignement dans la perspective d'un tronc d'éducation commun universalisable. Cela s'inscrit dans les tâches des instances internationales, des ONG, des tissus associatifs de chaque société, car on ne peut attendre des États qu'ils renoncent à la gestion de ce qu'ils appellent les identités nationales et les Récits de fondation de la Nation.

3) Il ne s'agit pas d'ignorer les États, ni même de les contourner. L'État demeure un recours, un protecteur, un arbitre, une instance d'animation des grandes visions du futur. Mais depuis 1945, nous avons constaté la multiplication des États contre les peuples et les nations, des « *États voyous* », des démocraties qui utilisent des mensonges d'État pour dévaster le monde ; et qui persistent et signent

dans le mensonge comme vient de le faire Tony Blair devant l'opinion mondiale. Il y a plus qu'une crise de l'État à partir du moment où les démocraties les plus avancées s'autorisent à liquider l'instance de toute autorité éthico-politique en influençant le suffrage universel par des manipulations électoralistes qui pervertissent la raison, tout fondement éthique et toute espérance dans un avenir commun. Ces trois tâches ne sont pas nouvelles; il y a plusieurs instances internationales, de fondations privées, d'ONG, des initiatives de sociétés civiles où elles sont souvent évoquées, défendues, affinées dans leurs formulations. Mais en dernière analyse, on constate que ce sont les États qui retiennent ou rejettent ce qui peut ou non s'inscrire dans le programme du parti majoritaire.

L'analyse critique des postulats de la croyance est une de ces tâches ardues, incontournable et libératrice tout à la fois qui s'impose non seulement à l'islam, mais à toutes les formes connues de la vie religieuse. Cette tâche doit être étendue aux religions séculières générées en contextes de modernité. C'est pourquoi, je crois utile d'esquisser un parcours peu commun en m'efforçant de le rendre accessible à ceux du moins qui acceptent de m'accompagner jusqu'au bout. Je pars du discours coranique qui sert de référence obligée à chaque fidèle et d'abord aux théologiens et aux juristes pour élaborer les Sources-fondements des contenus de la foi orthodoxe (*Usûl al-dîn*) et l'encadrement juridique des applications et des conduites des fidèles selon cette foi. Ce même travail se retrouve dans les traditions de pensée juive et chrétienne. Dans les trois cas, on relève les mêmes *postulats* qui conditionnement la possibilité linguistique des premières articulations de la Parole de Dieu révélée et transmise par les prophètes dans les trois langues sémitiques : hébreu pour la Bible, araméen pour Jésus (mais les quatre Évangiles retenus sont en grec) et arabe pour le Coran.

Les docteurs de la Loi dans les trois religions ne parlent pas de postulats, mais directement de Parole de Dieu ou de révélation : on parle de *donné révélé*. C'est l'opération d'analyse déconstructive du discours explicité dans une langue humaine qui utilise le terme postulat pour désigner des éléments implicites qui rendent possible l'articulation linguistique du discours explicite audible, puis lisible et opératoire pour tous les destinataires changeants au cours du temps. Aucun jugement de valeur n'est porté *a priori* sur les éléments postulés; l'analyse de discours s'interrogera cependant sur la valeur cognitive et la cohérence sémantique et objective qui lient les éléments postulés aux signifiés transmis par les mots et la syntaxe de l'énonciation. Certains exégètes et commentateurs ont touché à certains points que je viens de signaler; mais ils ne disposaient pas des outils d'analyse introduits récemment par la linguistique, la sémiotique et les problématisations du sens et des *effets de sens* dans les recherches actuelles. Ces outils sont connus et enseignés dans les universités modernes en pays d'islam; mais leur application aux textes sacrés demeure prudente et de toutes façons trop difficile à comprendre pour des croyants maintenus à l'abri de ces exercices perçus comme subversifs.

Voici donc les postulats du credo islamique commun aux sunnites, shî'ites, kharijites au-delà des différenciations théologiques, juridiques et politiques qui les séparent depuis la grande querelle de 656-661 (*al-fitna-l-kubrâ*). Je me contenterai cependant de formuler les postulats sans engager pour chacun des analyses détaillées qui exigeraient plusieurs volumes. Accompagnés d'ajustements nécessaires, plusieurs postulats s'appliquent également aux credos de base des deux autres traditions monothéistes; par contre d'autres postulats théologiques s'excluent réciproquement. On reviendra sur les postulats qui construisent le tronc conceptuel commun au socle fondateur du monothéisme.

1) Dieu a parlé une dernière fois aux hommes par la médiation du prophète Muhammad, comme il l'a déjà fait avec les prophètes antécédents, notamment Abraham, Moïse et Jésus fils de Marie.

2) La parole ainsi communiquée oralement pendant une vingtaine d'années, a été fidèlement mémorisée, scrupuleusement transmise, pieusement transcrite en partie du vivant même de Muhammad; puis collectée et transcrite pour être enfin «éditée» complètement et de façon irréversible dans un volume nommé *Mushaf* sous le califat de 'Uthman (m. 656).

3) Le *Mushaf* est ce livre qui contient la transcription en graphie arabe du VIIe siècle de l'ensemble des énoncés qui composent la Révélation; le texte ainsi consigné devient à partir du IIIe-IVe siècles le *Corpus Officiel Clos* de la Révélation coranique; rien ne peut y être modifié; après un temps de contestation sur l'intégrité du Corpus, les Shi'ites finissent par s'y rallier progressivement jusqu'au XIe siècle.

4) Les mots du Coran devenu texte continuent d'être la manifestation de la Parole éternelle de Dieu dans leur articulation originelle en langue arabe par le Prophète. Cette Parole est incréée (*Ash'arite*); selon les Mu'tazilites, le signifiant de chaque mot est un *signe* créé renvoyant au *signifié* qui lui est un signe incréé (*Al-Alfâz al-munazzala dalâlât 'ala kalâm al-azali*; *wal-dalâla makhluqa muhdatha, walmadlul qadim azali* (m. 154, 1-2, cité p. 315). De même, ce qui est lu (*maqrû', matluw*) est éternel; la *qirâ'a tilâwa* est créée (al Jubbâ'î: Dieu a créé le Coran dans le *lawh al mahfûz*, puis le recrée dans une multiplicité de mémoires…). La querelle sur le statut du Coran-texte a été close par un décret du calife al-Qâdir en 1017; mais elle reste théologiquement ouverte.

5) La langue arabe choisie par Dieu pour articuler la dernière manifestation de la Révélation bénéficie d'un statut ontologique qui la distingue de toutes les langues humaines; il est nécessaire de passer par elle pour accéder aux Volontés et aux Intentions authentiques de Dieu; la connaissance des règles qui régissent cette langue est une des conditions nécessaires pour accéder au rang de *Imam mujtahid*.

6) Posséder les techniques de l'*ijtihad* définies et enseignées dans les *Usûl-al-fiqh* est une des conditions *sine qua non* de l'exégèse recevable dans toute élaboration doctrinale (articles de foi, théologie) et juridique (*fiqh*). Le juriste théologien *mujtahid* est le médiateur indispensable entre les catégorisations énoncées par Dieu et les normes qu'en déduit le *mujtahid* et qu'applique le juge (*qâdi*) dans le prétoire; le *Mujtahid*, le *qâdi* et le *mufti* sont directement responsables devant Dieu, jamais devant un pouvoir humain des usages et des interprétations de la Parole révélée.

7) La transparence du texte coranique n'est pas acquise; l'exégèse donne lieu à des discussions entre les docteurs de la Loi dûment habilités par leurs pairs; la *disputatio* (*munâzara*) conduite selon des règles strictes agréées par les protagonistes permet de dégager par la confrontation la position qui avec le temps vient enrichir l'autorité de la Tradition islamique comme Instance de référence obligée pour toute la communauté interprétante. Idéalement, l'ensemble des musulmans forment un Corps spirituel uni dans la même Tradition exhaustive; historiquement et sociologiquement, cette *Umma* idéale est divisée en plusieurs communautés en proie à une surenchère mimétique sur les contenus de la foi orthodoxe.

8) Le prophète est lui-même le modèle parfait que chaque fidèle doit s'efforcer de reproduire. Voilà pourquoi les mêmes compagnons qui ont mémorisé et transmis les versets coraniques, ont accompli le même travail pour la constitution de corpus officiels clos concurrents des traditions prophétiques (*Hadiths*) auxquelles s'ajoutent chez les Shî'ites les traditions des Imams infaillibles. Il y a des divergences profondes sur l'extension de la notion de tradition et sur les contenus des corpus. Cela a des conséquences sur les référents de l'exégèse et de l'élaboration du droit dit musulman. Les divergences atteignent même les rationalités produites par la raison théologico-juridique à partir d'axiomes, de postulats, de critères de la vérité et de l'authenticité différents d'une communauté à l'autre. Les frontières dogmatiques rigidifiées en postures idéologiques demeurent étanches jusqu'à nos jours.

9) L'éclatement de l'*Umma* idéale donnée à imaginer et à désirer à partir de certains versets coraniques, est consommé dès 661 avec la grande Querelle (*al-fitna-l-kubra*). Elle ne cesse de s'amplifier au cours du temps; avec l'avènement des Partis-États-Nations, le patriotisme nationaliste nourrit une tension dialectique avec le désir d'*Umma*, l'idéologie nationaliste se sert de l'*ethos* religieux de l'*Umma* plus que celle-ci ne cherche à ouvrir les nations à l'idéal de plus en plus relativisé et compromis de l'unité religieuse.

10) L'historiographie vient appuyer par des récits mytho-historiques les systèmes de croyances et de non croyances qui confèrent à chaque communauté une identité irréductible à aucune autre. Le régime des groupes confessionnels au Liban donne une idée des formations sectaires qui se sont multipliées dans une religion qui ne possède pas d'instance verticale de l'autorité spirituelle pour exercer un Magistère doctrinal unificateur. Même dans le shî'isme qui possède théoriquement une hiérarchie verticale qui remonte à l'Imâm infaillible, il y a une diversité de fait des autorités doctrinales depuis l'Occultation de l'Imam. Avec la prise de pouvoir par Khomeiny, l'étatisation de l'autorité religieuse est devenue aussi radicale que dans l'islam sunnite. Seul le shî'isme ismaélien échappe à l'étatisation grâce à la présence d'un Imam infaillible vivant.

11) L'islam actuel connaît une sécularisation de fait dans ses expressions politiques, sociales et culturelles qui subvertissent à l'insu des croyants, l'essence distinctive du fait religieux en général

et de ce qu'on continue à nommer confusément l'islam ; la ritualisation des pratiques l'emporte partout sur la quête d'une théologie critique ouverte aux questionnements modernes. On ne peut parler ni d'une théologie politique, ni d'une théologie morale et spirituelle. Des ulémas fonctionnarisés gèrent la casuistique juridique qui régule les accomplissements rituels des obligations canoniques. L'observance stricte de celles-ci par un nombre croissant de fidèles réfère à diverses contraintes psychologiques, sociales, économiques, politiques, idéologiques plus qu'à des aspirations personnelles à des approfondissements spirituels de la relation à Dieu.

La relation critique. Explorations et explications

Restons donc dans l'interrogation et poussons la recherche et la réflexion aussi loin que possible. On peut réduire les onze postulats énoncés ci-dessus à l'examen des sept grands thèmes suivants.

I. Penser ou repenser le statut cognitif de la Révélation ;

II. Penser la relation *Kitâb-Qur'ân-Mushaf* ; les concepts de *Corpus Officiels Clos* et des sociétés du Livre-livre ;

III. Langue – histoire – pensée dans la pensée islamique ;

IV. La situation herméneutique et la raison religieuse ;

V. Mythe →← Histoire →← Vérité. Le rationnel et l'imaginaire ;

VI. Approche anthropologique de la *Tradition vivante* ;

VII. Lecture de la sourate 9 (*al-Tawba/al-barâ'a*) : le triangle anthropologique : Violence →← Sacré →← Vérité.

Autorité et Pouvoir dans la pensée d'expression arabe : la question de la légitimité islamique

Le fait de passer ainsi des postulats qui fondent les contenus de foi dans une religion donnée – en l'occurrence l'islam – à la thématisation d'un champ religieux qui renvoie lui-même à une vaste anthropo-histoire des sociétés humaines, montre qu'il ne suffit pas de tester la validité et la fécondité de chaque postulat comme on le ferait en mathématiques ou en sciences expérimentales. Les contenus de foi et la croyance qui les met en œuvre renvoient à la dimension existentielle de la vie humaine ; ils mobilisent des ressorts multiples de l'esprit comme le merveilleux, le surnaturel, l'anticipation visionnaire, les rêves, les élans de la psyché, les forces du désir, les passions, les irruptions de l'inconscient, etc. C'est cette complexité que thématisent les sept chapitres d'un livre qui reste à écrire de toute urgence en particulier pour l'islam qui ne traverse pas seulement une crise conjoncturelle en tant qu'instance de référence existentielle de millions d'hommes et de femmes; il est soumis depuis une soixantaine d'années à une série de tragédies historiques politiquement programmées par la conjonction de deux volontés politiques également maléfiques: les stratégies géopolitiques des grandes puissances d'Occident pour s'assurer le contrôle politique d'un Moyen Orient riche en pétrole; cette pression dure encore et nourrit les tragédies que l'on connaît. Au lieu de prendre acte de cette donnée stratégique et historique majeure pour trouver une riposte adéquate, tous les régimes politiques installés après les indépendances ont étatisé l'islam à outrance; ils ont aboli tout lieu ou possibilité d'autonomie de la vie religieuse pour conserver une distance face à la gestion politique et juridique des sociétés. Hassan II avait une formule très expressive en parlant du fondamentalisme islamique comme d'un *combustible fécond* à la disposition d'un État fort comme celui qu'il a créé.

Il est vrai qu'un islam autonome n'a jamais pu se construire et s'affirmer durablement face aux États autoritaristes qui se sont succédés depuis la dynastie omeyyade (661-750). De ce fait, l'expérience d'une légitimité politique proprement islamique parce que reconnue par tous les musulmans, n'a jamais existé historiquement. Des États locaux ont toujours bricolé une légitimité intégrée dans les contenus et les conduites communes de la croyance, de la représentation collective, mais pas articulée dans un texte de portée constitutionnelle. C'est ce bricolage qui sollicite la *force de l'obéissance* liée à la croyance, jamais au droit, qui permet aux présidents et monarques d'aujourd'hui de garder le pouvoir à vie. Autant dire que la religion et l'État se trouvent contraintes de vivre dans un concubinage malsain où chaque partenaire pervertit les fonctions spécifiques de l'autre: la gouvernance démocratique par l'État, l'exercice plénier de l'autorité morale et spirituelle par une instance religieuse autonome comme l'est le Vatican.

Une autre cause d'affaiblissement et de dérive idéologique de l'islam comme religion doit retenir plus longuement notre attention parce qu'elle concerne une lutte très ancienne et de plus en plus radicale entre ce qu'on appelait dès le IXe siècle les sciences religieuses et les sciences rationnelles qu'on a fini par appeler les sciences intruses (*al-dakhîla*) pour radicaliser le rejet de la raison analytique, déductive, interrogative ; ce qui était visé explicitement par Ibn Qutayba (m. 889) dans son *Adab al-kâtib*, c'était le corpus aristotélicien, donc la raison logocentriste (*logos*) en tension philosophique avec le *muthos* fortement présent dans l'écriture de Platon. On ne pouvait comprendre au Moyen Âge que la tension *logos*/*muthos* va bien au-delà des deux corpus d'Aristote et de Platon ; elle est inscrite dans le rapport langue et pensée et nourrit deux discursivités qui produisent deux types de connaissances complémentaires et non exclusives l'une de l'autre. Le discours prophétique (Bible, Évangiles, Coran) est linguistiquement du côté du *muthos* plus que du *logos* ; il a une très forte organisation métaphorique et métonymique ; et voilà que la tradition qui a consacré la suprématie des sciences religieuses sur les sciences intruses va se radicaliser jusqu'à exclure le concept de mythe et de métaphore qui structurent la totalité du discours de la Genèse jusqu'au Coran. Cette continuité linguistique du discours reconnaissable par tous les linguistes, est violemment déniée par les musulmans dont la croyance est dépendante de la rupture épistémique et épistémologique qui a paralysé la pensée islamique orthodoxe jusqu'à nos jours. C'est ce que j'appelle l'*impensé* dans la pensée islamique contemporaine.

Il est important de retenir que toutes les expressions de l'islam contemporain, qu'il soit sunnite ou shî'ite, s'inscrivent dans un processus très ancien, lent et continu de rétrécissement du champ intellectuel de la pensée critique d'une part ; *le dédain*, *le rejet*, *l'oubli*, *la censure* de l'activité scientifique et réfléchie de la raison. La raison qui commande les discours croyants orthodoxes est radicalement étrangère à la connaissance historico-critique, linguistique, socio-anthropologique. Le champ intellectuel ouvert par la pensée d'Averroès (m. 1198) a été effacé par celui que défendait son interlocuteur al-Ghazâlî (m. 1111) conforté par la longue lignée hanbalite jusqu'à son expansion mondiale en cours avec les pétrodollars qui ne sont pas uniquement saoudiens. On sait comment les pétrodollars d'où qu'ils viennent sont précisément l'adversaire le plus efficace et le plus pervers d'un islam possible des Lumières. Même au temps d'une réelle suprématie politique et militaire sous l'Empire ottoman, les *ulamâ* sont restés repliés sur la composition d'anthologies, de manuels récapitulatifs et d'encyclopédies des savoirs islamiques classiques (voir les polygraphes Hajji Khalifa (1609-1657), Suyûti (1445-1505), Majlisi (1627-1698). C'est ainsi que l'islam est resté à l'écart de la modernité jusqu'à nos jours.

Ignorant cette donnée historique massive, des courants musulmans aujourd'hui vont jusqu'à parler d'*islamiser* la modernité plutôt que de moderniser l'islam. Étrange aveu d'abolition des conquêtes majeures de la connaissance scientifique qui font la gloire et la dignité de l'esprit humain. Au lieu de concentrer la recherche sur la longue période dite de décadence, de déclin, de rumination scolastique de fragments dispersés de la pensée et de la culture classique, les musulmans se sont habitués à citer de grands auteurs du Haut Moyen Âge pour rappeler à l'Europe sa dette à l'égard de la civilisation islamique. Ce faisant, ils n'ont aucune conscience de l'usage *anachronique* qu'ils font constamment d'un patrimoine (*turâth*) rendu intellectuellement et scientifiquement obsolètes avec l'irrésistible expansion de la modernité.

LA PAROLE ABSENTE DANS L'ISLAM CONTEMPORAIN

La parole absente en islam actuel, c'est celle de la Communauté scientifique qui a pris en charge l'islam comme objet d'investigation par delà toutes les formes d'islamophobie, de haine idéologique plus ou moins enchevêtrées avec les rejets racistes qui ont une longue histoire avant l'apparition de la peur de l'islam en Occident, mais aussi parmi les musulmans eux-mêmes. La parole des scientifiques musulmans est trop rare; quand elle s'exprime, elle ne trouve ni les relais nécessaires pour la diffuser, ni les cadres sociaux assez larges et avertis pour la faire fructifier. Les sermonneurs, les prédicateurs, les diffuseurs de la croyance orthodoxe sont au contraire mis en avant de la scène sociale par les médias et nourrissent régulièrement la sainte ignorance de l'islam à la carte. C'est à ce niveau que prospère l'islamophobie, que sont ravivées les irritations quotidiennes devant affichages ostentatoires de signes dits religieux et de conduites rituelles protégées par la loi sur la liberté des cultes, mais perçues comme archaïques, impénétrables par les opinions publiques d'un Occident où il ne subsiste plus qu'une *religion pour mémoire* bien analysée par Danièle Hervieu-Léger dont on devra consulter aussi *Catholocisme. La fin d'un monde* (Paris, Bayard, 2003).

La parole absente est au-dessus, au-delà de toutes ces considérations ressassées *ad nauseum* dans les confrontations sociales, idéologiques et politiques où règnent la tyrannie des émotions et des exaspérations attisées par les appels à la « *riposte laïque* » (titre d'un magazine actif en France) et à la protection des *valeurs de la République*.

De grands chantiers de la connaissance historico-critique des textes religieux et d'édition critique philologique de tous les textes anciens ont été ouverts dès le XIXᵉ siècle par l'érudition orientaliste. Pour le Coran, on retiendra particulièrement la volumineuse monographie consacrée par l'arabisant allemand Theodor Noëldeke à l'*Histoire du Texte coranique* et les travaux de Régis Blachère à la Sorbonne qui prolongeaient l'œuvre de l'école allemande. Devant l'indifférence et le rejet de ces apports précieux par les érudits musulmans, j'ai renforcé ma détermination à centrer mes recherches en priorité sur ce que j'ai appelé le *fait coranique* distingué du *fait islamique*. Cela a donné mon premier livre après ma thèse, intitulé *Lectures du Coran*.

L'objectif de l'histoire du texte coranique était d'abord de restituer le texte du *Mushaf* qui fait autorité dans la tradition orthodoxe, dans ses articulations orales premières en arabe par Muhammad. Tâche primordiale, bien qu'irréalisable dans la vision idéale de l'*enjeu ultime* d'un tel travail. Le Coran comme corpus de textes est dans la même situation que la Bible et les Évangiles. Ce que j'appelle l'*enjeu ultime* de la restitution philologique minutieuse du discours coranique dont rêvent aussi les mystiques quand ils réclament l'accès à la Parole initiale de Dieu dans la première fraîcheur de sa première révélation (*ghadhdhan kamâ unzila*), c'est la possibilité d'atteindre dans les opérations herméneutiques et même exégétiques appliquées aux textes donnés à lire dans le *Mushaf*, aussi bien la fraîcheur spirituelle dont rêvent les mystiques que les significations réelles de toutes les structures linguistiques complexes qui organisent les textes si divers donnés à lire et non plus à écouter dans les conditions des premiers auditeurs des énonciations du prophète. Je souligne la coïncidence profonde, irrécusable de l'intuition spirituelle mystique devant la parole devenue texte muet et l'exigence intellectuelle et philologique du savant qui veut combler les fossés creusés entre la parole révélée, le discours oral initial et le texte à jamais muet consigné dans le *Mushaf* que j'ai appelé pour ces raisons le *Corpus Officiel Clos*, trois concepts linguistiques qui récapitulent tous les enjeux du travail philologique et ceux des diverses herméneutiques appliquées au texte muet.

Devant un tel programme, de telles ouvertures, de telles avancées initiés par la Communauté scientifique au XIXe siècle, rejointe récemment par quelques chercheurs musulmans, le Magistère des clercs musulmans a maintenu le barrage, le refus, la censure, la condamnation face à toute intrusion de la raison dans le domaine religieux sacrosaint, privant ainsi la pensée islamique de fréquenter les mêmes chemins que parcourait la Communauté scientifique mondiale. Avec l'entrée sur la scène historique de la Révolution dite islamique en Iran (1979), l'émergence d'Al Quaïda de Ben Laden, de ses lieutenants et de ses soldats nombreux, la guerre civile ouverte en Algérie après l'annulation des élections en 1991, ce ne sont plus tant les gestionnaires traditionnels de l'orthodoxie qui font barrage à la pensée islamique critique et scientifique ; ce sont plusieurs catégories d'acteurs sociaux, politiques, économiques, financiers qui trouvent dans l'islamisme militant des possibilités d'intégrer toutes les nouveautés et tous les conforts de la civilisation matérielle d'Occident, tout en sauvegardant une « *identité islamique* » qui les protègerait des crises morales et spirituelles dont souffre ce même Occident. Il s'avère que cette identité est imaginée, illusoire, sans épaisseur historique, sans fondements intellectuels, sans horizons de sens éthique, ni spirituels ; c'est une de ces « *identités meurtrières* » bricolées par les idéologues et bien stigmatisées avec pertinence par Amin Malouf dans un de ses livres qui porte ce titre.

Qui, en Occident et dans l'islam à la carte, intègre au niveau des États et de la société civile le problème du Mal inhérent à la condition humaine en liant le destin de l'Irak et de bien d'autres pays dans le monde, au Mal plus effrayant, plus radical, plus dévastateur inhérent à la *clôture moderne de l'esprit humain* devenue le protagoniste intime de la *clôture dogmatique* du nouvel islam maintenu dans le statut théologique de la *religion vraie* ? Dans les deux cas – soldats d'*Al Quaïda* et soldats de la Sainte Alliance autour de l'administration de G.W. Bush – l'islam pris en otage par un groupe d'illuminés reniés par leurs sociétés d'origine et la grande démocratie américaine soutenue par une religiosité populiste, sont instrumentalisés impunément par des idéologues qui confisquent d'un côté toute légitimité religieuse, de l'autre, la légitimité démocratique la plus avancée. Aucun droit, aucune éthique politique publique ne prévoient de sanctions pour cette violence « légale » infligée à plusieurs peuples à la fois.

Telle est bien la *clôture moderne de l'esprit humain* incarnée, instrumentalisée, asservie à la perpétuation d'un Ordre du monde inauguré en 1492. Une date doublement symbolique : l'Europe chrétienne prend possession de l'immense continent américain, le convertit au catholicisme, suivi par les églises réformées, importe des esclaves d'Afrique et gère sans partage la carte politique et économique du monde. Parallèlement, le monde de l'islam qui vient de s'installer à Constantinople en 1453, étend son pouvoir sur le Sud-Est du bassin méditerranéen ; mais en 1492, le sud de l'Espagne islamisé progressivement depuis 711, est reconquis par les catholiques du Nord. Les musulmans et les juifs d'Espagne sont pourchassés par l'Inquisition, poursuivis au sud pour ajouter la conquête du continent africain à celle de l'Amérique. Les bourgeois conquérants inaugurent dans toute l'Europe la conquête politique et économique du monde ; mais pas la diffusion simultanée des acquis scientifiques, culturels, institutionnels modernes pour étendre aux peuples de la terre une émancipation réservée aux Européens blancs et chrétiens.

RETOUR À LA THÉMATIQUE DE LA CROYANCE
DANS LES RELIGIONS MONOTHÉISTES

J'ai assez dit pour situer la pensée islamique par rapport à son parcours historique et à ses temporalités inversées comparées à celles de l'Europe chrétienne, puis moderne. Il convient maintenant d'identifier les traits distinctifs qui permettraient d'explorer un champ religieux commun aux trois versions du monothéisme, non pas du tout pour servir un objectif syncrétiste, mais pour donner un socle épistémique partagé aux processus sociohistoriques communs de construction des systèmes de croyance fondés, eux, sur des postulats et des conceptualisations théologiques d'exclusion réciproque. Cette approche a le mérite de distinguer le travail théologique des acteurs sociaux sur des Corpus Officiels Clos et le statut cognitif potentiel de la Parole de Dieu avant, pendant et après deux moments cruciaux.

1) Le premier moment est celui du discours prophétique, quand des prophètes successifs articulent des énoncés oraux au nom d'un Dieu dont la Parole est révélante, c'est-à-dire dévoilante de connaissances, de Commandements, de normes inaccessibles à l'homme enfermé dans sa condition limitée. La Parole de Dieu ainsi médiatisée dans le discours prophétique deviendra le *donné révélé* sur lequel s'appuieront plus tard tous les clercs et docteurs de la Loi qui construiront les systèmes de croyances et de non-croyances ainsi que les codes normatifs de la Loi de Dieu. On retiendra de ce premier moment d'un processus historique qu'avec le donné révélé manifesté dans une langue humaine devant des auditoires d'acteurs sociaux liés à des mémoires collectives et des croyances différentes, nous sommes déjà en pleine histoire concrète, en pleine diversité socio-politico-anthropologique où se déploie et s'inscrit toute existence humaine.

On appellera cela l'*historicité* du donné révélé dès ses premières énonciations.

2) Le second moment nous plonge dans une histoire encore plus complexe : c'est celui du passage de l'articulation orale de la Parole par les prophètes (discours prophétique) à la consignation écrite des énonciations prophétiques dans ce qu'on appellera les Livres saints pour les distinguer des livres profanes ordinaires qui véhiculent les paroles et les connaissances fragiles des hommes. Au lieu de Livres saints, les linguistes et les historiens parleront de *Corpus Officiels Clos*. Tout Corpus ainsi constitué pose des problèmes d'arbitraire de la sélection, d'intégrité, d'authenticité, de pertinence des fragments juxtaposés ; ou encore des problèmes de composition et d'édition des textes ainsi rassemblés par un ou plusieurs auteurs. Le qualificatif *officiel* réfère aux autorités religieuses et/ou politiques qui ont décidé et contrôlé la mise en circulation et la mise en forme du Corpus ; ces mêmes autorités décident que le Corpus ainsi composé et homologué, est fermé à toute addition ou soustraction, à toute modification ou débat qui changerait l'intégrité du Corpus clos. La Bible, les Évangiles et le Coran sont le résultat de tous les processus, les contrôles et les interventions qu'on vient d'indiquer. On voit que le premier intérêt de la conceptualisation linguistique et historique est la conquête d'un espace de parole scientifique sur des objets, des notions, des faits

objectifs que la pensée théologique a sacralisé, sanctifié, divinisé, mis à l'abri précisément de toute irruption d'un discours scientifique qualifié *a priori* de subversive et hostile à toutes les formes de la croyance orthodoxe. La croyance a renforcé la rigidité de ses refus depuis les années 1970 sous les pressions croissantes des idéologies nationalistes de combats politiques. Elle enferme les croyants dans des enclos théologiques exégétiques, hagiographiques, fidéistes, et surtout ritualistes. Cependant, on relève aujourd'hui des ouvertures à la connaissance critique qui gagne de plus en plus de jeunes esprits, davantage en contextes européens qu'islamiques, il est vrai.

Dernières observations en guise de conclusion

Que devient l'éthique dans tout cela ? À quelles sources d'inspiration va-t-elle puiser un sens des valeurs, des vertus, de la vie bonne en un temps et dans des sociétés du spectacle, du profit, des combines financières, de fragilisation de toute attitude morale et au surplus, depuis que la pensée elle-même est devenue jetable comme les ustensiles en carton qu'on jette après le repas ? Une religion comme une politique qui prône l'assassinat pour prendre ou garder le mono- pole d'exercice de la violence légale, perd à jamais toute vocation à inspirer ou fonder une morale quelconque. En contextes islamiques, les couches sociales les plus délaissées et ignorées par les États, ou les couches les plus nanties de la société puisent encore dans un islam « innocent » – le leur précisément – cette espérance qui nourrit un sentiment de dignité inséparable de la conscience spontanée orientée vers le désir du « bien » et le refus du « mal ». J'utilise des guillemets pour signifier que la question *quel bien ? quel mal ?* n'a plus sa place à ce niveau de vie sociale, économique et culturelle. C'est peut-être une survivance de cette Commanderie du bien et prohibition du mal dont j'ai parlé plus haut.

Les linguistes et sémioticiens parlent de la *genèse subversive du sens* : on subvertit le sens dont on découvre qu'il n'est qu'un *effet de sens* qui s'inscrit dans l'imaginaire collectif, non dans la raison critique et analytique. Il est urgent alors d'intervenir pour substituer au sens fictif, un sens mieux pensé et plus résistant à l'épreuve du réel. On dénonce moins aujourd'hui l'illusion courante de simples effets de sens, ou de vérité, ou de légitimité, ou de progrès qui construisent l'imaginaire social, politique et religieux. Pourtant, on est encore plus fondé en matière d'éthique, à parler également de *genèse subversive des valeurs* précaires et contingentes, après la disparition des valeurs dites *invariantes* parce qu'assises, enseigne-t-on, sur la Parole éternelle de Dieu ou sur les fondements et postulats de la métaphysique classique. Il ne faut pas oublier que la subversion de cette métaphysique retentit immédiatement sur les fondements théologiques des régimes religieux de vérité, du sens, des valeurs, du droit. Dans notre temps de la *pensée jetable*, il est difficile à la raison sollicitée, mais ébranlée de toutes parts, de réhabiliter des fondements disqualifiés ou d'en proposer de nouveaux qui s'écrouleraient le mois suivant [1].

On constate aussi une atteinte à l'intégrité de l'esprit quand on détourne les finalités de l'éthique de la connaissance scientifique critique pour provoquer la mort de milliers de personnes humaines innocentes et qu'on ajoute à cet écrasement de l'éthique élémentaire, dans le cas du terrorisme, le dénigrement et pire encore, l'interdiction de la recherche en sciences de l'homme et de la société. Il est vrai que celles-ci échouent autant que les religions à articuler une éthique assez contraignante pour la conscience humaine pour arrêter les massacres et les destructions que ne cessent de légitimer les idéologies nationalistes de combat et d'éradication ethnique. On asservit les impératifs d'une foi religieuse à l'assassinat d'êtres innocents, à l'oppression de peuples entiers à des régimes autoritaristes qui se sont multipliés et prospèrent dans le monde avec les soutiens de démocraties avancées qui ne trouvent pas non plus les vrais chemins d'un droit international opposable aux « États voyous ».

Les religions clament leur adhésion zélée à la tolérance, à la protection de la vie humaine, aux dix Commandements dont le premier

---

1. Voir M. Arkoun, *Al-fikr al-usûlî wa-l-stihâlatul-ta'sîl*, Beyrouth, Dâr al-Sâqi, 1999. J'y traite des deux sciences des fondements (*Usûl a-dîn et Usûl al-fiqh*) produites par la raison islamique *fondationnelle* (*usûliyya*) à ne pas confondre avec la raison fondamentaliste (*usûlawiyya*), dont on connaît les ravages dogmatiques. Cette différenciation est indispensable si l'on veut ramener la raison islamique à ses interrogations et confrontations classiques dans un climat de *disputatio* médiévale de facture humaniste (*munâzara*), voir Tawhîdî et Miskawayh dans *al-Hawâmil wa-l-Shawâmil*. La question se pose ici de la situation irréversible créée par la domination sociologique et politique de l'islamisme fondamentaliste.

est « *tu ne tueras point* ». Mais elles n'ont ni la probité intellectuelle, ni le courage moral de dénoncer une discrimination grave : les Commandements valent pour la protection des vrais fidèles de chaque Communauté ; le communautarisme inavoué a toujours entraîné les religions vers la persécution de l'hérétique, de l'étranger hostile à la Loi du Dieu Un et Vrai. Elles vivent ainsi de bondieuseries qui envahissent la culture émancipatrice et compromettent l'hygiène élémentaire de l'esprit. Les immigrés des sociétés démocratiques actuelles ont pris le relais du statut assigné aux infidèles et aux étrangers dans les théologies politiques pré-modernes. Ils sont toujours exposés à la marginalisation, au dédain, à l'humiliation, à la discrimination, à la domination et dans certains cas, à l'extermination tant qu'ils ne sont pas convertis irréversiblement à la seule « religion vraie » comme celle du stalinisme et des mouvements racistes des extrêmes droites. On enseigne encore cela dans l'islamisme militant actuel en s'appuyant sur des lectures « sauvages » des versets soi-disant explicites du Coran (au sens de la « *pensée sauvage* » de Cl. Lévi-Strauss).

C'est sur ce point capital que se creuse le fossé tragique entre la forme fondamentaliste et la forme réfléchie, critique et rigoureusement éthique de toute foi agissante : je vise aussi bien le fondamentalisme religieux traditionnel que ce que j'ai appelé la *clôture moderne de l'esprit humain*. Car une certaine attitude de la raison des Lumières a assassiné gaiement des « indigènes » lors des guerres coloniales ; Staline et Hitler ont fait la même chose avec des citoyens européens blancs et chrétiens (juifs *a fortiori*) en pleines Lumières du XXᵉ siècle. Autrement dit, l'éthique que je défends tout au long de ce parcours cognitif, réflexif et radicalement critique, n'est ni celle de telle religion qui se serait distinguée des autres, ni celle des Lumières grossièrement opposées aux systèmes traditionnels de la croyance et de la non croyance. Je pense également à l'effacement de la question éthique par certaines postures froides, positivistes, purement factuelles des sciences dites de l'homme et de la société[1]. Il y a aussi les sciences

---

1. Voir à cet égard trois titres récents essentiels qui corroborent l'orientation réflexive, critique et cognitive appliquée ici à l'islam, et étendue au judaïsme et au christianisme : G. Roux, *Du prophète au savant. L'horizon du savoir chez Maïmonide*, Paris, Le Cerf, 2010 ; J.-L. Marion, *Le croire pour le voir*, Paris, Éditions Parole et silence, 2010 ; J.-L. Marion, *Certitudes négatives*, Paris, Grasset, 2010.

politiques quand elles s'enferment dans les volontés de puissance de l'Occident pour traquer et condamner sans répit ce que Voltaire appelait la *bête féroce* du seul fondamentalisme islamiste. Je ne vise jamais non plus le retour à l'éthique moralisante, ennuyeuse et faussement rassurante, qui sous-tend toutes les formes du dialogue inter-religieux, interculturel, euro-arabe, euro-méditerranéen auxquels j'ai pris part à travers le monde depuis les initiatives de Vatican II et de l'Union européenne.

Aujourd'hui encore la nostalgie de l'efficacité et de la pérennité des valeurs liées aux terroirs, hante un grand nombre de citoyens de tous niveaux de culture. Le terroir tel que je le présente reste un point d'appui pour tous, mais sûrement pas un chemin de sortie des impasses historiques auxquelles ont conduit toutes les guerres natio-nalistes qui ont succédé aux guerres intra-européennes et aux guerres coloniales. Ces impasses programmées par les choix géopolitiques de l'Occident montrent que la sortie des religions n'est pas non plus une réponse pertinente à la nécessité de réactiver et renouveler la question éthique dans une perspective toujours plus universalisante. Une vraie sortie des religions qui libérerait l'horizon de la question éthique et juridique, exige que l'Occident accepte de travailler enfin à sa propre sortie définitive de la *clôture moderne de l'esprit humain.* Il est temps d'inaugurer une histoire également émancipatrice pour les sous-développés, les exclus, les minorités, les opprimés, les victimes de l'ignorance institutionnalisée, les assujettis aux régimes autoritaristes et à tant de figures du politique dit moderne. Parmi ces figures, celles de Saddam Hussein, de Mugabe et de tant d'autres que je ne peux citer par crainte de représailles violentes. Le premier cité Saddam Hussein, a une grande part de responsabilité dans la programmation historique de la tragédie irakienne. Cela ne légitime pas pour autant, l'usage qu'en a fait le président américain et avec lui l'Union européenne. Nous voilà renvoyés une fois de plus à la question récurrente d'un nouveau droit international toujours revendiqué, espéré, attendu, depuis 1947 et sans cesse refusé par les puissants et leurs alliés.

CHAPITRE II

LA QUESTION DES DROITS HUMAINS
DANS L'ESPACE HISTORIQUE MÉDITÉRRANÉEN

Si vous supprimez le droit comme principe de légitimité des droits, vous remettez les hommes entre les mains de l'État, du marché ou de la religion. Tout sujet du journal de 20 heures fait virtuellement une loi [1].

MODESTES PROLÉGOMÈNES [2]

Plutôt que de restreindre l'examen des droits humains au cas particulier de ce qu'on appelle globalement l'islam, je préfère désenclaver ce mot valise pour le situer dans l'espace historique méditerranéen. L'ensemble des pays indûment qualifiés de musulmans sont plus concernés par la question des droits humains que l'islam en tant que système de croyances et de non-croyances. On touchera à cette dimension, mais en insistant sur les usages idéologiques et politiques que tous les régimes en place en font. La notion d'espace géohistorique ne doit pas être confondue avec celle d'espace géopolitique de ce qu'on appelle le Proche, le Moyen ou depuis peu, le Grand Moyen Orient. L'espace géopolitique est celui que se sont disputé les puissances européennes dès le XIXᵉ siècle quand l'Empire ottoman est devenu l'*homme malade* au chevet duquel l'Europe veillait pour

1. G. Carcassonne. On a entendu toutes ces formules et bien d'autres prononcées par d'éminents juristes aux XXIIIᵉ Rencontres de Pétrarque à Montpellier. Voir J. Birnbaum, « L'État de droit est devant nous », *Le Monde* du 23/07/2008.

2. Coup d'œil qui s'impose aux majestueux prolégomènes d'Ibn Khaldoun (m. 1406).

se partager ses dépouilles. C'est ce qu'avait fait la France en Algérie en Juillet 1830. Après 1945, l'intervention des deux grands de la guerre froide vient compliquer davantage les rivalités pour conduire aux guerres tragiques en cours depuis le 11/09/2001.

Les puissances rivales d'hier et d'aujourd'hui ne se sont guère préoccupées de l'approfondissement de l'histoire des cultures et des civilisations qui ont marqué si durablement l'histoire religieuse, intellectuelle et culturelle de l'Europe chrétienne. Il y a une longue tradition d'exclusion de l'islam comme religion et de lutte contre les Empires qui ont imposé des hégémonies réelles, mais précaires sur l'Europe chrétienne avant sa montée irrésistible et continue jusqu'à nos jours. Le président français vient de réunir à Paris quarante-sept chefs d'États pour lancer l'Union pour la Méditerranée. Comme à Barcelone en 1995 tout se passe entre des États dont il faut ménager les susceptibilités, les calculs pour leur politique intérieure, les craintes de ne pas maîtriser le futur proche. Voilà pourquoi on a parlé comme à Barcelone d'écologie, d'énergie, d'eau, d'échanges économiques, d'émigration; mais il n'a pas été question d'un vaste programme de recherche en sciences de l'homme et de la société appliquées aux sociétés sous-analysées et toujours soumises à des archaïsmes prélogiques par des politiques de traditionalisation. On n'évoque pas davantage l'état alarmant des systèmes éducatifs qui d'un côté renforcent le fondamentalisme islamiste, de l'autre poursuivent l'application d'une *neutralité laïque* à l'égard de tout enseignement d'une histoire et d'une anthropologie comparées des faits religieux qui pèsent si lourdement sur les relations internationales.

Ainsi, une politique pragmatique de coopération en matière d'échanges commerciaux repousse à un avenir indéfini l'indispensable lutte contre l'expansion des régimes d'ignorances institutionnalisées transmises encore aujourd'hui dans tout l'espace historique méditerranéen. Les ignorances sont affichées du côté « islam » avec une arrogance politique que l'ensemble de l'Europe/Occident entérine pour atténuer les effets désastreux d'une stratégie géopolitique de domination fondée sur la seule *Realpolitik* à la Bismarck ou Napoléon. Devant les chefs d'États invités à la célébration nationale du 14 juillet, le président français a fait lire la *Déclaration universelle des droits de l'homme* faite à l'ONU en Décembre 1948. La visée politique de cette initiative est claire; mais combien de chefs d'États et de grandes personnalités présentes se souviennent que ni le Vatican, ni l'Arabie saoudite n'avaient alors voté pour cette Déclaration[1]. C'est là précisément le point névralgique qui oppose en profondeur l'ensemble de l'Europe/Occident laïcisé non pas à l'islam seul, mais aux trois versions du monothéisme, sans parler des grandes nations qui entrent dans la compétition historique. La déchirure est intellectuelle, spirituelle et culturelle ; les oppositions politiques qui ont pris l'importance de guerres civiles notamment sous la Révolution française, ne sont que la conséquence de la blessure toujours ouverte au niveau de ce que j'appellerai le « sujet humain » comme personne qui a vocation à la liberté de conscience et de déploiement de soi, et comme individu citoyen soumis à un droit dûment légitimé.

Bien qu'elle se fonde sur des théologies d'exclusion réciproque, la convergence des voix du *Magistère suprême catholique* et d'une monarchie saoudienne qui ne pouvait prétendre à aucune légitimité théologique islamique, souligne un décalage qui s'est élargi depuis le 11/09/2001. Car sous le pontificat de Jean XXIII, il a été mis fin à ce qui s'est avéré une faute ou ignorance théologique de la part d'une Autorité en principe infaillible. Cette révision allait dans le sens des ouvertures consenties par Vatican II vis-à-vis des acquis incontournables de la modernité. À cet égard, j'ai écrit depuis longtemps que le monothéisme attend un Vatican III ; je dis bien le monothéisme, non le catholicisme seul ; car Vatican II a permis des avancées qui ouvrent des possibilités de penser l'avenir du religieux dans une perspective positive qui ne manquerait pas de déclencher une émulation libératrice du côté du judaïsme et de l'islam. Il vaut la peine de mentionner ici les deux contextes qui m'ont amené à formuler avec insistance la réunion d'un Vatican III.

Le premier contexte remonte au 12/12/1989. Le président F. Mitterrand avait eu un geste symbolique en décidant de clore les

---

1. Je remercie mon ami Roberto Papini qui m'a communiqué les précisions suivantes : « Autant que je sache, le Vatican n'était pas en mesure de le faire en raison du caractère d'observateur sans droit au vote. Je ne veux pas faire une apologie du Vatican ; cependant dans le livre de Eleanor Roosevelt (p. 132) *"A World Made New"* il apparaît que René Cassin fût encouragé durant les travaux de préparation de la Déclaration par Mgr Roncalli, alors nonce à Paris. De plus, elle cite que Pie XII, déjà en 1941, était enthousiaste à l'idée qu'il existe une Déclaration Universelle ».

célébrations du bicentenaire de la Révolution en faisant transférer les cendres de l'Abbé Grégoire qui avait signé la constitution civile du Clergé, au Panthéon des grands serviteurs d'une France réunifiée (je rappelle que le sociologue Émile Poulat a écrit un livre très éclairant sur *Les deux France*). Invité à la cérémonie, le cardinal Lustiger a refusé de s'y rendre pour des raisons qu'il n'avait pas alors explicitées. J'ajoute que beaucoup de Français n'ont pas été sensibles à ce « détail » qui ne peut en effet être compris que par des historiens avertis des enjeux engagés dans les débats toujours passionnés sur les tensions tantôt éducatives et plus souvent régressives, entre religion et laïcité.

Le second contexte est également lié au cardinal Lustiger. La *Revue des deux mondes* a organisé un dîner en son honneur à l'occasion de la parution d'un numéro consacré aux *Réalités du Christianisme* auquel j'avais collaboré. Dans sa présentation du colloque, le cardinal est revenu sur une idée chère à Jean-Paul II et à son successeur : la rechristianisation d'une Europe dominée par la culture de l'incroyance. J'ai fait remarquer que dans le contexte politique actuel, il est dangereux d'insister sur toute initiative missionnaire, car cela encouragerait la surenchère mimétique notamment avec l'islam wahhabite dont on connaît les modes et voies d'expansion. « Certes », répondit le cardinal ; « mais il est temps de montrer que toutes les religions n'ont pas le même statut en termes de vérité intrinsèque à leurs enseignements et à leurs constructions théologiques de la foi par delà les systèmes orthodoxes de croyances et de non-croyances ». Il convient donc d'ouvrir un chantier pour établir une *hiérarchie des religions* sous le rapport de leur adéquation spirituelle et intellectuelle aux attentes du sujet humain et plus seulement des communautés tendant aux communautarismes.

L'audace de cette réponse surprit l'audience ; je l'ai acceptée quant à moi, car elle s'inscrit dans la perspective d'une histoire et d'une anthropologie comparées de toutes les religions. Je suis persuadé qu'une telle recherche nourrirait un enseignement généralisé des faits religieux qui apaiserait les passions au sujet des guerres dites de religion, mais qui sont en réalité soutenues par ce que j'appelle des régimes de vérité fondés sur des postulats théologiques dogmatiques. C'est l'analyse historique, culturelle et intellectuelle de ces postulats qu'il est urgent de faire et que j'ai lancé pour le cas de l'islam depuis la parution de ma *Critique de la raison islamique* en 1984. Dans son dernier livre *Thérèse, mon amour*, Julia Kristeva vient d'apporter une contribution précieuse à cette perspective que j'essaye d'ouvrir pour situer l'islam non pas tant par rapport à ses multiples traditions en compétition pour garder le monopole de la version authentique du monothéisme révélée par Dieu, mais face à la nécessité historique de prendre en charge les défis inédits de l'histoire en cours au sujet de l'avenir des religions dans l'accompagnement de la condition humaine. Cette ambition est comparable à celle de J. Kristeva qui s'exprime comme suit :

> *Nouvel Observateur* – Diriez-vous que nous allons vers un retour du religieux ?
>
> *J. Kristeva* – Oui, à croire les fidèles de Mao revenus à Moïse ou à saint Paul ! Pourtant, ce « *retour du religieux* » se fait par-delà « *le fil rompu de la tradition* » (selon Tocqueville et Hannah Arendt), et il a déjà connu au XXe siècle un double mouvement qui ne cesse de féconder l'expérience contemporaine : la *modernité normative* (*avec* Herman Cohen, Scholem et Levinas) et la *modernité critique* (Kafka, Benjamin, Arendt) à l'écoute de la Bible, mais aussi de Nietzsche, Heidegger et la phénoménologie. Aujourd'hui, une troisième reprise se profile, à laquelle j'appartiens et que j'appellerai une «*modernité analytique*». La vie intérieure colmatée par les désastres de la globalisation se révolte et se réveille sous la forme de créativités singulières, spécifiques à chacun, méditant et transformant à la fois leur dette et leur distance vis-à-vis de notre triple héritage : juif, chrétien et grec, avec la greffe musulmane. C'est dans cette perspective que j'ai essayé d'apprivoiser la foi amoureuse de Thérèse [1].

Les trois types de modernité mentionnés s'inscrivent dans une périodisation propre au parcours historique de la pensée en Europe; elle n'inclut pas la temporalité inversée du parcours islamique de la pensée dans l'espace méditerranéen. À ce jour, l'islam n'a été confronté de manière systématique et continue à aucune des trois modalités retenues par J. Kristeva. Ni les historiens, ni les islamologues classiques, encore moins les politologues qui travaillent dans la courte durée, n'ont tiré les conséquences pratiques d'une double rupture de l'islam tel qu'il s'exprime depuis les années 1950, quand il devient un outil ou acteur adjuvant des discours nationalistes de libé-

---

1. *Nouvel Observateur*, 22/05/2008.

ration et de constructions identitaires. D'une part, cet islam instrumentalisé est coupé depuis longtemps d'un « Âge d'or » glorifié dans les revendications identitaires, mais très mal connu dans ses fonctions et ses contenus historiques réels ; d'autre part, les Partis-États postcoloniaux qui ont obstrué toute avancée de la culture démocratique, ont nourri un islam fondamentaliste qui se retourne contre eux en leur disputant la légitimité puisée dans le même islam privé de larges accès à la modernité intellectuelle, culturelle, juridique et éducative. Un pan important du droit demeure lié à la Loi de Dieu (*sharî'a*).

Les trois modernités normative, critique et analytique, coexistent en fait aussi bien dans la pensée philosophique que dans celle diversifiée des sciences de l'homme et de la société. C'est pourquoi, je défends plutôt l'idée d'une raison en *voie d'émergence* dans les grandes cultures non européennes pour trouver des réponses adéquates aux décalages historiques qu'aucune forme de la raison moderne n'a vraiment pris en charge. Il est clair qu'en situant ses travaux dans la modernité analytique, J. Kristeva contribue depuis longtemps aux conquêtes de la raison émergente. Elle se reconnaît elle-même comme *un monstre de carrefours* où s'entremêlent le christianisme orthodoxe, l'expérience communiste athée qui a refusé la sépulture religieuse à son père en Bulgarie, un déploiement exubérant de sa personnalité dans la France des années 1960-1980[1]. Son livre sur Sainte Thérèse ne peut être écrit par un français de souche grandi dans l'*éthos* stabilisé de la République laïque.

LA QUESTION DES DROITS DE L'HOMME
DANS L'ESPACE MÉDITERRANÉEN

Je ne revendique aucun privilège spirituel, éthique, philosophique ou civilisationnel pour l'espace historique méditerranéen. Invité à traiter de l'origine islamique des droits humains, je m'efforce toujours

---

1. J'ai évoqué ce que je dois moi-même à cette même période d'effervescence intellectuelle, culturelle et politique dans les universités françaises dans ma contribution « Les réponses de l'islamologie appliquée », dans *Regards sur la France. Trente spécialistes internationaux dressent le bilan de santé de l'hexagone*, K.E. Bitar et R. Fadel (dir.), Paris, Seuil, 2007.

dans toutes mes recherches, de dépasser les discours sur l'Islam avec
un I majuscule dans les limites exégétiques, théologiques, doctrinales,
institutionnelles où s'enferment les fidèles et avec eux les chercheurs
pour qui l'*objectivité* consiste à rapporter et expliciter fidèlement
ce que les musulmans disent sur leur religion, leurs cultures et leur
civilisation. J'ai dénoncé depuis longtemps cet enfermement qui
aboutit à l'isolement de tout ce qui a trait à «l'Islam» de l'espace
historique large où il a émergé et des espaces qu'il a conquis par l'épée
ou le rayonnement dans le monde. Une telle objectivité est non
seulement illusoire, mais fausse et dangereuse, car elle ignore les
ambitions des sciences de l'homme et de la société telles qu'elles se
sont développées sur l'exemple de l'Europe et de l'Occident.

Je poursuis donc l'exposé de modestes prolégomènes pour bien
mettre en perspective historique, anthropologique et philosophique la
question du droit en général et des droits humains devenus un *leitmotiv*
plus idéologique que réflexif depuis que leur invocation relaye la
mission civilisatrice qui légitimait les conquêtes coloniales. On
entend d'ailleurs des juristes, des juges et des professionnels du droit
dénoncer l'hypertrophie des législations, la distribution des droits à
des entreprises, des associations, des initiatives privées, des individus
au point de confondre les *droits de dignité* avec les *droits de
clientélisme*. On en vient aussi à la prolifération des droits qui finissent
par «*dépouiller le droit*» (Philippe Bilger)

Il est vrai qu'à considérer l'état actuel du droit international et
des droits nationaux, on peut défendre l'idée que l'État de droit est
toujours à reconquérir, donc devant nous, même là où il fonctionne
malgré tout. Mais on a parlé de la multiplication des États voyous; des
États dangereux, des États qui confisquent cyniquement les droits
élémentaires d'individus dont on nie le statut de citoyen, de personne
humaine, de sujet qui a vocation à exercer la liberté avec responsabilité. On parle aussi des mensonge d'État dans le pays de l'*Habeas
Corpus* et dans la grande démocratie américaine. On comprend que
Mireille Delmas Marty, professeur au collège de France, fasse appel
aux «*forces imaginantes du droit*»[1] pour mettre en place un nouveau

---

1. Titre général sous lequel M. Delmas-Marty a publié trois volumes, *Les forces
imaginantes du droit, op. cit.*

droit international élargissant la quête de légitimité à toute élaboration du droit à l'échelle mondiale.

Ici encore je mène un combat difficile, car je reste isolé depuis des années dans mes efforts pour le faire partager. Les portes demeurent fermées du côté de l'islam conservateur et militant; mais les deux religions concurrentes se différencient « joyeusement » si je puis dire, d'un islam pris en otage à la fois par des régimes politiques en grand déficit de légitimité démocratique et des mouvements terroristes virulents. Je souligne davantage ici l'attitude du judaïsme également pris en otage par les priorités politiques imposées par la mise en place de l'État d'Israël, mais qui occulte des archaïsmes et des bricolages théologico-politiques aussi infidèles à l'œuvre de Spinoza que ceux des musulmans actuels à l'égard de l'œuvre d'Averroès. Ainsi vont les religions monothéistes à l'orée du XXIe siècle.

Il y a pire encore dans l'explication de cet isolement : c'est le conservatisme épistémique et épistémologique des sciences de l'homme et de la société à l'égard du drame historique que traversent l'islam comme l'un des *parcours historiques de la condition humaine*, et les musulmans comme acteurs responsables et victimes à la fois de ce drame dont peu de penseurs exigeants se donnent les outils et les volontés nécessaires pour le prendre en charge. À ce conservatisme s'ajoute la complicité explicite ou implicite de plusieurs acteurs importants : les nouveaux experts de « l'islam » qui ont marginalisé les islamologues classiques pour produire des *best sellers* sur le fonda-mentalisme, l'intégrisme, le terrorisme islamistes où l'islam est plus accablé, disqualifié que pris en charge dans la perspective de l'anthro-pologie comme critique de toutes les cultures et les traditions de pensée. Les politologues sont également sollicités par les États en quête de grands conseillers « scientifiques » pour éclairer leurs straté-gies géopolitiques; par les médias soucieux d'asseoir leurs discours sur quelques autorités dont la scientificité reçoit en retour plus de publicité; par les éditeurs aussi pour augmenter leurs chiffres d'affaires, par les publics enfin qui se ruent sur les titres les plus « engagés » pour enflammer davantage les imaginaires déjà bouillon-nants contre le Mal absolu du terrorisme associé à l'islam à travers le monde. Il suffit de faire l'inventaire des titres publiés en langues euro-péennes depuis le 11/09/2001, ou pire encore depuis la création de l'État d'Israël, pour mesurer le poids des imaginaires de l'exclusion, de la vengeance, de l'éradication, de la purification, de la haine, de la rage dans ce même Occident qui refuse d'écrire et d'enseigner l'histoire et l'anthropologie des religions traditionnelles relayées par les religions séculières qui prospèrent au sein de ce que nous nommons uniformément la modernité. Les unes et les autres religions doivent être traitées comme autant de *parcours historiques de la condition humaine.*

Je dis à partir de mon isolement intellectuel, que tant que ce concept programme de *parcours historiques de la condition humaine*, n'est pas intégré dans les programmes de recherche et d'enseignement des sciences de l'homme et de la société (incluant la nouvelle reine des sciences nommée au pluriel *Political sciences*); et tant que la Déclaration Universelle des droits de l'homme sera lue rituellement comme les croyants lisent leurs Écritures Saintes; tant que cette Déclaration ne sera pas tournée vers l'*universalisable* pour laisser aux parcours historiques décalés de beaucoup de peuples, le temps d'entrer dans le mouvement général qui assure l'application réelle des droits humains à la condition humaine; tant que l'Europe enfin s'abritera derrière le discours à double critère [1] comme elle le fait depuis le xixe siècle, notre humanité continuera à se raconter indéfiniment à elle-même les mêmes contes désormais désenchantés, perpétués dans les langues, les rites, les rêves et les croyances de la *Grande illusion* depuis la *Genèse* dans le cas du monothéisme.

Tout cela dit avec la rigueur nécessaire, je rappellerai que c'est en Europe chrétienne que l'*Habeas corpus*, institution anglo-saxonne qui garantit la liberté individuelle, a été introduit dès 1679; que la Déclaration des droits de l'homme a été faite en 1789 en France, puis élargie par l'ONU au monde habité. Il s'agit bien d'une ligne historique majeure pour l'émancipation de la condition humaine précisément. Le problème réside dans l'effectivité de ces acquis qui honorent l'esprit humain dont il est nécessaire de souligner en même temps les faiblesses, les aberrations, les dérives quand on se heurte à ce fait inouï

---

1. R. Kagan a défendu avec une conviction véhémente la politique des États-Unis au lendemain du 11/09/2001 en persiflant la faiblesse de l'Europe devant les menaces de la violence systémique à l'échelle mondiale. Il écrit ceci entre autres analyses cyniques : « Nous utilisons la puissance que nous nous sommes donnée avec un double système de critères » (« Power and Weakness », *Policy Review*, 2002, n° 113).

que les femmes françaises n'ont accédé au droit de vote qu'en 1945 ! Est-ce le même impensable qui explique *a fortiori* les codes de l'indigénat instaurés par cette même France révolutionnaire dans les départements français d'Algérie et ailleurs dans l'Empire colonial ? L'idée fondamentale ici pour demeurer dans la critique intellectuelle, c'est que le réseau épistémique que la raison des Lumières voulait substituer à celui de la théologie chrétienne de la légitimité politique et cognitive n'avait gagné que la *rhétorique de l'imaginaire du Salut* par le progrès scientifique et l'institution formelle de la République avec la devise non moins idéaliste de *Liberté, Égalité, Fraternité* inscrite au fronton de toutes les mairies de France.

Il est vrai que cette devise substitue un régime ouvert de la citoyenneté qui constitue une rupture révolutionnaire avec la fraternité des créatures humaines émancipées par la Parole de Dieu, fraternité drastiquement réservée aux seuls « fidèles » – ce mot dit plus dans ce contexte que *croyants* – de chaque version manifestée de cette Parole transmise par une série de Messagers dont le succès, ne l'oublions pas, repose sur la subversion totale ou partielle des codes et des représentations installés par ses prédécesseurs. Les juifs refusent de reconnaître la divinité de Jésus et les musulmans vivent encore avec la certitude des Écritures antérieures altérées et de l'Unicité de Dieu rétablie dans sa pureté par le dernier des messagers. On discerne ainsi la continuité attristante, sinon désespérante de l'usage fait par les religions déjà de la puissance des Empires qu'elles ont régis *avec un double système de critères*. L'*épistémè* sous-jacente à cette continuité là est infiniment plus réelle, plus durable et plus effective dans les divers parcours de la condition humaine, que celle fugitive, inconsistante, mais récurrente dans les utopies, les espérances, les Figures symboliques idéales que le même esprit humain reproduit en toutes circonstances pour survivre à ses propres récits de fondation. Tout commence en mystique et finit en politique, répétait Charles Péguy avec la nostalgie de l'être et le *Dur Désir De Durer* (Apollinaire) qui distinguent l'homme du reste des vivants.

Ici prend toute sa portée la question des régimes de vérité instaurés et longtemps imposés par les religions usant de la violence légitime. Marcel Gauchet a beaucoup écrit sur l'histoire culturelle des droits de l'homme ; René Girard a développé la théorie de la victime émissaire pour assouvir la rage vengeresse des groupes, communautés ou nations; bien d'autres encore ont soutenu l'idée que le christianisme est la seule religion qui a conduit historiquement à la sortie de la religion. Le philosophe italien Gianni Vattimo parle d'*un christianisme sans la religion…* De telles thèses comme je l'ai signalé, ne peuvent qu'attiser les rivalités mimétiques et allumer de nouveaux brasiers. Pour avancer dans une recherche indissociablement historique, anthropologique, linguistique, psychanalytique et philosophique, il est indispensable d'ouvrir des chantiers jusqu'ici fermés, interdits, protégés ou simplement négligés pour toutes sortes de raisons dans le parcours historique de l'Europe chrétienne, puis moderne.

Voyons ce qu'il en est non seulement des droits de l'homme, mais de la critique du droit en contextes islamiques. Je ne répéterai pas ce que j'ai déjà longuement exposé sur les conditions d'une *Critique de la raison juridique en islam*[1]. Pour approfondir l'analyse des contentieux au sein de chaque société, entre les parcours historiques intra-européens et, surtout, entre les pays de l'Euroland et ceux de la Méditerranée arabo-turco-irano-islamique, je retiendrai un fait récent qui permettra de mesurer les décalages historiques entre les sociétés des deux rives. On comparera la charte européenne des droits fondamentaux et les préambules des constitutions des pays arabo-turco-iraniens qui ont été les protagonistes de l'histoire générale de l'espace méditerranéen. La comparaison comprendra un moment historico-anthropologique et un moment philosophique. Sur la base des éclairages et des données indiscutables fournis par cette approche comparée, on se demandera comment l'espace méditerranéen peut dépasser les clivages idéologiques qui continuent de nourrir des guerres civiles à l'intérieur de plusieurs sociétés et surtout de bloquer une politique de remembrement culturel et d'intégration économique de la sphère géohistorique euro-méditerranéenne.

Entre 1543 et 1687, de la révolution copernicienne aux *Philosophiae naturalis principia mathematica* de Newton, l'Europe a eu le privilège de vivre des révolutions scientifiques successives qui ont fait de cette partie du monde un pôle incontournable de la production de l'histoire, un moment décisif de l'aventure moderne de l'homme. Tous les savoirs, toutes les croyances et de larges pans des

1. Voir M. Arkoun, *Humanisme et islam, op. cit.*, chap. 5.

théologies et des philosophies légués par l'Antiquité et le Moyen Âge dans l'espace méditerranéen, ont été soit effacés des nouvelles œuvres et des mémoires européennes, soit rendues obsolètes intellectuellement et scientifiquement par une succession de ruptures épistémiques radicales jusqu'à nos jours. Cela explique les tensions avec le magistère catholique, le succès du protestantisme plus en phase avec la modernité, les résistances ou la mise à l'écart du judaïsme et de l'islam [1]. Pour celui-ci, la nécessité historique des luttes anticoloniales et anti-impérialistes continue de servir d'alibi mobilisateur pour voiler les processus de régression et de sous-développement à l'œuvre à l'intérieur des régimes politiques, des sociétés, des systèmes culturels de représentation de soi qui ont prévalu depuis les XIIIe-XIVe siècles. On peut parler historiquement de processus de régression et de sous-développement dans les contextes islamiques pour deux raisons : il y a régression par rapport au dynamisme créateur de l'islam classique, sous-développement par rapport aux forces de changement qui soulevaient dans la même période, les sociétés de la rive chrétienne et européenne de la Méditerranée.

La Charte des droits fondamentaux dans l'Union européenne stipule en préambule de la Convention 47 du 14/09/2000 :

> S'inspirant de son héritage culturel, humaniste et religieux, l'Union se fonde sur les principes indivisibles et universels de la dignité de la personne, de la liberté, de l'égalité et de la solidarité ; elle repose sur les principes de démocratie et de l'État de droit.

Le 22/09/2000, Lionel Jospin téléphone à Roman Herzog pour « rappeler que la France est une République laïque et que la référence à l'héritage religieux de l'Union est inacceptable pour elle ». Pour justi-

---

1. À propos du rôle historique exact de la pensée philosophique et scientifique d'expression arabe sur la pensée latino-chrétienne de l'Europe à partir du XIIe siècle, une vieille polémique vient d'être réactivée par deux publications que je me propose d'examiner ailleurs : P.-Ph. Rey, « Pourquoi une anthropologie de la libération ? », dans *Nouvel Organon inaliénable et réflexif*, n° 1, Paris, Les éditions d'une nuit sans lune, 2008 ; S. Gouguenheim, *Aristote au Mont St Michel. Les racines grecques de l'Europe chrétienne*, Paris, Seuil, 2008 ; voir aussi M. Arkoun, « Le problème des influences en histoire culturelle d'après l'exemple arabo-islamique », dans *Culture arabe et culture européenne. L'inconnu au Turban dans l'album de famille*, M. Pondevie Roumane *et alii* (éd.), Paris, L'Harmattan, 2006.

fier cette intervention, M. Moscovici, chargé des affaires européennes, invoque la Constitution : « Il n'y a dans notre constitution aucune référence d'aucune sorte à un héritage religieux. Nous considérons donc que cette mention est contraire à l'esprit laïc de nos institutions et va bien au-delà de nos traditions constitutionnelles qu'elle obligerait à modifier ». On lit dans le préambule de la Constitution de 1958 : « La France est une République indivisible, laïque, démocratique et sociale. Elle assure l'égalité devant la loi de tous les citoyens sans distinction d'origine, de race ou de religion. Elle respecte toutes les croyances ». Cela se traduit dans la pratique institutionnelle par la gestion des « cultes » par le ministère de l'intérieur. La République « une et indivisible » – comme Allah dans le Coran – fait l'objet de débats passionnés qui prennent des allures de credo et peuvent conduire à la démission d'un ministre. Cela fait partie de ce qu'on appelle « l'exception française ».

On peut mesurer dans l'argumentaire juridique du ministre français à propos de la laïcité à quel point le raisonnement historien est totalement absent. On est dans l'idéologie dogmatique pure. Au lieu de saisir une grande occasion dans le processus de construction de l'Union européenne pour ouvrir un grand chantier de quête historique, culturelle, philosophique sur la redéfinition et la place du *fait religieux* – pas de telle religion particulière – dans une Union en voie d'élargissement – un ministre socialiste soucieux de satisfaire sa base électorale, ravale une si riche perspective à la réaffirmation brutale d'un laïcisme anticlérical en voie d'extinction. Chaque préambule de toute constitution se présente comme un Moment inaugurateur fixant un encodage juridique explicite de toutes les activités des citoyens à l'intérieur d'un espace politique territorialement délimité par des frontières reconnues dans des traités internationaux. Les défenseurs de la *République indivisible* refusent de s'interroger sur les conditions historiques (incluant l'idéologie et les postulats philosophiques des rédacteurs de la constitution) qui ont commandé les options politiques inscrites dans la constitution. Il faut des crises sociales et politiques exceptionnelles pour qu'une constitution change les options de portée religieuse ou philosophique. D'une constitution à l'autre, cependant, on relève une continuité des principes *sacrés* – quel sens conserve ce qualificatif dans l'hypothèse laïque dure ? – qui fondent l'être « historique » de la Nation unifiée.

Du point de vue de la critique historique des systèmes de pensée en compétition lors de la rédaction de toute Loi fondamentale, les corpus religieux fondateurs et les corpus « laïcs » des constitutions modernes présentent plusieurs traits communs dans les processus de conceptualisation, puis de promotion aux fonctions d'instance suprême de l'autorité. Une fois votée, une constitution est l'objet de discussions exégétiques par un corps d'experts, exactement comme les textes religieux fondateurs le sont par les théologiens-juristes. La critique moderne de la raison juridique s'abstient de franchir les limites qui protègent la constitution en vigueur, tout comme les corpus religieux sont ouverts aux exégèses, mais non à la subversion de leur statut de Source fondatrice et légitimante des lois de la cité. La pensée laïque encourage la subversion des corpus religieux, mais prescrit des limites quand il s'agit de corpus élaborés selon ses axiomes, ses principes, ses postulats philosophiques et juridiques. On sait que la philosophie du droit est une préoccupation secondaire, voire inutile pour les juristes positifs et donc pour les juges. Il en est de même, bien sûr, pour la Loi religieuse. Pourtant, l'exigence d'une critique de la raison juridique ne conduit pas à l'anarchie ou à un refus constant d'une Loi commune ; elle permet seulement d'accroître le rôle d'une société civile changeante dans le déclenchement des procédures de révision et de discussion de tous les types de constitution et de construction juridique. La démocratie parlementaire représentative est en train de montrer ses limites, non pas dans les régimes autoritaires qui la pervertissent ouvertement en manipulant les textes et même les élections, mais dans les pays d'Europe et d'Amérique où les procédures formelles sont respectées [1].

Qu'en est-il du côté des pays qui se réclament du modèle islamique d'action historique et de déploiement du sujet humain ? On retiendra trois exemples complémentaires : celui de l'Égypte, de la

---

1. Les similitudes de forme et de procédure que je viens de relever ne doivent pas faire oublier les différences radicales qui séparent les postulats du théologico-politique de ceux du philosophico-politique. À ce niveau d'analyse, il convient de dépasser les « certitudes dogmatiques » qui ont empêché le maintien des tensions éducatives entre les deux postures de la raison. La raison émergente refuse toutes les postures rigides pour faire prévaloir la diversité des logiques, des méthodes, des réseaux épistémiques, des carrefours de la pensée…

République turque laïque et de la République islamique iranienne. Les trois renvoient à de riches passés historiques avec des Magistères doctrinaux différenciés : sunnite, shî'ite et laïc.

L'exemple de l'Égypte

L'État, la société civile, l'individu, le droit positif, la séparation des pouvoirs, le statut de la personne humaine, les libertés fondamentales de la personne et du citoyen, sont à l'ordre du jour des débats et des luttes en cours en contextes islamiques. Selon les groupes sociaux et leurs références culturelles, les confrontations portent l'accent soit sur les conditions d'accès à un cadre laïc de pensée et de législation, soit sur l'application stricte de la Loi religieuse telle que l'ont articulée les docteurs fondateurs d'écoles, ce qui revient à maintenir la clôture théologique dogmatique également léguée par les docteurs médiévaux. Ceux-ci sont cités par les ulémas contemporains comme l'instance de l'autorité dont il importe de maintenir la *fiction*. Je précise que c'est l'analyste qui parle de fiction avec des justifications ; les partisans de chaque régime de vérité parlent de légitimité, d'authenticité et de sacralité de la Loi divine.

En fait, le clivage entre les deux positions n'est pas absolument étanche : il y a des partisans de la laïcité qui refusent la clôture religieuse, mais acceptent de fonctionner dans la clôture nationaliste laïcisante où le religieux fait son retour comme constituant de l'identité culturelle de la nation. La sortie de l'une et de l'autre clôture n'est guère constituée explicitement comme objet de recherche et de débat pour approfondir l'analyse critique des enjeux d'une troisième voie moins conflictuelle, plus programmatique, visant à redéfinir laïcité et religion dans la perspective de dépassement proposée ci-dessus. On verra que cette troisième voie est en train de s'ouvrir en Europe grâce aux interactions entre les débats nationaux et les négociations au niveau de la Commission et du Parlement européens.

J'ai déjà indiqué qu'en contextes islamiques, les États postcoloniaux ont rendu ces distinctions plus floues parce qu'ils ont *étatisé* l'islam jusqu'à faire prévaloir la religiosité populiste liée aux imaginaires sociaux sur la religion comme expérience libre et réfléchie de la relation personnelle au divin. Ils ont ainsi marginalisé les expressions savantes et spirituelles de l'islam, combattu ses expres-

sions dites populaires des anciennes civilisations paysanne et pastorale. L'analyse historique, sociologique, culturelle de ces transformations entre 1950-2010 reste disparate, fragmentaire et surtout
coupée des données de la longue durée en ce qui concerne la pensée
islamique[1]. Je mentionnerai l'exemple des systèmes éducatifs,
souvent critiqués, mis en exergue, mais toujours soumis à des orientations officielles incompatibles avec la formation de l'esprit critique.
Parmi tous les ministres de l'enseignement, de la culture, des affaires
religieuses, de «la guidance nationale» (al-irshâd al-qawmî, avec
la forte connotation religieuse du terme irshâd) qui se sont succédés
depuis les indépendances des différents pays dits musulmans, combien
possédaient la culture historique minimale et l'autorité politique
nécessaire pour infléchir les programmes d'histoire et d'enseignement religieux notamment, vers la formation de l'esprit critique au
lieu de l'endoctrinement obscurantiste? Il y a l'exception de la Tunisie
avec les choix de Bourguiba au début de l'indépendance et la réforme
de Mohammed Charfi qui vient de nous quitter hélas. Cette intervention qui n'est guère imitée ailleurs, mérite d'être reprise, consolidée et
amplifiée dans l'ensemble de l'espace méditerranéen.

«Au nom de quel droit»? Cette question de grande actualité
partout, est le titre d'un livre de Baudouin Dupret, un spécialiste de
l'évolution du droit en Égypte notamment[2]. C'est peut-être en Égypte,
en effet, que la construction d'un droit positif moderne a connu des
avancées significatives depuis les années 1930 grâce à de grands
juristes comme Sanhouri et son disciple Chafik Chéhata. Pourtant, on
lit dans le préambule de la constitution de 1980 les énoncés suivants:
«L'islam est la religion de l'État, l'arabe sa langue officielle, et les
principes de la sharî'a la source principale de la législation (mabâdi'
al-sharî'a al-masdar al-ra'îsî li-tashrî')». Cet énoncé a suscité deux
stratégies interprétatives: pour les uns «il n'y a pas de place en Égypte
pour autre chose que la sharî'a»; pour d'autres, «l'article 2 ne peut

---

1. Voir un exemple pertinent d'analyse des systèmes d'action qui tissent la vie
quotidienne et parviennent à défaire l'omnipotence de la référence à la norme islamique
dominante, dans J.-N. Ferrié, *Le régime de la civilité en Égypte. Public et réislamisation*,
Paris, CNRS Éditions, 2004.

2. Voir aussi du même auteur *Le jugement en action. Ethnométhodologie du droit, de
la morale et de la justice en Égypte*, Le Caire, CEDEJ-Librairie Droz, 2006.

être sanctionné que politiquement...; la constitution ne contient aucune norme objective sur laquelle une action en nullité pour inconstitutionnalité pourrait se baser »[1].

En Égypte comme ailleurs, il y a d'éminents juristes qui s'efforcent de libérer la sphère juridique de l'emprise dogmatique d'un droit religieux qui, au surplus, est resté à l'abri de toute critique portant sur ce que la pensée islamique a pratiqué sous le nom de *Sources-Fondements de la religion et du droit* (*Usûl al-dîn et Usûl al-fiqh*)[2]. On s'épuise à régler des cas particuliers, mais on ne s'attaque pas aux problèmes en amont. L'étatisation de la religion a atteint un tel niveau de fonctionnarisation des gestionnaires du sacré et de conditionnement des esprits, y compris un nombre important « d'intellectuels », que les rapports de force entre les modernistes et les conservateurs s'inversent facilement en faveur des derniers quand l'enjeu politique d'une affaire est jugé important par le régime. On retombe toujours dans les combats périphériques, purement procéduriers et interprétatifs. Même les enseignants de l'histoire de la pensée islamique s'en tiennent à des exposés narratifs et descriptifs là où il faudrait engager un travail de réévaluation de l'autorité attachée aux *Corpus Officiels Clos* de la croyance tels que je les ai déconstruits depuis longtemps dans plusieurs publications[3].

Dans le Recueil des arrêts de la Haute Cour Constitutionnelle égyptienne, on relève un exemple éclairant de cette position réformiste (*islâh*) très ancienne dans la pensée islamique aussi bien que dans les autres traditions monothéistes. On opère un partage net entre les règles dont l'origine et la signification sont absolues, dirimantes dans leur durée et leur contenu (*al-ahkâm al-shar'iyya al-qat'iyya fî thubûtihâ wa dalâlutuhâ*) et les règles relatives reposant sur l'opinion (*Al-ahkâm al-zanniyya*). L'effort d'interprétation du juriste (*ijtihâd*) n'est possible que pour les secondes. Selon la hiérarchie de l'autorité

1. B. Dupret (dir.), *Le prince et son juge. Droit et politique dans l'Égypte contemporaine*, *Égypte/Monde arabe*, 2/1999, p. 107.

2. Voir M. Arkoun, « Critique de la Raison juridique en islam », dans *Humanisme et islam, op. cit.*

3. Voir M. Arkoun, *The Unthought in Contemporary Islamic Thought*, London, Saqi Books, 2003, 2e éd. sous le titre *Islam : to Reform or to Subvert ?*, London, Saqi Books, 2006, chap. 1, 2, 3 et 6.

des lois fixée par ce partage, l'application du droit moderne construit par les législateurs humains élus au suffrage universel, ne peut jamais prévaloir sur les principes définis par la Loi divine (*sharî'a*). Autrement dit, celle-ci demeure à l'abri de toutes les formes de subversion ou tentatives d'abandon comme ce fut le cas pour le droit canonique catholique en Europe qui n'est plus en vigueur que dans l'État du Vatican. On sait que la critique philologique et historiciste a commencé, dès le XVIᵉ siècle, à subvertir l'héritage religieux du Moyen Âge en s'appuyant sur les outillages mentaux de la raison classique, puis surtout la raison des Lumières, devenue le guide des constructions républicaines et démocratiques dans le champ historique commun dont on connaît l'expansion dans le monde.

Avec la colonisation au XIXᵉ siècle, les traditions religieuses et les cultures restées à l'écart de ce qu'il faut bien appeler la subversion intellectuelle et pas seulement politique en Europe, ont été l'objet d'enquêtes descriptives sans effet sur l'application des coutumes locales et du droit dit musulman en milieux urbains surtout. Les indépendances ont réduit les coutumes à des résidus en étendant l'application du droit dit musulman pour tout ce qui relève du statut personnel (*al-aḥwâl al-shakhṣiyya*). Ainsi, la même critique historique qui a produit des effets libérateurs en Europe, a généré des champs de ruines dans les sociétés colonisées où la tradition très appauvrie, mutilée au cours du temps, est quand même devenue un refuge, un point d'appui pour résister à la domination étrangère. Lorsque, dans les années 1960, le discours de la décolonisation a proclamé le *droit des peuples à disposer d'eux-mêmes*, les contradictions entre l'aspiration aux libertés modernes et les politiques de traditionalisation et de reconstruction identitaire ont été partout exacerbées, rendant difficile, voire impossible, la critique des fondements de la Loi et de la pensée religieuses dans tous les contextes régis par la suprématie des principes de la *sharî'a*.

L'exemple de l'Iran

C'est en Iran que l'islam shî'ite imâmien est devenu la religion officielle en 1507 avec le Shah Ismaël. Il se distingue ainsi théologiquement de tous les pays à majorité sunnite. L'Iran se distingue aussi par une riche histoire avant l'islamisation ; Il y a des traces d'influence du zoroastrisme et du manichéisme dans les premières constructions de la tradition islamique; quand le siège du califat est transféré à Bagdad, les élites persanes ont contribué de façon majeure à la formation et à l'évolution de l'État abbasside et de la pensée islamique classique. Lorsque l'Iran renoue avec sa langue et sa culture à partir du XIᵉ siècle, la vie intellectuelle et culturelle dans l'islam sunnite perd progressivement le bénéfice des tensions éducatives liées aux confrontations entre de grands esprits sur les constructions parallèles des orthodoxies concurrentes. Les shî'ites se sont ralliés tardivement à l'authenticité du *Muṣḥaf* – le *Corpus Officiel Clos* – établi sous le contrôle du seul pouvoir sunnite. Mais si ce débat a cessé depuis le XIᵉ siècle, celui des traditions prophétiques demeure entier et jamais encore soumis à l'examen critique des historiens à l'intérieur de ce que j'appelle la *tradition islamique exhaustive*[1]. Les travaux des Orientalistes des XIXᵉ-XXᵉ siècles sur les conditions historiques et sociologiques de collecte des traditions et de formation des *Corpus officiels Clos* propres à chaque orthodoxie, demeurent ignorés ou totalement rejetés par les gestionnaires de la croyance officielle. Il y a aussi rejet des corpus de chaque communauté par les formations rivales à l'intérieur de ce que l'historien moderne étudie par delà les classifications des hérésiographes de la période classique de pluralisme doctrinal. L'hérésiographie parle de schismes, de sectes en distinguant la Communauté orthodoxe promise au Salut de toutes les autres qui sont dévoyées et promises au châtiment.

Il est vrai que le vocabulaire de l'eschatologie et les catégorisations de l'hérésiographie traditionnelles tendent à s'estomper de plus en plus dans le contexte de sécularisation de fait des domaines du droit. La notion de légitimité démocratique s'impose *de facto* lors des élections, des débats constitutionnels, de la pratique législative des parlements et dans les confrontations judiciaires. Elle s'impose plus par les constats de violation des formes, des procédures régulières de la pratique démocratique que par le respect scrupuleux des impératifs

---

1. Voir M. Arkoun, « L'islam actuel devant sa tradition et la mondialisation », dans *Islam et Changement social*, M. Kilani (dir.), Lausanne, Payot, 1998; « Pour un remembrement historique de la conscience islamique », dans *Pour une critique de la raison islamique, op. cit.* Une somme critique de grande portée islamique vient d'être publiée par G.H.A. Juynboll, *Encyclopedia of Canonical Hadith*, Leiden, Brill, 2007.

démocratiques. On parle de démocraties sans démocrates. En même temps, le principe de suprématie de la *sharî'a* continue de faire obstacle à une critique radicale de la raison juridique incluant la crise de légitimité démocratique générée par les mensonges d'État et les usages des médias pendant les deux guerres du Golfe[1]. Cela veut dire que la légitimité cognitive des sciences religieuses et la légitimité juridique héritées des corpus médiévaux sont rendues également désuètes à la fois par la recherche historique qui a fait des progrès certains dans les vingt dernières années, et par la *société de défiance* et même de rejet, générée par les régimes autoritaires depuis les années 1960-1970. Dès ces premières années, on a commencé à parler d'États sans la Nation, travaillant contre la naissance de sociétés civiles capables de remplir l'indispensable fonction de contre-pouvoir. Or les processus de démocratisation sont si régulièrement escamotés, pervertis partout que la défiance des sociétés s'est muée en révolte et en guerres civiles. Il existe une forme de clergé dans le shî'isme qui a su maintenir une influence mieux fondée sur la tradition écrite que celle des chefs de confrérie en milieux sunnites. C'est pourquoi il a joué un rôle décisif dans l'élimination de la nouvelle classe moyenne modernisante dont la formation remonte à l'épisode de la constitution 1905-1911[2]. L'autoritarisme de Reza Shah a élargi la coalition des ulémas, des marchands et des intellectuels qui ont soutenu l'arrivée de Khomeiny en 1979 sans avoir mesuré la portée régressive de la Révolution dite islamique notamment sur le plan de ses liens avec le concept de Loi divine. Le clergé iranien avait un meilleur accès aux masses populaires pour manipuler la religiosité populiste et marginaliser les minorités capables de renforcer l'efficacité de la culture démocratique et la pensée critique qui doit l'accompagner pour éviter

---

1. Les débats sont intenses en Europe sur les nouveaux problèmes posés par la pratique démocratique. Voir P. Rosanvallon, *La contre-démocratie. La politique à l'âge de la défiance*, Paris, Seuil, 2006.

2. Pour comprendre l'échec historiquement programmé de la classe moyenne, voir A. Kian-Thiébaut, *Secularisation of Iran. A doomed failure?*, Louvain, Peeters, 1998. La question de la précarité sociale et culturelle de la classe moyenne reste posée dans toutes les sociétés où prévaut la double référence à la croyance et à la Loi divine. On mesurera l'importance décisive de cette fragilité dans le livre plus récent de K.D. Watenpaugh, *Being Modern in the Middle East. Revolution, Nationalism, Colonialism and the Arab Middle Class*, Princeton, Princeton UP, 2006.

le retour au cléricalisme. On comprend alors pourquoi les régimes politiques actuels et leurs oppositions qui se livrent à des surenchères de violence sur la question de la fidélité à la *sharî'a*, s'accordent à ignorer les acquis les plus fiables de la recherche en sciences sociales, politiques et juridiques. Les légitimités qui s'affrontent dans les guerres civiles en cours et au niveau de l'islam global – islam dit wahhabite de l'État saoudien, islam dit shî'ite réactivé par la révolution dite islamique de Khomeiny – demeurent aussi peu fondées en droit et en théologie politique qu'elles l'ont toujours été depuis la première fracture de la Grande querelle (*Fitna kubra*) entre Ali et Mu'âwiya en 661 [1]. La légitimité a toujours reposé sur les certitudes de la «foi»; dans les bricolages de la modernité de la légitimité et de la légalité, la foi n'est plus ce qu'elle était et les États ne tiennent guère compte ni des citoyens bafoués et souvent privés de droits élémentaires, ni des sociétés civiles qui luttent pour qu'elles soient reconnues comme telles.

Il est utile de rappeler ici une de mes formules lapidaires qui permet de reprendre en islam toute la question du droit à partir des concepts modernes de légitimité et de légalité et par delà toute la littérature théologico-politique islamique. *L'islam est théologiquement protestant et politiquement catholique.* Cette définition permet de repérer des homologies de postures et de constructions théologico-politiques pour les distinguer de celles de la philosophie politique qui a supplanté l'héritage conceptuel de la Loi divine telle que Rémi

---

1. Les historiens réfèrent inlassablement à cet événement où surgissent effectivement des problèmes que nous nommons aujourd'hui légitimité, légalité, droit. En fait, même les concepts de *sharî'a*, *fiqh*, *kalâm*, *ahkâm sultâniyya*, *siyâsa shar'iyya*, ... n'existaient pas encore; ils seront travaillés plus tard dans le cadre de l'État califal et impérial entre le VIIIe et le XIe siècles. Ils dépériront à mesure qu'on passe de la phase de créativité et de recherche dans un cadre de pluralisme doctrinal à la phase de répétition scolastique à l'intérieur d'écoles fermées sur une lignée où les fondateurs d'écoles ne sont plus mentionnés que comme d'anciens ancêtres éponymes. Les conditions intellectuelles, sociales et politiques où ces fondateurs ont déployé de réels efforts intellectuels (*ijtihâd*) sont totalement effacées des mémoires et des gloses répétitives. Cet effacement est très ancien; il s'exprime aujourd'hui dans l'usage mécanique et vide de tout contenu historique que les musulmans font de l'appel à l'*ijtihâd* pour revivifier la pensée créatrice.

Brague l'a analysée récemment[1]. Cela veut dire que l'islam n'a jamais eu et ne pourra jamais avoir une Instance hiérarchisée de l'*Autorité* doctrinale en matière de foi, à l'instar des magistères chrétiens (catholique, orthodoxes et protestants) ou même rabbinique. Chaque musulman a *de jure* le droit de libre examen, ce qui signifie que son exégèse ou raisonnement interprétatif ne peut faire autorité que s'il est entériné au cours du temps par un nombre significatif d'autres voix reconnues. En revanche, l'État est *de facto* dirigé par un Calife, un Imâm, un Sultan, un Roi, un Emir qui exerce un pouvoir absolu avec une hiérarchie verticale d'exécutants du pouvoir du chef qui ne peut être confondu avec l'Autorité liée à la seule Loi divine. Il y a donc une distinction des instances de l'Autorité et du pouvoir politique, mais une étatisation *de facto*, jamais *de jure* des gestionnaires de l'Autorité. Cela est pire qu'une confusion des instances qui laisserait place à des rétablissements éventuels de la légitimité liée à l'exercice plénier de l'Autorité; je préfère parler de *confiscation* par une longue tradition d'annulation de l'Autorité par le pouvoir conquis et conservé avec le recours constant à la *violence légale*, selon la formule de Max Weber. Les présidents de Républiques islamiques depuis les années 1950,

---

1. Dans *La Loi de Dieu. Histoire philosophique d'une alliance*, Paris, Gallimard, 2005. Voici comment l'auteur lui-même résume la substance de ce livre : « L'alliance entre Dieu et la foi, nouée en Grèce antique et dans la tradition biblique, a revêtu des formes différentes dans le judaïsme, le christianisme, puis l'islam. C'est l'histoire de sa longue genèse, de son épanouissement contrasté au sein des trois religions médiévales, de sa dissolution enfin avec la modernité européenne que R. Brague se propose d'écrire en relisant les textes fondateurs de la philosophie et de la pensée religieuse. Dans le judaïsme de la Dispersion, la Loi figurait la seule présence de Dieu auprès d'un peuple désormais privé de son royaume et de son Temple : elle coïncidait avec Dieu. C'est dans le christianisme que va naître et se déployer leur séparation. Le Dieu chrétien n'est plus seulement le législateur du temps des Hébreux. Il est source de la conscience humaine et communique la grâce qui permet d'y obéir. Cette séparation finira par façonner les institutions politiques de la chrétienté médiévale, l'Empire comme l'Église. À l'opposé, l'islam se constituera progressivement en une religion où la Loi se tient au centre de tout : elle entend régir l'ensemble des pratiques humaines depuis le déclin du Califat. Ici, à la différence des deux religions bibliques, c'est Dieu qui doit la dicter directement. Avec la modernité, l'alliance de Dieu et de la loi va être dénoncée avant de se voir expulsée de la Cité : notre Dieu n'est plus législateur, notre loi n'est plus divine. Mais qu'est-ce qu'un monde, le nôtre, où l'homme se prétend l'unique souverain ? Comment une loi sans trace du divin peut-elle donner des raisons de vivre ? », 4e de couverture.

n'échappent pas encore à cette analyse de la légitimité et de la légalité dans tous les contextes où la *sharî'a* est invoquée comme la Loi divine transcendante qui oblige même le chef politique de l'État du Moyen Âge à nos jours.

Il reste à évoquer à propos de l'Iran une autre différence par rapport à l'islam sunnite en général. Outre la théologie de l'Imâmat distinguée de celle du califat ou sultanat sunnites, les historiens de la pensée islamique débattent de l'expulsion de la philosophie après la mort d'Averroès en 1198. Depuis la publication de son *Histoire de la pensée islamique* en 1964, Henry Corbin a introduit la thèse selon laquelle la philosophie a poursuivi une longue et riche carrière en Iran shî'ite jusqu'à nos jours. Comme toujours le débat sur cette thèse touchant l'histoire intellectuelle des usages et des péripéties de ce que j'ai appelé la *raison islamique* [1] est souvent confisqué par les querelles idéologiques sur les identités nationales. Historiquement, c'est à partir du XIIᵉ-XIIIᵉ siècle que se produisent des interférences entre l'écriture initiatique de l'enseignement confrérique d'une religiosité plus populaire que mystique, au sens des premières expériences individuelles du divin, et l'écriture ésotérique contemplative de la tendance connue sous le nom de Sagesse de l'illumination (*Ishrâq*, lever de soleil). La philosophie illuminative touche effectivement à la philosophie dans la lignée grecque telle que l'a pratiquée Avicenne en intégrant la lignée persane illuminative reprise par le persan Yahya al-Suhrawardî (exécuté en 1191). Il faut citer aussi l'intervention massive de l'imagination créatrice d'Ibn 'Arabî (m. 1240). La voie populaire de l'expansion de ces courants s'enrichit aussi de l'attente du Mahdi *Maître de l'heure* qu'on retrouve au XIXᵉ siècle comme guide des mouvements populaires au Soudan et au Sénégal. Les récits oraux transethniques et transculturels franchissent aussi bien les frontières des divers schismes en islam, que celles des imaginaires juifs et chrétiens.

En islam comme ailleurs, la frontière résistante est celle de la *discursivité logocentriste* inaugurée par le corpus aristotélicien et amplifiée au cours des siècles dans la raison philosophique en Europe,

---

1. M. Arkoun, *Pour une critique de la Raison islamique, op. cit.* et *The Unthought in Contemporary Islamic Thought, op. cit.*

face à l'écriture qui exploite toutes les ressources du *muthos*, de la fonction symbolique, du *Mensonge romantique et vérité romanesque* tels que les a analysés René Girard dès 1961 dans un livre annonciateur d'une ample exploration anthropologique exposée dans une œuvre bien connue. Les récits avicenniens sont articulés à une œuvre philosophique et médicale qui porte à un haut niveau la quête philosophique et l'expérimentation clinique. Avicenne rassemble ainsi les deux versants d'une pensée qui emprunte après lui deux voies de l'esprit qui s'éloignent l'une de l'autre pour atteindre le malentendu tragique du 11/09/2001 où l'Occident confirme le choix de la *raison télétechno-scientifique* – c'est-à-dire de la violence conquérante devenue systémique à l'échelle mondiale – tandis que « l'Orient » compliqué, ténébreux, diffus, rêveur et ésotérique, partiellement construit depuis le XIXᵉ siècle par cet Occident, s'enfonce dans des impasses historiques comme le mensonge à soi-même qui n'a rien de romantique et la réalité macabre des massacres pour des libérations qui tournent en régimes plus oppresseurs que ceux moins sophistiqués en termes d'outils technologiques, que ceux de l'administration coloniale. Je pense à l'Algérie de 1954-1962, puis 1992-2003, à l'Irak de 1981-2008, à la Palestine (1948-2008…), au Liban, au Soudan, à la Guinée de Sekou Touré, au Pakistan, à l'Indonésie, à la Tchétchénie, etc.

Les œuvres monumentales laissées par une lignée de penseurs iraniens du XIIIᵉ au XVIIIᵉ siècles, force l'admiration pour l'énergie, l'inventivité, la constance, l'ascèse de l'esprit humain. Elles ont suscité des travaux non moins amples de chercheurs occidentaux dont deux français particulièrement connus : Henry Corbin et son disciple Christian Jambet plus concis dans ses analyses. J'énumère quelques noms sans les titres majeurs de leurs œuvres. Nâsir al-dîn al-Ṭûsî (1201-1274), Haydar Âmulî (1319-1385), Mullâ Sadrâ (m. 1571), Mir Dâmâd (m. 1630), … Leurs continuateurs jusqu'à l'arrivée de Khomeiny y ont plus commenté, glosé, transmis, ruminé qu'ajouté ou ouvert de nouvelles voies. Le livre déjà cité de J. Kristeva sur Sainte Thérèse (1515-1582) apporte des outils précieux et ouvre des perspectives neuves sur une étude comparée de la spiritualité contemplative dans les deux contextes islamique et catholique ; cette exploration s'impose d'autant plus qu'elle est contemporaine du grand Mulla Sadrâ.

On retiendra que la dynastie safavide qui régna de 1501 à 1786 comme celles contemporaines des Ottomans et des Moghols, *étatisa* la religion shî'ite en s'assurant les services des juristes contrôleurs de l'orthodoxie. L'opposition juristes contre mystiques et «philosophes» de la sagesse illuminative n'empêcha pas ces derniers de conserver leurs lieux de parole et d'enseignement. Ce ne fut pas le cas pour les juristes malikites en Andalousie et au Maghreb; ce qui explique la disparition de la philosophie dans la ligne d'Averroès. Ainsi s'affirmèrent en Iran plus qu'en milieux sunnites les clivages durables entre la connaissance exotérique *versus* ésotérique (*zâhir/bâtin*), la théologie discursive *versus* gnose (*kalâm/'irfân*). La distinction entre raison/tradition/vision intérieure (*'aql/naql/ishrâq-'irfân-bâtin*) comme troisième voie et niveau de connaissance, s'étiole et devient une frontière cognitive et idéologique. La raison philosophique averroïste (*'aql*) est isolée, surveillée par la raison juridique et la lumière intérieure de ce qu'on appelle *hikma*, terme coranique qui rehausse le sens et la portée de la sagesse opposée à la *falsafa*. L'ensemble *ishrâq-'irfân-bâtin* recourt à des récits de rêves, de visions surnaturelles, de voyages et rencontres dans le Plérome céleste (*al-mala'-al-a'lâ*) pour attester la vérité des constructions visionnaires.

Je me suis autorisé à introduire cette digression historique à propos de l'Iran actuel pour rappeler les impensés et les impensables accumulés dans le devenir historique des sociétés travaillées par l'expansion irrésistible d'une religiosité bricolée[1]. Ce bricolage gagne du terrain même dans les sociétés occidentales laïques où toutes les catégories d'acteurs demandent avec sérieux s'il existe des versets explicites à propos de tous les épisodes ou conduites de musulmans

---

1. Le concept de bricolage lancé par Cl. Lévi-Strauss à propos de la *pensée sauvage*, a connu une grande fortune dans les années 1970-1980. F. Bourricaud l'a appliqué avec pertinence aux pratiques des intellectuels dans *Le bricolage idéologique. Essais sur les intellectuels et les passions démocratiques*, Paris, PUF, 1980. Il s'impose davantage encore à tous les niveaux et tous les types de discours islamique contemporain où la religiosité populiste et plus du tout populaire, gagne les couches dites cultivées des sociétés conquises par l'islam des pétrodollars et d'une *République islamique* qui ritualise et bureaucratise la vie quotidienne des «citoyens» iraniens. La *Res publica* est en fait une *Res islamica* où le bricolage idéologique du religieux et du politique domine les conduites des acteurs dans les deux espaces privé et public.

qui exigeraient l'intervention de l'État de droit. Ils confortent ainsi une forme prémoderne de la croyance en escamotant les problèmes de toute interprétation des textes sacrés pour valider ou infirmer une exégèse. Je reviendrai sur ces impensés et impensables après l'examen de l'exemple de la Turquie.

L'exemple de la Turquie

Cet exemple est devenu pathétique depuis qu'un parti au pouvoir qui affiche de fortes convictions islamiques, défend officiellement l'entrée de la Turquie dans l'Union européenne. Quand un ballon d'essai avait été lancé par le roi Hassan II pour une éventuelle admission de son pays, on a entendu des commentaires de dédain et de condescendance de la part de hauts responsables européens dont un ministre belge. Toujours l'islam qui fait peur et scandalise dans l'ensemble de l'Europe-Occident. J'ai moi-même indiqué ici et dans bien des écrits les raisons multiples qui perpétuent, renforcent et justifient les méfiances et les rejets sans examen. Le désir d'Europe manifesté par la Turquie d'aujourd'hui mérite plus d'attention, car il y a eu l'épisode Atatürk sans équivalent dans aucun autre pays d'islam. Voici comment j'analyse ce cas en tant qu'historien de la pensée islamique.

Le mouvement des Jeunes Turcs au début du XXᵉ siècle a trouvé dans l'intervention d'Atatürk l'expression politique la plus volontariste et la plus radicale : dans un même mouvement, il a aboli le sultanat ottoman et créé une République laïque selon le modèle de la laïcité française qui, en 1905, avait voté la fameuse loi de séparation de l'Église et de l'État, dont le premier centenaire a été célébré tout au long de l'année 2005. Les musulmans réformateurs d'Égypte et de Syrie notamment, ont crié au scandale et appelé à la restauration du Califat. Une utopie qui souligne l'absence de toute culture historique chez les réformistes des XIXᵉ-XXᵉ siècles. Pas tous cependant ; il y a des voix d'intellectuels libéraux qui voyaient dans le geste d'Atatürk un progrès et un exemple. C'est le cas de Ali 'Abd al-Râziq auteur d'un livre audacieux en 1925, *L'islam et les fondements du pouvoir*, repris et commenté aujourd'hui par des libéraux ouverts à la laïcité.

Pour rendre irréversible l'instauration de la République laïque, le père de la Turquie moderne a remplacé l'alphabet arabe par l'alphabet

latin pour écrire le turc, imposé le costume européen à l'habit traditionnel masculin, y compris le chapeau pour chasser le turban symbole
de l'autorité religieuse régressive. Il substitue le code suisse à la
sharî'a et en 1934, il a donné aux femmes le droit de vote. Il affirmait
sa conviction que seule la civilisation européenne ouvrait la voix du
progrès aux sociétés traditionnelles. La subversion est d'autant plus
violente qu'elle n'a été précédée d'aucune préparation culturelle et
éducative pour faire passer une société complexe comptant plusieurs
mémoires religieuses et ethnoculturelles à une société moderne
laïque. La laïcité à la française, est plus subversive même en France,
que la sécularisation anglo-saxonne. En outre, elle repose sur une
longue histoire politique, culturelle, intellectuelle, scientifique et
l'événement fondateur qu'a été la Révolution de 1789-1792. Or
ce capital historique et symbolique ne s'exporte pas par bribes et
fragments. Cela reste vrai aujourd'hui ; c'est pourquoi il est vain de
ressasser les débats et les polémiques quotidiens autour des tensions
sur des « problèmes » intrinsèquement fallacieux comme le voile, la
virginité de l'épouse, tel écrit de Voltaire ou obscur professeur ou
journaliste. En voilant, négligeant ou ignorant délibérément des
problèmes de fond, les États de l'Union européenne continuent de
perdre énergies humaines, ressources matérielles, temps précieux
quand ils créent des polices de proximité, dilapident des subventions, organisent des élections de conseils « représentatifs » de l'islam,
inaugurent ostensiblement des mosquées...

Les problèmes de fond peuvent se résumer de la façon suivante. La
Turquie exprime un désir réel d'Europe par la voix autorisée d'un
gouvernement élu démocratiquement et qui se trouve en même temps
porte parole d'une fraction de la société turque directement concernée
par les conditions historiques de la création d'une République laïque
faisant table rase d'une longue histoire de l'Empire ottoman dans
l'espace historique méditerranéen. Or cette longue histoire porte en
elle des parcours historiques occultés à la fois par l'Europe chrétienne
du XVIᵉ au XVIIIᵉ siècles, puis l'Europe laïque, industrielle du capita-
lisme bourgeois, et par les carences, les démissions, les obscuran-
tismes inhérents à la politique interne du régime ottoman à l'égard
d'un espace historique allant de l'Irak à l'Algérie. Le bilan critique de
cette politique est loin d'être fait de façon exhaustive, incluant notamment l'histoire intellectuelle de la pensée islamique, de la langue arabe

véhicule de toutes les expressions historiques, théologiques, spirituelles, exégétiques, juridiques, philosophiques, littéraires, artistiques
de ce que les juristes ont appelé « *la demeure de l'islam* » (*dâr al-
islâm*) du VIIIᵉ au XVᵉ siècles précisément. Je ne parle pas des langues
et de l'histoire culturelle, sociale et économique des pays à fortes
identités placés sous le contrôle d'Istanbul à partir de 1453.

L'histoire critique de chacun de ces pays est pratiquement ignorée
malgré des progrès récents, souvent faussés, affaiblis par le poids
dominant de chaque nationalisme depuis le XIXᵉ siècle. Les dominations coloniales continuent de fausser considérablement la relation
critique indispensable pour éviter des élucubrations et des constructions imaginaires de chaque identité après les « libérations »[1]. La
Turquie d'Atatürk n'a pas seulement effacé, aboli en quelque sorte
l'histoire riche d'un vaste empire. Atatürk a aussi privé ce qu'on
appelle la Turquie moderne de sa mémoire historique réelle en rendant
difficile aux générations depuis 1924 l'accès aux archives rédigées en
arabe et en turc avec des caractères arabes. J'ai souvent soulevé ce
problème avec des collègues turcs ; les réponses sont hésitantes, sans
doute parce que l'orthodoxie laïque est vite devenue un impératif politique catégorique pour les acteurs solidaires du nouvel État : intellectuels, bureaucratie, technostructures des ministères et des hautes
instances d'administration, et plus particulièrement les militaires et
les forces de l'ordre dont le rôle demeure dominant. Cela veut dire
que le travail de soi sur soi de la Turquie moderne est très loin d'être
accompli.

Ce problème vital se pose de façon solidaire à la Turquie, au
monde arabo-musulman et à l'Union européenne d'aujourd'hui. Se
posera-t-il de façon plus insistante et émancipatrice comme un défi
fécond dans l'hypothèse de l'admission de la Turquie dans l'Union
européenne, ou, dans le cas d'un refus durable, se durcira-t-il en quête
farouche d'identité dans la ligne de toutes les quêtes conduites dans les

---

1. J'ai entendu des Marocains exprimer leur fierté d'avoir échappé à l'occupation
ottomane grâce à la continuité de l'État monarchique marocain ; des Algériens, au
contraire, se féliciter de la présence ottomane en Algérie qui a retardé jusqu'en 1830
l'occupation coloniale.

sociétés travaillées non par le retour à l'islam « authentique » [1], mais à cet islam partout bricolé, trituré, imaginé, instrumentalisé comme levier de combat contre un ennemi nommé Occident (*al-gharb*), converti par Atatürk en substitut incontournable d'un *islam confondu avec le sultanat aboli*. Cette dernière proposition nous renvoie à ce que j'appelle et ne cesse de pratiquer ici l'*histoire réflexive*. Car le désir d'Europe est l'explicitation du rêve d'Atatürk et de ses soutiens d'entrer dans le parcours européen de l'histoire des hommes, perçu comme plus fiable, plus performant, plus fondé sur les attentes réelles des hommes en société que le modèle islamique incarné dans le parcours ottoman face à l'hégémonie montante de l'Europe à partir du XIIIᵉ siècle. À cet égard, il faut souligner la lourde responsabilité de l'État ottoman qui maintint son ordre juridique pendant des siècles sans se soucier de faire progresser le droit constitutionnel et les institutions dans la ligne choisie par l'Europe. La rhétorique ottomane sur le pouvoir de l'État ne s'est même pas souciée de dépasser les débats médiévaux sur la légitimité du Califat face à celle de l'imâmat. Les pays sous son contrôle ont été enfermés dans les citadelles confessionnelles des « millats » dont nous avons au Liban la survivance virulente sous la forme d'*identités meurtrières* décrites par Amin Maalouf [2].

Les décideurs européens ne perçoivent pas ces enjeux majeurs d'une histoire à venir avec des acteurs qui fondent leur nouvelle solidarité sur la conscience historique lucide, critique, informée, argumentée de tous les errements de la raison. On n'a pas encore écrit même en Europe l'histoire exhaustive et comparée de cette raison toujours invoquée et asservie aux fausses légitimités qui ont fait de l'espace historique méditerranéen un lieu de massacres, de destruction de l'autre, d'autant plus haï et nié qu'il est le reflet exact en miroir des ambitions, des passions, des volontés de puissance toutes

---

1. C'est-à-dire à ce réformisme d'essence mythologique appelé *iṣlâḥ* et qui hante la conscience islamique dès que la voix du prophète a cessé de se faire entendre. Car les premiers convertis ont immédiatement référé au parcours exceptionnel qu'ils venaient de vivre pendant vingt ans dans deux modestes oasis – La Mecque et Yathrib – qui vont vite être supplantées par des capitales aux passés prestigieux.

2. Voir *Legitimizing the Order. The Ottoman rhetoric of State power*, H.T. Karateke & M. Reinkowski (eds.), Leiden, Brill, 2005.

également fondées sur « des palais idéologiques construits avec les [mêmes] gravats d'un discours social ancien »[1]. Devant les perspectives ainsi ouvertes, mais encore impensées, pour la Turquie dans sa complexité historique et géopolitique, pour les États qui prétendent gérer le passé et le futur de « l'islam » et pour les Européens qui refusent d'assumer la responsabilité d'une histoire dont ils sont les acteurs majeurs depuis le XVIIIe siècle ; devant de telles données et de telles perspectives humanistes et refondatrices, tous les protagonistes préfèrent s'enfermer dans les calculs aventureux des discours électoralistes et les susceptibilités mesquines de souverainistes indifférents aux chocs du futur sur notre présent tragique. Ainsi s'écoule l'histoire des imaginaires sociaux qui se laissent indéfiniment enflammer par des promesses de Salut dans la Vie éternelle ou de libération et de justice immédiatement après la lutte finale.

PEUT-ON PARLER D'« ORIGINES ISLAMIQUES » DES DROITS DE L'HOMME ?

À ce stade de notre quête réflexive, on peut mesurer que les modestes prolégomènes annoncés renvoient en fait à des chantiers si complexes, si peu familiers et si vitaux pour une histoire solidaire des peuples et des cultures que les lecteurs de cet essai peuvent rejoindre les travailleurs penseurs dans l'ombre et l'indifférence des grands décideurs sûrs d'eux et dominateurs qui disent, font et défont le droit dans les instances nationales et internationales. Car travailler dans le quasi anonymat ne signifie pas qu'on pense en dehors de la *Macht* et de la *Realpolitik*.

Après tout ce que j'ai dit je ne peux écrire *origines islamiques* qu'avec des guillemets et une vaste interrogation. Chemin faisant, j'ai

---

1. Somptueuse définition du mythe qui me sert de guide permanent depuis que je l'ai découverte chez Cl. Lévi-Strauss. On aura compris que je réfère aux Écritures Saintes des trois versions du monothéisme, qui ont chacune construit pour ses fidèles un palais idéologique où il est facile d'entrer, mais impossible d'en sortir sous peine d'excommunication, voire d'exécution. Il faut ajouter que l'Europe moderne a construit ses propres palais avec les gravats des palais précédents qu'elle a réduits en ruines. C'est ce que j'appelle les errements toujours renouvelés de la raison.

déjà posé plusieurs jalons et esquissé des éléments de réponses à des questions que je vais détailler maintenant à partir d'un texte précis : la *Déclaration islamique universelle des Droits de l'Homme* faite solennellement à l'l'UNESCO le 19/09/1981, à l'initiative du Conseil islamique et de son secrétaire général Salem Azzam[1]. J'ai assisté à cette manifestation où j'avais pris beaucoup de notes non seulement sur les contenus des interventions, mais aussi sur Aït Ahmed et Ben Bella, deux acteurs de la guerre algérienne de libération, qui se retrouvaient là pour la première fois après leur violente séparation lors des premiers pas du premier gouvernement de l'Algérie indépendante.

Je ne m'attarderai pas à la déconstruction des 23 articles de la Déclaration, tous « fondés » sur une sélection de versets coraniques et de traditions du prophète (*hadîths*). À l'instar du judaïsme et du christianisme, « l'Islam » se devait de montrer à l'opinion mondiale que les grands corpus de la croyance islamique offrent *déjà* la matrice doctrinale – pas nécessairement conceptuelle – complète des droits de l'homme. On ne se doutait pas que dans le contexte d'alors, on stigmatisait déjà les droits de l'*hommisme* comme discours idéologique et on proclamait la mort du sujet après celle de Dieu. L'anthropologie, la linguistique et la sémiotique structurales se heurtaient à l'histoire, à la psychologie, à la philosophie sur le nouveau statut du sujet humain. Des voix marxistes qui ne se doutaient pas dans les années 1980 que leur propre mort était imminente, se faisaient encore entendre.

Je viens d'écrire Islam avec i majuscule pour attirer l'attention sur deux fonctions importantes de ce terme dans le contexte de notre déconstruction du discours dit islamique des droits de l'homme. Cet Islam est ce qu'on appelle *actant* en sémiotique, car il remplit à la fois des fonctions grammaticales comme sujet, complément, objet à la

1. On peut lire une traduction française de la version arabe par M. Borrmans dans *Islamochristiana*, 1983. Le texte ne présente plus qu'un intérêt de repère historique sur l'état intellectuel et culturel de la pensée islamique devant la question toujours actuelle des droits de l'homme, élargis avec l'expression droits humains à ceux de la femme, de l'enfant, des opprimés dans plusieurs régimes en place. Je reprends ce texte qui n'a pas eu des effets notoires sur les 56 États réunis dans *L'organisation de la Conférence islamique*. La structure de l'argumentaire de chaque article demeure inchangée dans les discours de contestation et d'autopromotion de ce qu'on peut appeler l'*imaginaire populiste commun* de l'islam qu'il faut qualifier de *contemporain*, mais sûrement pas de *moderne* comme cela se fait couramment dans la littérature anglophone.

3e personne; des fonctions sémiotiques de destinateur, destinataire, adjuvant, opposant, acteur vivant dans les récits de fondation et de réactualisation de toutes ces fonctions. Linguistiquement, ces fonctions multiples de l'actant sont remplies par Allah, le nom du Dieu unique qui parle dans ses révélations successives à travers des médiateurs humains appelés prophètes et messagers. Dans l'ensemble des énoncés coraniques recueillis dans le Corpus Officiel Clos (*Mushaf*), on compte 1697 occurrences sans inclure les attributs substantifs qui le désignent aussi. Le terme islam, en revanche, n'est employé que six fois avec des contenus très abstraits, indéfinis. Dans les discours islamiques contemporains, comme dans ceux de tous les médias du monde et tout ce qui s'écrit et s'enseigne sur « l'islam », ce terme assume toutes les fonctions d'actant premier dans le Coran au point de se substituer totalement à l'actant Allah qui garde sa place comme destinataire des prières, des invocations et de tous les rituels de communication entre le croyant comme créature et son Créateur.

Le plus important est que la fonction fondatrice d'*Allah* tel qu'il se présente Lui-même comme destinateur, volonté libre, Cause et Source premières des mondes, des êtres et du sens, est transférée à l'*Islam*, qui, lui, est entièrement et sans restriction, une suite de constructions, de manipulations, d'instrumentalisations par des *hommes* (*insân*) comme acteurs déterminants, quasi exclusifs de l'histoire terrestre concrète. Je parle d'hommes au pluriel et non d'homme au sens générique englobant les femmes et les enfants. L'histoire du concept d'homme est complètement escamotée dans la Déclaration, qui continue sur ce point, l'expression consacrée en Occident jusqu'à l'introduction récente de la notion de droits humains. Rien n'est dit justement sur le statut juridique de « l'homme » dans les textes religieux fondateurs qui ignorent bien sûr le concept moderne de citoyens égaux par delà les distinctions raciales et surtout religieuses. Les juristes distinguent le musulman croyant libre soumis aux normes de la croyance orthodoxe et bénéficiant des protections du droit; l'esclave musulman non libre à moins qu'il soit affranchi, l'esclave non musulman, l'ensemble des infidèles à combattre jusqu'à la conversion irréversible, la femme et l'enfant. Ces statuts sont en train de s'estomper plus ou moins nettement selon les régimes politiques; mais ils ne font pas l'objet d'un droit moderne de la citoyenneté dans le régime laïc de la loi.

L'islam de la Déclaration demeure l'ensemble des corpus de la croyance et du droit positif (*fiqh*) – abusivement confondu avec le concept de Loi de Dieu, *sharî'a* – où sont codifiées minutieusement les conditions et les définitions de la croyance orthodoxe et des conduites concrètes qui l'incarnent dans l'existence quotidienne. En tant que tel, il usurpe en quelque sorte le statut et les fonctions que détaille Allah dans sa révélation. L'usurpation est subreptice et demeure imperceptible grâce à la fonction de *travestissement* dévolue aux expressions rituelles de la croyance, aux sermons, au discours éducatif et scolaire expurgé de toute velléité de conceptualisation critique, de toute analyse de *dévoilement*, de *déconstruction*, *d'explicitation*. Cette fonction de travestissement est renforcée par toutes les formes de discours politique nationaliste et officiel, puisqu'il y a de tout temps et partout, étatisation de la pensée et de la vie qu'il n'est plus possible de qualifier globalement de *religieuses*.

La Déclaration du 19/09/1981 illustre la désinvolture courante d'acteurs non habilités qui se livrent dans de hauts lieux de proclamation comme l'UNESCO, à l'opération généralisée de substitution de l'Islam comme processus d'institutionnalisation politique et religieuse de l'existence humaine, à un discours coranique revendiqué en même temps comme Parole de Dieu totalement assumée dans l'élaboration du droit (*istinbât al-ahkâm*[1]) par les juristes, les explications de l'exégèse, les amplifications spiritualistes des mystiques et des interprètes ésotéristes, les avis autorisés donnés par les muftis. Il s'agit comme on l'a vu d'une cohérence « parfaite », assumée dans la foi, mais maintenue à l'abri de toutes les interrogations de la raison « extérieure » à la vraie foi.

---

1. Il s'agit d'une opération très technique qui nécessite le recours à plusieurs disciplines comme la grammaire, la stylistique, la rhétorique, la lexicographie de l'arabe ; l'histoire, la théologie ; la logique linguistique et la logique formelle ; la maîtrise des règles de la *disputatio* (*munâzara*) avec d'autres théologiens juristes. Toutes ces disciplines ont été mises en place et enseignées dans les 4 premiers siècles de l'hégire ; mais la recherche s'arrête pour élargir les horizons de connaissance et de critique du discours. Or cet élargissement est indispensable pour garder l'efficacité du raisonnement juridique critique, ce qu'on appelait précisément l'*ijtihâd* au temps de la formation des disciplines du droit, de la théologie, de la philosophie, de l'histoire…

UN EXEMPLE D'ANALYSE DU DISCOURS

Faute de pouvoir appliquer à l'ensemble du texte les règles de l'analyse de discours, il me semble nécessaire de donner un échantillon de cet exercice en retenant seulement le préambule de la Déclaration reproduit en appendice. Les indications qui précèdent demeureraient trop abstraites pour le lecteur peu familier avec l'histoire *réflexive* de la pensée islamique en général et théologico-juridique en particulier. Je sais qu'un grand nombre de lecteurs ne sont pas davantage familiers avec l'analyse du discours devenue une discipline à part entière dont on aura une idée précise en se procurant l'indispensable *Dictionnaire d'analyse du discours*[1]. Pour saisir et évaluer la validité de l'argumentaire qui sous-tend tout mon exposé, le lecteur doit se familiariser avec d'autres disciplines récapitulées dans les dictionnaires suivants (la liste est simplement indicative) :

ABERCOMBRE N., HILL S., TURNER B.S., *The Penguin Dictionary of Sociology*, 4e éd., London, Penguin Books, 2000.

ARNAUD A.J. *et alii* (éd.), *Dictionnaire encyclopédique de théorie et de sociologie du droit*, Paris, L.G.D.J., 1993.

BONTE P. et IZARD M., *Dictionnaire de l'Ethnologie et de l'Anthropologie*, Paris, PUF, 1991.

BOSWORTH C.E., *The Islamic Dynasties*, 2e éd., Edinburgh, Edinburgh UP, 1980.

CANTO-SPERBER M., *Dictionnaire d'Éthique et de philosophie morale*, Paris, PUF, 1997.

FONTANA, *Dictionary of Modern Thought*, 2e éd., London, Harper Collins, 1999.

GREIMAS A.J. et COURTES J., *Sémiotique. Dictionnaire raisonné de la théorie du langage*, Paris, Seuil, vol. 1, 1979 ; vol. 2, 1986.

LACOSTE J.-Y., *Dictionnaire de théologie*, Paris, PUF, 1998.

RAYNAUD Ph. et RIALS S., *Dictionnaire de philosophie politique*, Paris, PUF, 1997.

SCHMITT J.-Cl. et LE GOFF J., *Dictionnaire raisonné du Moyen Âge*, Paris, Fayard, 1999.

---

1. P. Charaudeau et D. Maingueneau (dir.), *Dictionnaire d'analyse du discours*, Paris, Seuil, 2002.

Ce qui est ainsi requis du lecteur d'un discours comme ensemble d'énoncés articulés par un locuteur ou un auteur, l'est *a fortiori* de tous ceux qui ont préparé, rédigé et proclamé publiquement la Déclaration qui nous occupe. Il va de soi que les Déclarations universelles sacralisées par le temps aux États-Unis, en France et à l'ONU doivent être soumises à la même analyse non seulement dans leur contenu intrinsèque, mais aussi dans les usages qu'en ont fait les divers acteurs historiques depuis leur adoption.

Les postulats organisateurs du discours

La Déclaration se veut universelle; elle est proclamée «*à la face du monde*» à partir d'une haute instance internationale liée elle-même à des statuts de fondation qui fixent des conditions précises d'un fonctionnement universel à partir de 1945. Or tous les attendus, tout le vocabulaire, toutes les dispositions, tout l'axe de vision et d'effectivité sont placés sous la stricte dépendance de deux Sources fondatrices : le Coran et les corpus de Hadîths dans la seule version sunnite. Les rédacteurs ignorent superbement les démentis flagrants de l'histoire réflexive de la pensée islamique, en particulier pour tout ce qui touche à l'histoire textuelle de la formation de tous les Corpus de la croyance, y compris le Coran, dans toutes les traditions prétendant à l'orthodoxie à l'intérieur de cette Communauté islamique (*Umma*) postulée comme unifiée dès l'origine et sans dissensions internes. Il y a là un coup de force théologique et exégétique, donc juridique, dans les opérations de récupération, de sélection des versets et des hadîths, et de tous les argumentaires qui opposent une *Umma* imaginaire à ce que j'appelle la *Tradition islamique exhaustive* qui laisse le droit de s'exprimer au nom de l'islam à tous les acteurs sociaux d'hier et d'aujourd'hui. Autrement dit, une Déclaration universelle des droits de l'homme en 1981 et *a fortiori* en 2008 après tant d'écrasements de vies humaines, doit inscrire dans son préambule, la sortie définitive du cadre de pensée théologique et hérésiographique hérité du lointain Moyen Âge par ailleurs effacé de la mémoire des croyants.

Il y a une autre récupération frauduleuse qu'opère la Déclaration et dans sa ligne tous les discours islamiques contemporains depuis les années 1945 quand les mouvements nationalistes de libération ont commencé à mobiliser des militants pour restaurer la *personnalité arabo-islamique*, élargie ensuite à tous les pays colonisés. L'opération de restauration implique le retour à ce qui a été donné déjà dans le passé sous des formes et contenus achevés et que le colonialisme a réduit en champs de ruine. La démarche reprend l'idée de réforme (*Işlâh*) vite devenue l'*obsession structurante de la conscience islamique* initiée dans le discours coranique et dans les constructions sociales-historiques des grandes *Figures Symboliques Idéales* (FSI), comme celles du prophète pour tous les musulmans, de 'Alî ibn abi Tâleb et des Imâms pour les shî'ites. Avec la Déclaration et tous les discours similaires d'orientation de l'histoire, nous restons dans le système de pensée *mytho-historique* qui n'est pas propre à l'islam et aux sociétés dites pré-modernes. J'ai montré ailleurs que la mytho-histoire se pratique encore en Occident et même dans la France de la IIIᵉ République et jusqu'aux années 1960-1970, dans cette France où de grands historiens français ont tant fait pour l'élargissement du territoire de l'historien et de l'épistémologie de l'écriture historienne [1].

L'idée qu'il faut retenir ici, c'est que le discours politique des *Partis-États postcoloniaux* va très vite imposer une rupture *épistémique* plus grave encore que celle entretenue par la mytho-histoire et l'obsession réformiste jusqu'aux années 1930. Je rappelle que le premier mouvement politico-religieux qui introduit l'activisme politique dans la cité en 1928 est celui de Hassan al-Banna. Les mouvements de libération des années 1950-1960 ont laissé croire qu'ils intégraient la culture philosophico-politique laïque des droits de l'homme quand ils prêchaient la révolution socialiste arabe dans la ligne idéologique du modèle soviétique des démocraties populaires. La République arabe unie d'Égypte, la République algérienne démocratique et populaire portent encore la trace officielle forte d'une double errance cette fois mytho-idéologique et plus du tout mytho-historique. La première errance, c'est que Nasser fait pendre Sayyid Qutb, praticien raffiné et grand connaisseur de la mytho-histoire qui a nourri pendant quinze siècles cette conscience islamique si présente dans la Déclaration qui nous occupe. La violence politique de l'idéologie collectiviste fait taire toutes les voix dissonantes, *ennemies de la Révolution socia-*

---

1. Voir M. Arkoun et J. Maila, *De Manhattan à Bagdad. Au-delà du Bien et du Mal*, Paris, Desclée de Brouwer, 2003.

liste arabe; elle ignorait qu'elle détruisait ainsi l'irremplaçable culture paysanne du Nil par delà précisément la mytho-histoire islamique porteuse, elle aussi, de codes culturels variés qui ont assuré la cohérence sociale dans la longue histoire de la civilisation paysanne et pastorale.

Je veux rendre hommage ici à la mémoire de Sayyid 'Uways, un collègue égyptien devenu ami proche, qui a bien compris le drame culturel et politique que connaissait l'Égypte sous Nasser et dont les conséquences se lisent jusqu'à nos jours dans plusieurs autres sociétés. En tant que sociologue et ethnologue, il est allé recueillir les plaintes que les paysans égyptiens adressaient sous forme de lettres au gardien du tombeau de Shâfi'î, (m. 820) fondateur de l'école juridique qui porte son nom. Ces plaintes relèvent en fait de la compétence de la bureaucratie chargée d'appliquer la révolution agraire. Le succès du livre encouragea l'auteur à étendre l'enquête à une autre catégorie sociale touchée par la subversion des codes culturels traditionnels : il a recueilli toutes les inscriptions que les chauffeurs de taxi du Caire affichaient à l'intérieur de leur voiture. Les deux livres[1] ont marqué ma carrière d'enseignant à la Sorbonne dans les années 1970; je les ai inscrits plusieurs fois au programme, car parallèlement à l'Égypte, l'Algérie subissait la même révolution collectiviste et les paysans connaissaient les mêmes épreuves.

La *seconde errance* de l'autoritarisme des Partis-États est d'accompagner la Révolution dite socialiste d'essence idéologique athée, par une politique volontariste de *traditionalisation* de la pensée et de la culture. Le terme arabe qui désigne cette opération de grande envergure et aux conséquences incalculables, est *tasnîn*, soumettre aux impératifs catégoriques de la tradition prophétique (*Sunna*, d'où l'expression ancienne *Ahl al-Sunna wa-l-Jamâ'a*, qui distingue et oppose les musulmans fidèles à la Sunna et à la Communauté, à ceux que les sunnites « orthodoxes » nomment les Opposants récalcitrants *al-rawâfid*, qui en retour surenchérissent sur l'enjeu de fidélité à l'islam authentique en se nommant *ahl al-'isma wa-l-'adâla*, les musulmans fidèles à l'infaillibilité des Imâms et à la justice). Tout le préambule de la Déclaration entérine avec la certitude de la croyance

---

1. Voici leurs titres très éloquents : *Ẓâhirat al-murâsala ilâ ḍarîḥ al-Safi'î* (*Le phénomène de la correspondance avec le mausolée de Shâfi'î*), Le Caire, dâr al-kutub, 1968; *Hutâf al-sâmitîn* (*Les murmures des silencieux*), Le Caire, dâr al-kutub, 1970.

dogmatique cette fracture majeure sur un problème de fond qui demeure précisément aujourd'hui l'impensable et l'impensé meurtrier des musulmans qui s'entretuent non pas du tout au nom de l'*islam authentique* imaginé, mais d'un Islam plus que jamais réduit par tous les acteurs à une Fiction mytho-idéologique dévastatrice[1]. Celle-ci nourrit désormais les imaginaires populistes des mégapoles « modernes », c'est-à-dire des générations nées sous les régimes de la double errance.

Nasser a placé la vieille Université autonome d'Al-Azhar fondée par les Fatimides ismaéliens après 969, sous le contrôle de l'État; tout comme le régime algérien construisit à grands frais l'Université islamique de Constantine pour former le personnel gestionnaire de la *sharî'a* et de l'enseignement dit *originaire* (*aṣlî*, référant notamment à la méthodologie des *Uṣûl* déjà mentionnée). L'université est ainsi transformée en outil d'étatisation de la pensée, du droit et de la pratique religieuse orthodoxes. Mohammad al-Ghazâlî, frère musulman influent, conseiller du président Chadli Benjedid, a dirigé le premier conseil scientifique de la nouvelle Université de Constantine, honneur qu'il n'a pu avoir en Égypte. Je ne peux détailler ici l'évolution parallèle des universités al-Zitouna à Tunis et Qarawiyyîn à Fès.

La Déclaration s'inscrit dans ce contexte d'un autoritarisme qui contrôle partout les efforts des Ligues des droits de l'homme pour faire progresser le respect des libertés. On reconnaîtra aux rédacteurs le courage d'avoir explicité dans plusieurs articles des droits qui sont loin d'être protégés à ce jour dans plusieurs régimes. Mais ce courage est presque annulé par le rattachement anachronique de ces droits à l'islam naissant. Nous retombons dans les effets pervers de la deuxième errance. Rappelons un autre événement décisif qui explique l'orientation sunnite de la Déclaration. La Révolution dite islamique vient de s'installer en Iran avec Khomeiny en Février 1979. Khomeiny

---

1. Pour comprendre la portée exacte de ce concept, il faut rappeler les travaux de C. Castoriadis sur la production imaginaire des sociétés, ceux de P. Berger sur la construction sociale de la réalité, ceux de Freud et ses innombrables successeurs sur la religion comme la grande illusion, mais aussi comme source de construction du moi. Quand la raison est pervertie et les codes sont désintégrés par des politiques d'élimination systématique de la raison critique, la Fiction mytho-idélogique construit le moi collectif qui annule les espaces de construction du sujet humain autonome.

accomplit le geste inverse de celui d'Atatürk: il abolit le régime séculariste du Shah, nouveau pharaon qui trouve refuge auprès du roi du Maroc, échappant ainsi au procès populaire et à l'exécution à l'instar de Louis XVI en France. Khomeiny se veut l'incarnation du retour à la Loi divine fondée sur le *marja' al-taqlîd* de l'islam imamien, c'est-à-dire la référence obligée à l'Instance de l'Autorité infaillible des douze Imâms du temps de l'opposition au califat sunnite. Cet aspect a échappé aux observateurs et commentateurs; il est pourtant une clef majeure de l'analyse du discours islamique contemporain sur la «légitimité».

L'impéritie de l'État safavide en matière de légitimité est égale à celle de l'État ottoman. Il y a même eu un conflit sévère entre les deux États au sujet des révoltes en Anatolie des Têtes rouges (*Kizilbaç*) qui se réclamaient du shî'isme safavide. On lira avec profit dans *Legitimizing the Order* déjà cité, les argumentaires des protagonistes qui illustrent l'état du droit dans les deux islams au début du XVIe siècle. Car nous retrouvons la querelle initiale de 660-661, les faits accomplis de l'installation du pouvoir omeyyade et du pouvoir abbaside qui ont imposé la légitimité et la légalité débattues et maintenues par la lignée sunnite contre l'opposition shî'ite jusqu'à la montée de l'État safavide. Khomeiny et ses militants entérinent les impérities des dynasties gestionnaires du shî'isme étatisé; il publie un traité sommaire hors de toute histoire de la pensée islamique en annonçant que le gouvernement du Docteur de la Loi divine (*wilâyat al-faqîh*[1]) va enfin rétablir les légitimités et les légalités piétinées par les serviteurs de Satan (l'Occident).

Ainsi s'enfle démesurément la seconde errance qui puise son arrogance dans les pétrodollars comme le rival saoudien qui prend acte du nouveau défi shî'ite en rappelant bruyamment que le roi d'Arabie est le «protecteur des deux lieux sacrés» (*al-Haramayn*, La Mecque et Médine *versus* Najaf et Qum, deux sièges du Vatican

---

1. En dehors des intellectuels iraniens, des voix connues dans le monde arabe comme l'égyptien Hasan Hanafi, ont salué avec ferveur la Révolution islamique «théorisée» dans un manifeste médiocre par sa forme et davantage encore par son contenu. Je mentionne ce fait pour souligner que la deuxième errance a été applaudie par des «intellectuels» à haute visibilité; elle n'est pas le fait des seuls politiciens et des rhéteurs islamistes et des sermonnaires populistes.

imamien, auxquels il faut ajouter Mashhad où se trouve le mausolée du 8e Imam, 'Alî al-Ridhâ). Nous voici ramenés aux rues de Bagdad et de Beyrouth où s'affrontent avec acharnement les symboliques sunnites *versus* shî'ites avec les complications des « valeurs » de l'Occident et des droits de l'hommisme européens pour instaurer enfin la paix durable d'une démocratie elle-même désormais disqualifiée pour une telle mission historique !

Une autre complication surgit; elle n'est ni la dernière, ni la moindre. Dans les milieux d'immigrés musulmans en relation forte avec des mouvements islamistes militants dans la sphère mondiale, se propage depuis ce moment tournant des années 1980, une vision messianique du futur selon laquelle l'islam comme levier d'action historique finira par s'imposer en Europe dans deux ou trois générations grâce à la croissance démographique et à l'accès garanti à l'exercice de tous les droits démocratiques. Il s'agit donc d'une conquête pacifique et légale. Cette vision est à la fois sous-jacente à toute la Déclaration et explicite dans le préambule (lire ci-dessous à partir de : « Les droits de l'Homme, dans l'Islam, sont fortement enracinés dans la conviction que Dieu... Nous engageons à promouvoir les droits inviolables et inaliénables de l'homme définis ci-après, dont nous considérons qu'ils sont prescrits par l'Islam »).

On perçoit bien ici la portée profonde des conflits en cours; ils touchent les conditions sociolinguistiques de la construction des *ego* collectifs soumis à des représentations du temps historique et du temps mytho-idéologique radicalement conflictuelles. Au lieu d'apporter des réponses intellectuelles, culturelles, scientifiques, éducatives, civiques à de tels décalages mentaux dans les mêmes espaces citoyens, nous savons depuis le 11/09/2001 que la réponse militaire et policière a la priorité et la primauté à l'échelle nationale et internationale. Parallèlement à la guerre d'éradication du terrorisme livrée partout, se développe une diplomatie d'apologétique du vrai islam, de l'islam modéré, de l'âge d'or de la civilisation islamique, du dialogue interreligieux, des échanges interculturels, du multiculturalisme, de subventions à l'enseignement privé, de constructions de mosquées, etc. On sait pourtant que les régimes en place en terre d'islam sont contraints de poursuivre la surenchère mimétique du recours à la religion comme opium partagé par le plus grand nombre à l'échelle mondiale. Les minorités attendent les chercheurs lucides comme Sayyid 'Uways pour recueillir leurs murmures quotidiens. Elles espèrent aussi que les chercheurs qui font appel aux *forces imaginantes du droit* seront entendus par les grandes puissances qui ont contribué à promouvoir la « guerre juste » face à la « guerre sainte » pour imposer la violence systémique comme recours nécessaire et urgent à l'échelle mondiale.

Cette radicalisation de la violence systémique est une dimension irréductible des rapports de force qui conditionnent l'utilisation d'un droit international hérité de l'âge de la dépossession du monde par une Europe elle-même déchirée par des rivalités sans fin entre États-nations souverains et repliés sur la défense des intérêts nationaux sacrés. Tandis que la violence des rivalités intraeuropéennes trouve des voies de dépassement avec la construction de l'Union européenne, la violence systémique nourrie par des fictions idéologiques natio-nalistes avec les effets multiplicateurs de la violence sacrée et de la puissance sacralisante des religions qui font retour, poursuit ses ravages dans tous les pays dépossédés de leurs codes et de leurs systèmes de solidarité, puis livrés sans recours aux mécanismes du « droit des peuples à disposer d'eux-mêmes ». Voilà encore un droit perçu comme sacré et très vite devenu un slogan meurtrier. Toujours inventifs, les penseurs d'Europe inventent un autre slogan très allé-chant : « le devoir de non ingérence s'arrête là où commence le danger de non assistance » (François Mitterrand). Nous y sommes… sans porte de sortie à l'horizon. Je pense aux obstacles, aux trébuchements, aux incohérences, aux susceptibilités qui obstruent les premiers pas de l'Union pour la Méditerranée.

Je peux poursuivre cette déconstruction du droit en général, là où il s'élabore au nom de la démocratie avancée. Mais j'en ai dit assez pour situer les rêveries, les autopromotions et les proclamations verbeuses de la Déclaration qui, à ma connaissance n'a jamais été reprise en vue de dépassements nécessaires. Je préfère ajouter quelques observations sur la manipulation des Écritures saintes.

La manipulation des Écritures saintes

J'emploie à dessein l'expression Écritures saintes pour faire quelques mises au point critiques. Une telle expression ne peut avoir cours dans la pensée ou un discours islamique orthodoxe; elle est acceptée dans les dialogues interreligieux dans la mesure où on passe sous silence la position coranique sur l'altération des Écritures (*taḥrîf*) au stade juif et chrétien de la révélation. Cette objection peut être éclaircie historiquement ; mais elle demeure une position constitutive du statut théologique du discours coranique comme ultime manifestation de la parole de Dieu avec la médiation énonciative du Sceau des prophètes. Pour éviter ce débat, les musulmans parlent du Livre saint au singulier pour référer au seul Coran.

J'emploie l'expression Écritures saintes non comme concept théologique, mais comme expression qui renvoie à un examen à la fois linguistique et anthropologique des deux termes écriture et sainteté. Ce déplacement du champ théologique aux champs multiples des sciences de l'homme, de la société, du politique et du droit est un préalable aujourd'hui à toute recherche sur le champ religieux. Les théologiens critiques en chrétienté acceptent désormais de soumettre la connaissance théologique aux acquis en amont (méthodologiquement et épistémologiquement) de toute connaissance fondée sur telle religion comme système de croyances et de non-croyances. En lisant la Déclaration ou n'importe quel discours islamique contemporain, on ne trouve ni préoccupation théologique, ni encore moins le souci de déplacement de la connaissance croyante à la connaissance critique. Il s'agit donc d'une disqualification radicale de tout discours sur la Loi divine qui refuse tout passage par toutes les étapes de la critique métamoderne et plus seulement moderne de la connaissance.

Linguistiquement, toute écriture est en relation dialectique avec l'orature. Cette dialectique subsiste à d'autres niveaux et sous de nouveaux rapports dans le passage en cours de l'écriture manuelle à la circulation informatique de « l'écrit » avec les accompagnements de l'audiovisuel. Or, historiquement, le concept d'Écritures saintes renvoie d'abord aux énonciations orales de ce qui est consigné dans des écrits longtemps après la circulation orale de la parole postulée comme divine. En outre, même après la conservation dans les manuscrits, la parole connaît un usage oral qui n'est pas seulement la récitation liturgique, ou la citation, mais les commentaires qui accompagnent chaque citation. Malgré les rituels qui doivent accompagner tout usage oral ou écrit de la parole sainte, il y a nécessairement dissémination, sinon banalisation et dégradation de la sainteté à force de répétition. Ces distinctions et ces confrontations du sacré/saint avec le profane valent pour toutes les religions qui prétendent protéger par les interdits, sauvegarder grâce aux rituels la sacralité et la sainteté de tout ce qui est transfiguré, sacralisé, sanctifié, transcendantalisé, onto-logisé dans les discours de la croyance, de la théologie, de l'exégèse et davantage encore dans l'exercice technique de déduction des textes sacrés/saints des normes juridiques[1].

Ces brèves remarques analytiques aident à comprendre les mécanismes linguistiques de travestissement dans tout discours reli-gieux. Le vocabulaire de la Déclaration et la manipulation des cita-tions dépassent le simple travestissement des contenus réels des mots et des visées effectives des contextes chaque fois mutilés. On parvient ainsi à enraciner dans les imaginaires et les mémoires des destina-taires (audiences, lecteurs) ce que Gaston Bachelard a identifié depuis longtemps sous le concept de *connaissances fausses*.

Par souci de concision, je ne retiendrai ici que les articles 12 et 13 cités en appendice. Ils traitent de deux problèmes qui permettent de mesurer les décalages historiques considérables de la pensée isla-mique par rapport aux conquêtes de la modernité intellectuelle et aux défis encore plus contraignants de la mondialisation en cours. Aux opérations de travestissement et de manipulation, on ajoutera les processus régressifs qui marquent l'exercice de la pensée islamique par rapport à celle de la Nahdha (1830-1940) qualifiée d'âge libéral. Deux versets sont cités pour tracer les limites islamiques de la liberté de pensée, de conscience et la liberté religieuse. On ne sait s'il faut parler de naïveté des rédacteurs ou d'inculture extrême. Visent-ils le seul endoctrinement des musulmans ou songent-ils, malgré tout, à l'opinion mondiale qui attend des signes d'ouverture et de quête de paix venant en particulier de musulmans éclairés ? Car les deux versets coupés de leurs contextes immédiats dans le texte et des événements relativement connus auxquels ils sont liés, suggèrent aux lecteurs non avertis, le contraire des droits visés dans les articles. Ainsi, la sourate 33 est intitulée *al-ahzâb*, pluriel de *Hizb*, parti politique comme le *Hizbullâh* aujourd'hui bien connu au Liban. Il s'agit d'une coali-tion de polythéistes mecquois et juifs pour attaquer les croyants qui

---

1. Sur tous ces problèmes complexes, jamais abordés par les « experts » de l'islam médiatiques, lire M. Arkoun, *The Unthought in Contemporary Islamic Thought, op. cit.*, chap. 2, « The Cognitives Status and the Functions of Revelation. The Example of the Koran ».

soutiennent le prophète à Médine. Le vocabulaire (hypocrites...) réfère à des groupes sociaux précis qui forment la coalition. On a donc ici un problème de lecture du texte au sens linguistique, historique et sémiotique qui doit être explicité et résolu avant d'utiliser un verset quelconque pour l'utiliser comme fondement du droit ou de telle valeur éthique et spirituelle. Le second verset (109,6) est l'un des plus cités aujourd'hui chaque fois qu'il s'agit de « prouver » que l'islam est tolérant. Il s'agit d'une clausule d'une très courte unité textuelle qui n'admet pas de brisure aussi bien dans sa forme rythmée et rimée que dans son contenu. Il s'agit d'une déclaration de séparation radicale entre le nouveau culte naissant (qui deviendra l'islam) et le culte polythéiste. L'énonciation doctrinale de la coupure s'est effective-ment traduite du vivant du prophète et après lui dans une ample et récurrente polémique dans tout le discours coranique et aussi par des batailles rangées comme celle qu'on vient de mentionner. On la retrouve dans le droit positif dit *fiqh* à propos de l'apostasie (*ridda*) et la conversion. J'ajoute que le même problème se pose encore aux démocraties avancées d'aujourd'hui quand elles tentent de légiférer à propos des sectes proliférantes : *qu'est-ce qui distingue une secte d'une religion ?* La question ne peut devenir théologique que lorsque le législateur aura trouvé une réponse par delà tout dogme et toute connaissance tronquée.

Ces observations nous conduisent à poser le problème de la croyance religieuse ; quand elle repose sur des pratiques discursives qui annulent tout appel à l'intelligence des faits et tout exercice cohérent de l'analyse rationnelle, elle devient une source d'aliénation dangereuse pour le sujet humain et pour la société où de tels modes du croire deviennent la norme éducative et l'orthodoxie protégée par l'État. C'est ainsi que l'*ignorance institutionnalisée* connaît une expansion sociologique sans précédant dans les sociétés soumises à la tyrannie des émotions et aux usages idéologiques des médias et même de l'école publique obligatoire, gratuite, mais coupée de toute idée de distanciation critique. On découvre ainsi que par delà les divisions internes au sujet des sources textuelles et de leur exégèse au sein de ce que devrait subsumer une *conscience islamique remembrée, mais rigoureusement critique* [1], il y a la *posture axiologique* – ce qui est bien plus grave qu'un postulat – selon laquelle la Déclaration islamique est bien antérieure à celles que produisent les Européens depuis le XVIIIᵉ siècle. «Depuis 14 siècles, l'Islam a défini, par Loi Divine, les droits de l'Homme». L'antériorité chronologique postule ici la primauté de ce que Dieu a révélé sur les constructions de la raison humaine enfermée dans ses limites, ses passions et ses arbitraires. La même posture axiologique se retrouve aujourd'hui chez les juifs qui parlent de la religion première, chronologiquement et théologiquement face à toutes les expansions des paroles de Jésus de Nazareth transfiguré en Jésus-Christ dans les divers christianismes. Au-delà de l'aporie théologique à l'intérieur des trois versions du monothéisme, je vois là un nœud philosophique et anthropologique non encore défait.

Je dois revenir à la question de l'anachronisme comme fondement épistémique et épistémologique commun à tous les discours théologiques et métaphysiques classiques légués depuis le Moyen Âge non seulement aux traditions de pensée monothéistes, mais même à certaines catégories d'historiens en Europe et ailleurs. L'anachronisme a un rôle structurant dans tous les discours islamiques contemporains ; les discours juifs et chrétiens n'y échappent pas ; mais ils sont identifiés et stigmatisés par une raison théologique respectueuse des acquis des sciences de l'homme et de la société [2]. L'anachronisme est d'autant plus courant et pernicieux à l'échelle de la psycho-socio-linguistique que la langue arabe n'a pas de traduction satisfaisante pour un concept clef de la critique historique. La Déclaration entière est un tissu d'anachronismes. J'utilise l'adjectif pernicieux car l'anachronisme habite le vocabulaire des textes fondateurs (je pense autant à la Bible, aux Évangiles, aux grands récits de fondation qu'au Coran) comme la maladie pernicieuse ronge le corps sain.

Je m'en tiendrai à un seul exemple, car il est englobant. Le Coran use deux vocables pour désigner l'homme : *bashar* (36 occurrences), *insân* (65) auxquels il faut ajouter le collectif *nâs*, gens interpellés dans un discours, mais élargi ensuite à l'humanité. Le premier signifie épiderme et s'applique à l'espèce humaine sans distinction de sexe, de

---

1. Sur ce concept clef d'une critique de la raison islamique, je renvoie à M. Arkoun, *Pour une critique de la Raison islamique, op. cit.*, chap. 4.

2. Voir P. Gisel et J.-M. Tétaz (éds.), *Théories de la religion, op. cit.*

nombre ou de dignité; le second désigne l'homme en tant que corps matériel et esprit; l'homme élevé à la dignité de lieutenant et interlocuteur de Dieu sur terre. Il est vrai qu'en suivant la longue lignée du discours prophétique d'Adam à Moïse, Jésus et Muhammad, une évolution du concept se dessine de *bashar à insân*. Cette évolution devient l'enjeu d'un conflit qui perdure entre la théologie des *droits de Dieu* dont découlent les obligations et les droits de l'homme, et la philosophie laïque des droits de l'homme et du citoyen, conquis par les luttes historiques des hommes contre d'autres hommes au point d'entraîner *la mort de Dieu* qui est loin d'être irréversible.

Y a-t-il anachronisme ou débat non encore épuisé et peut être inépuisable? Voilà une manière équitable de repenser la querelle sur l'anachronisme dans le domaine du droit et du statut éthico-juridique de la personne humaine. Car c'est de cela qu'il s'agit dans l'insistance des religions monothéistes à rappeler la naissance de la personne et de la conscience de culpabilité du sujet. Il y a des *devoirs* ou *obligations* qui pèsent sur l'homme dans l'exercice équitable de ses propres droits. Or les obligations envers Dieu comme instance de référence pour le jugement de toute culpabilité, s'effacent dans l'État providence et avec l'hypertrophie de l'ego individuel du sujet d'un droit qui s'annule comme tel à force de distribuer des droits à des catégories et des individus érigés en autant de nouvelles citadelles en compétition. Les droits des uns tendent à confisquer ceux des autres quand l'Éthique est expulsée du droit. Inversement, la théologie des droits de Dieu a ignoré le concept de citoyen et d'espace juridique de citoyenneté en s'en tenant à l'homme abstrait créé à l'image de Dieu. Il y a donc bien anachronisme et revendication d'un universel qui ignore encore bien des continents de la terre habitée. Cela n'empêche pas la polémique d'enfler entre les défenseurs de l'homme à vocation spirituelle et les laïcs réductionnistes qui s'en tiennent aux droits du citoyen concret. On dépassera les deux rigidités en reconsidérant la question du droit comme compromis précaire né d'un rapport de forces *ici et maintenant* entre une variété infinie de protagonistes réclamant leurs droits. L'aporie subsistera tant qu'il y aura des fidèles de l'Alliance entre un Dieu vivant et des «fidèles» au sens de l'abandon confiant et de l'amour de la Loi vécue dans cette Alliance. Cette fidélité est différente de la croyance qui se contente de se plier à des prescriptions rituelles, mais renonce à la reconstruction permanente du moi. On sait qu'il y a des efforts dans ce sens chez des théologiens chrétiens et des penseurs juifs ; mais guère encore chez les musulmans. Je pense aux œuvres de P. Ricœur et E. Levinas, bien que la mention du mot islam n'intervienne jamais chez eux, ce qui retarde la sortie du religieux traditionnel pour repenser le sujet humain par delà toutes les théologies héritées.

Car l'anachronisme conserve ses effets néfastes sur le débat que j'essaye d'ouvrir. Pour revenir à notre exemple sur l'homme dans le Coran et les Écritures antérieures, les théologies parlent trop vite de l'homme universel déjà présent dans les cultures anciennes fécondées par la parole de Dieu. Qu'elle soit théologique ou philosophique, la raison critique travaille au mieux dans la perspective de l'*universalisable* et ne peut revendiquer l'Universel alors que de nouveaux défis de l'histoire l'obligent sans cesse à reconnaître ses errements et refaire le parcours de Sisyphe. Plusieurs articles de la Déclaration accumulent l'addition des anachronismes au reniement de l'histoire. Il est inutile de s'attarder davantage à l'analyse d'autres articles de la Déclaration. Sans le respect des droits pour lesquels la raison s'est battue dans toutes les cultures, il ne serait pas possible aujourd'hui d'écrire et de publier un texte comme celui que je suis en train de rédiger avec l'espoir qu'il sera lu et compris, sans recours à aucune forme d'excommunication. Ce texte sera un test des cheminements de la liberté moderne réalisés en contextes islamiques, en dehors et bien au-delà des enfermements que prorogent les luttes en cours entre les partisans d'un retour à un religieux régressif et ceux qui travaillent au dépassement des oppositions récurrentes entre toutes les formes de cléricalisme et les rigidités « philosophiques » d'un laïcisme ou plus largement d'une culture de l'incroyance adossée aux souverainismes des États, à l'omniprésence des médias et aux stratégies du libre marché.

Conclusions provisoires

De ces parcours progressifs-régressifs, renvoyant à des moments anciens de l'histoire convoqués par des urgences du temps présent pour mieux anticiper les réponses aux chocs du futur proche, je souhaite qu'on retienne les points forts suivants pour d'autres avancées.

– La Déclaration que je viens d'analyser n'est plus qu'un repère historique qui permet de mesurer les décalages intellectuels, scientifiques, culturels, politiques, institutionnels qui séparaient déjà au début du XIXᵉ siècle l'Europe des bourgeois conquérants et de la raison des Lumières et tous les pays des rives Sud-Est de l'espace méditerranéen. Ces décalages n'ont pas fait l'objet à ce jour d'une analyse approfondie des réseaux épistémiques et des ruptures épistémologiques qui éloignaient la logosphère arabo-irano-turque de la logosphère gréco-latino-européenne considérées toutes les deux dans la très longue durée et les moyennes et courtes durées. C'est ce que j'ai tenté de faire ici de manière rapide et allusive. C'est pourquoi je parle de conclusions provisoires. Il s'agit de recherches longues qui doivent être confiées à des équipes croisées où toutes les voix de toutes les mémoires collectives effacées et vivantes seraient pour la première fois dûment représentées et surtout préparées au respect strict des acquis de ce qui j'ai appelé la raison en voie d'émergence. Il se trouve que les combats de la raison pour son autonomie et ses libertés ont été esquissés par des penseurs musulmans dans la période fugitive de l'humanisme d'expression arabe au IVᵉ/Xᵉ siècle. La Déclaration ignore qu'elle est l'expression tragique de cet islam « orthodoxe » qui a triomphé au point de contribuer à l'avortement historique d'un humanisme à peine annoncé.

Au retour du religieux, les sociologues se sont contentés de mises en garde contre les excès idéologiques ; mais leurs voix ont été couvertes par le poids de la littérature concentrée sur le fondamentalisme et le radicalisme islamistes. Les préparations indispensables pour ouvrir et nettoyer les avenues d'une Union pour la Méditerranée sont à mon sens escamotées. On entérine rituellement les retards incommensurables de « l'islam », concept si peu travaillé qu'il est inutilisable sans les déconstructions esquissées dans cet essai ; mais on délaisse les investigations archéologiques qui dévoilent les mécanismes et les dogmatismes structurants de l'imaginaire commun à l'islam à la fois Fiction et levier idéologique efficace. C'est pourquoi j'ai multiplié les références bibliographiques aux travaux qui annoncent les tâches de la raison émergente.

– Il est naïf de demander à l'islam-fiction comme acteur bruyant de l'histoire en cours, de renouer avec ce fameux *ijtihâd* avorté déjà depuis que le corset méthodologique de la pensée fondationnelle (*'ilm al-uṣûl*) a planté les premiers jalons de ce qui est devenu le monstre idéologique nommé fondamentalisme et intégrisme. Ceux qui aspirent avec nostalgie à cet âge d'or des sciences religieuses ignorent là aussi la signification et la nécessité du passage par la critique de la raison islamique. Seule cette critique peut enfin dévoiler ce que tous les musulmans préfèrent continuer d'ignorer, à savoir que le carcan des *uṣûl al-fiqh* a abouti à deux résultats structurants des discours islamiques contemporains :

1) l'illusion que les maîtres éponymes des écoles juridiques dans le sunnisme, le shî'isme et l'ibâdisme ont accompli un travail correct de dérivation des normes juridiques à partir des textes des deux premières sources sacralisantes : le Coran et le Hadîth ;

2) le fait accompli historique de la sacralisation du droit a élevé les maîtres éponymes (Mâlik, Abû Hanîfa, Ja'far al-sâdiq, ...) au rang d'autorités médiatrices qui ont dispensé des générations de juristes jusqu'à nos jours de revenir chaque fois aux textes sacralisateurs [1] pour reconsidérer dans chaque contexte nouveau les raisonnements effectués par les premières générations de juges et de juristes qui ont inauguré ce travail dans des conditions totalement différentes. La production de médiateurs entre les croyants et le ou les dieu(x) adoré(s) est un phénomène commun à toutes les traditions religieuses ; les médiateurs se multiplient comme les saints et les marabouts en contextes islamiques, à mesure que la raison analytique et interrogative perd ses prérogatives au profit des imaginaires sociaux. En Europe, la raison des Lumières a affaibli, puis disqualifié les processus de sacralisation et de sanctification. Des traces survivent cependant dans certains cérémoniaux républicains comme l'admission au Panthéon à Paris des grands serviteurs de l'État et de la nation républicains.

Après 1945, les discours nationalistes de libération dans les pays colonisés ont emprunté à la sauvette quelques idées ou postures de

---

1. On parle couramment de textes sacrés et d'Écritures saintes ; on oublie que le sacré est un interdit qui se renforce, s'élargit à mesure que les rituels de protection d'un objet, d'un temps ou d'un espace désignés comme interdits renforcent chez les fidèles le pouvoir de sacralisation. On peut parler alors de l'irradiation continue du sacré et de la sainteté lors des pèlerinages par exemple.

la raison moderne; mais il fallait enflammer les imaginaires sociaux en jouant sur deux leviers mytho-idéologiques : – faire silence sur l'histoire réelle de la raison dans son parcours islamique dans ces siècles précisément où la raison en Europe chrétienne et latine faisait fructifier les acquis avortés en terre d'islam; – dévaluer au maximum le parcours européen en dénonçant les crimes et les génocides de la colonisation. On additionne ainsi l'occultation d'une histoire réelle, déterminante, mais démobilisatrice et l'hypertrophie du discours victimaire qui demeure rentable même après plus de 60 ans d'exercice de la souveraineté nationale. Je suis sûr que les deux dernières propositions scandaliseront les idéologues qui gagnent des galons et des privilèges avec la surenchère victimaire. J'ajoute donc immédiatement que les puissances coloniales persistent et signent elles aussi à propos de la surenchère victimaire. Les États-Unis revendiquent le statut de victimes après le 11/09/2001 pour justifier la vieille légitime défense au nom de « valeurs » supérieures. C'est exactement la vieille loi du talion et l'argumentaire du verset 33,60 analysé ci-dessus. Et le parlement français a rallumé la surenchère victimaire en Février 2005 quand il a voulu faire passer une loi sur l'enseignement des bienfaits de la colonisation.

– Seule l'histoire réflexive remplit l'indispensable fonction cathartique dont toutes les cultures ont un besoin urgent aujourd'hui. Or les historiens dits de « métier » ne s'abaissent pas à cette fonction qui déroge au respect des faits. Autre tyrannie qui limite les ambitions de la raison. On voit pourtant les apports de la clairvoyance historique sur les parcours comparés de la raison en islam et en Europe pendant quatre siècles décisifs où ont été programmées les tragédies des Balkans (Grèce, Bosnie, Serbie, Kosovo, Albanie) et celles qui se poursuivent au Sud et à l'Est de ce qui fut la *Mare Nostrum* avant l'intervention de l'islam. À l'arrière fond des tueries de Bosnie et du Kosovo, il y a l'islam de la bureaucratie ottomane et les haines rageuses nourries par les sermons du christianisme latin et orthodoxe jusqu'à nos jours. Ces haines nourries de part et d'autre ont généré les mêmes *impensables* et les mêmes *impensés* majeurs par tous les procédés de travestissement, de manipulation, de sollicitation des Écritures toujours vraies, saintes, divines pour chaque communauté, toujours investies dans les discours victimaires sources fécondes de légitimité pour les clergés et pour les régimes en place.

Les concepts de pensable et d'impensable, de pensé et d'impensé se rencontrent en philosophie, mais guère dans les travaux de l'histoire narrative et descriptive. Ils sont très rares même chez les historiens de la philosophie pour qui il suffit d'expliciter le pensé des auteurs dans le cadre de ce qui était pensable pour eux. Dans l'histoire de la raison théologique, les couples mentionnés désignent des espaces socioculturels et idéologiques qui relèvent de la sociologie et de l'anthropologie historiques. C'est ce que j'applique à la raison islamique et qui reste nouveau, voire inconnu pour la raison juive, chrétienne, laïque, etc.

Voilà donc un *nouveau programme* esquissé ici pour une *histoire réflexive comparée des systèmes de pensée* philosophique, théologique, exégétique, juridique, éthique, sociologique dans l'espace historique méditerranéen. Il s'agit d'appliquer aux tragédies collectives vécues par les peuples du Sud et de l'Est de la Méditerranée la thérapie psychanalytique de la libération par le langage et dans le langage non censuré toutes souffrances refoulées dans les inconscients individuels et collectifs ; aussi bien les souffrances des victimes que les culpabilités également tues des dominants tous bourreaux. Une telle initiative aiderait à sortir des impasses historiques multipliées par ceux qui veulent transférer la démocratie comme une marchandise et ceux qui brandissent la bannière du parti des droits de l'homme en réponse à ceux qui descendent dans la rue pour protester contre l'islamophobie ou l'antisémitisme. Les droits de l'homme sont une culture, une manière de penser et d'émanciper la condition humaine dans le lent travail de soi sur soi de chaque société, sachant qu'il y a des sociétés qui piétinent, lient leur destin pendant des siècles au *Marja' al-taqlîd*, à des Figures symboliques sur lesquelles on projette des valeurs et des normes invariantes, alors que l'histoire réelle suit son cours inexorable. L'histoire réelle dévoile ce que les acteurs s'acharnent à occulter, ignorer en renforçant la politique des interdits, des fausses ritualisations et de la reproduction d'un sacré simultanément désintégré et profané de mille façons.

Les secours humanitaires sont indispensables pour maintenir une lueur d'espoir chez des peuples livrés sans recours à toutes sortes d'oppressions; mais ils ne rétablissent jamais la pleine et durable dignité de la personne humaine. Il est temps de penser et agir en amont de toutes les détresses du monde pour en expliquer les genèses historiques, politiques et culturelles. L'Occident a les ressources humaines, scientifiques, culturelles, technologiques nécessaires pour engager des solutions en amont; mais il manque une philosophie de dépassement de toutes les éthiques qui libèrent les consciences en constatant l'impossibilité dans les conditions présentes de soulager toutes les misères du monde. Il y a des misères générées, amplifiées, aggravées dans les stratégies géopolitiques qui redessinent sans cesse à partir d'un petit nombre de centres hégémoniques la carte des volontés de puissance et des misères du monde.

On évoque une histoire solidaire des peuples et des cultures pour faire place cette fois à des inventaires objectifs, rigoureux, exhaustifs des grandes intuitions somptueusement énoncées dans le lent et vaste déploiement du Discours prophétique monothéiste, des sagesses des religions asiatiques et africaines, puis dans les visions plus récentes de la raison philosophique et scientifique. Il y a trop d'ignorances, de fausses et dangereuses connaissances, de préjugés meurtriers accumulés dans les cultures du monde de plus en plus sollicitées pour proclamer des « identités » conçues comme des forteresses, des refuges et des tremplins idéologiques que des instances renouvelées de l'autorité intellectuelle, éthique, juridique et philosophique. J'évite on le voit le qualificatif *spirituel*, car je sais que la spiritualité est également sollicitée aujourd'hui pour servir de contrefeu contre les fondamentalismes qui massacrent au nom de Dieu. Encore un dernier chantier que j'évoque pour clore cette contribution à l'habilitation de la raison émergente. À propos de spiritualité, je dois donner une dernière référence. Depuis que j'ai à portée de main le *Dictionnaire de Théologie*, publié en 1998 sous la direction de Jean-Yves Lacoste, je ne cesse de le consulter pour un grand nombre de concepts, de thèmes, de constructions doctrinales. C'est une source inépuisable d'informations précises, d'analyses fines, de références à d'innombrables auteurs depuis les grandes œuvres inauguratrices de la pensée philosophique grecque, des pères de l'Église de l'Antiquité tardive et du Moyen Âge jusqu'aux nombreux chercheurs penseurs vivants qui ont contribué à cette belle restitution des cheminements de la *fides quaerens intellectum*. Là on comprendra pourquoi la spiritualité ne peut être évoquée sans avoir connu, écouté, lu des maîtres comme P.R.L. Brown dont je retiens cette brève présentation :

Scholarship and Imagination : The Study of Late Antiquity
Peter R.L. Brown's concept of late antiquity recognizes few academic boundaries or disciplinary barriers. His writing cannot but stir the blood of young scholars. It promises a bazaar of possibility. Late antiquity, as defined in a recent handbook co-edited by Brown, is a distinctive and decisive period of history between around 250 and 800 C.E. : It is not as it once was for Edward Gibbon, a subject of obsessive fascination only as the story of the unraveling of a once glorious and « higher » state of civilization. It was not a period of irrevocable Decline and Fall ; nor was it merely a violent and hurried prelude to better things… Not only did late antiquity last for over half a millennium ; much of what was created in that period still runs in our veins. It is, for instance, from late antiquity that we have inherited the codifications of Roman law that are the root of the judicial systems of so many states in Europe and the Americas. The forms of Judaism associated with the emergence of the rabbinate and the codification of the Talmud emerged from late antique Roman Palestine and from the distinctive society of Sassanian Mesopotamia. The basic structures and dogmatic formulations of the Christian church, both in Latin Catholicism and in the many forms of eastern Christianity, came from this time, as did the first, triumphant expression of the Muslim faith.

Appendice

PRÉAMBULE DE LA DÉCLARATION ISLAMIQUE UNIVERSELLE DES DROITS DE L'HOMME

Depuis quatorze siècles, l'Islam a défini, par *Loi divine*, les « Droits de l'Homme », dans leur ensemble ainsi que dans leurs implications. Il les a entourés de garanties suffisantes pour en assurer la protection. Il a modelé la société qu'il a formée, conformément à des principes et à des règles juridiques qui donnent à ces droits plus de consistance et de stabilité.

L'Islam est le dernier des Messages venus du ciel, que le Seigneur des Mondes a révélés à Ses Envoyés – que la paix soit avec eux ! – afin que ceux-ci les fassent parvenir à tous les humains, en vue de les guider et de les orienter vers tout ce qui leur garantit une vie heureuse et digne, où règnent le droit, le bien, la justice et la paix.

C'est pourquoi les Musulmans ont l'obligation de faire parvenir à *tous les humains* l'invitation à embrasser l'Islam (*da'wa*) pour mieux se conformer à l'ordre de leur Seigneur : « *Puissiez-vous former une Communauté (Umma) dont les membres appellent les hommes au bien : leur ordonnent ce qui est convenable et leur interdisent ce qui est blâmable* » (3,104), pour être ainsi fidèles aux droits que l'humanité tout entière a sur eux et pour enfin apporter une contribution sincère en vue de sauver le monde des erreurs où il s'est fourvoyé et de libérer les peuples de toutes les formes d'oppression sous lesquelles ils ploient.

C'est pourquoi nous, les Musulmans, dans la diversité de nos appartenances ethniques et géographiques, *forts* de notre dépendance vis-à-vis de Dieu, l'*Unique* et le *Dominateur*;

– *forts* de notre foi dans le fait qu'Il est le Maître Souverain de toute chose en cette Vie Immédiate comme en la Vie Ultime, que nous retournerons tous à Lui et que Lui seul possède le droit de guider l'homme vers ce qui tourne au bien et à l'avantage de celui-ci, après en avoir fait son « lieutenant » sur terre et après avoir mis « à son service » tout ce qui existe dans l'Univers;

– *forts* de notre adhésion au principe d'unité de la seule véritable religion, religion qu'ont propagée les Envoyés de notre Seigneur, chacun posant – pour sa part – une pierre à l'édifice commun que Dieu – qu'Il soit exalté! – a couronné par la Mission de Muhammad, lui qui fut, comme il l'a dit, « la pierre (ultime) et le sceau des Prophètes » (*hadiths* rapporté par al-Bukhari et Muslim);

– *forts* de notre conviction que l'intelligence humaine est incapable d'élaborer la voie la meilleure en vue d'assurer le service de la vie, sans que Dieu ne la guide et ne lui en assure révélation;

– *forts* de la claire vision que nous avons – *à la lumière de notre Livre qui est digne d'être glorifié* – de ce que sont la situation de l'homme dans l'Univers, le but ultime pour lequel il y est venu à l'existence et la sage décision qui a présidé à sa création;

– *forts* de la certitude, qui est la nôtre, que le Créateur a comblé l'homme de Ses bienfaits : dignité, grandeur et prééminence sur toutes les autres créatures;

–*forts* de la profonde expérience que nous faisons des grâces innombrables et incalculables dont l'homme a été gratifié par son Seigneur – qu'il soit magnifié et exalté ! ;

–*forts* de l'exacte représentation que nous nous faisons de ce qu'est la Communauté islamique, laquelle incarne vraiment l'unité des Musulmans dans la diversité de leurs appartenances géographiques et ethniques ;

–*forts* de la perception très vive que nous avons des situations de corruption et des régimes de péché dont souffre le monde actuel ;

–*forts* de notre désir sincère d'être fidèles à notre responsabilité envers la société humaine tout entière, parce que nous en sommes des membres ;

–*forts* de notre attachement à réaliser enfin la mission à nous confiée de faire parvenir le Message – responsabilité dont *l'Islam* nous a investis – et de notre zèle à promouvoir une vie meilleure ... une vie qui soit fondée sur la vertu et se purifie de tout vice ; une vie où l'entraide prendrait la place du refus de l'autre et la fraternité celle de l'inimitié ; une vie où régneraient l'entraide et la paix, au lieu de la lutte et des guerres ; une vie où l'homme connaîtrait enfin le vrai sens de la liberté, de l'égalité, de la fraternité, de la grandeur et de la dignité, au lieu de d'étouffer sous la pression de l'esclavage (*'ubudiyya*), de la discrimination au titre de la race ou de la classe sociale, de la violence et du mépris, ce qui lui permettrait alors de remplir sa véritable mission dans le monde, à savoir adorer (*'ibâda*) son Créateur – qu'Il soit exalté ! – et accomplir son œuvre civilisatrice dans tout l'Univers ; une vie qui permettrait à l'homme de jouir des grâces de son Créateur et de pratiquer la bonté envers toute l'humanité, puisque celle-ci lui est une grande famille à laquelle il se sait lié de par le sentiment profond qu'il a de l'unité d'une commune origine en humanité, unité qui engendre des liens de parenté très étroits entre tous les fils d'Adam ;

–*forts* de tout cela, *nous, les Musulmans*, porteurs de l'étendard de l'invitation à embrasser la religion de Dieu, à l'aube de ce xv e siècle de l'Hégire, nous proclamons cette *Déclaration* (*Bayan*), faite au *nom de l'Islam*, des *Droits de l'Homme tels qu'on peut les déduire du très noble Coran et de la très pure Tradition prophétique* (*Sunna*).

À ce titre, ces droits se présentent comme des droits éternels qui ne sauraient supporter suppression ou rectification, abrogation ou inva-lidation. Ce sont des droits qui ont été définis par le Créateur – à Lui la louange! – et aucune créature humaine, quelle qu'elle soit, n'a le droit de les invalider ou de s'y attaquer. L'immunité personnelle qu'ils assurent à chacun ne saurait être annulée par la volonté d'un individu qui y renoncerait ni par la volonté de la société représentée par des institutions qu'elle aurait elle-même créées, de quelque nature qu'elles soient et quelle que soit l'autorité dont elles auraient été investies.

L'affirmation de ces droits est la condition préalable et véritable à l'édification d'une *société islamique authentique*,

1) *société* où tous les hommes seraient égaux sans privilège ni discrimination entre les individus en raison de l'origine, de la race, du sexe, de la couleur, de la langue ou de la religion;

2) *société* où l'égalité serait le fondement même du titre à bénéficier des droits et à se voir imposer des devoirs, égalité qui trouverait sa source dans l'unité d'une commune origine en humanité: « *Ô vous, les hommes! Nous vous avons créés d'un mâle et d'une femelle* » (49,13), et dans l'ennoblissement que le Créateur – que soit exaltée Sa magnificence! – a généreusement octroyé à l'homme: « *Nous avons ennobli les fils d'Adam. Nous les avons portés sur la terre ferme et sur la mer. Nous leur avons accordé d'excellentes nourritures. Nous leur avons donné la préférence sur beaucoup de ceux que Nous avons créés* » (17,70);

3) *société* qui verrait dans la famille sa cellule fondamentale, qui l'entourerait de sa protection et l'ennoblirait au mieux et qui lui garantirait tous les moyens de stabilité et de progrès;

4) *société* où la liberté de l'homme serait absolument synonyme du sens donné à sa propre vie: il y naîtrait libre et s'y réaliserait lui-même en un climat de liberté, à l'abri de toute pression, de toute contrainte, de tout avilissement et de toute réduction à la condition d'esclave;

5) *société* où gouvernants et gouvernés seraient égaux devant la Loi islamique promulguée par le Créateur Lui-même – Loué soit-il! – sans privilège ni discrimination;

6) *société* où le pouvoir terrestre serait considéré comme un « *dépôt sacré* » confié à la responsabilité des gouvernants pour qu'ils réalisent les objectifs définis par la Loi islamique et cela par les moyens mêmes que cette Loi a précisés en vue de réaliser lesdits objectifs;

7) *société* où chaque individu croirait que Dieu – et Lui seul – est le Maître de tout l'Univers, que tout ce qui s'y trouve a été mis au service

de toutes les créatures de Dieu, comme un don de Sa générosité, sans que personne ne puisse prétendre y avoir plus de droits qu'un autre, et que tout être humain a droit à une juste part de ce don divin : « Il a mis à votre service ce qui se trouve dans les cieux et sur la terre. Tout vient de Lui » (45,13);

8) *société* où les décisions politiques qui organisent les affaires de la *Communauté islamique* seraient prises conformément au principe de « consultation » (*shura*) et où les autorités qui les appliquent et les exécutent agiraient en conformité avec le même principe : « Ceux qui délibèrent entre eux au sujet de leur affaires » (42,38);

9) *société* où toutes les chances se trouveraient être égales afin que chaque individu puisse y assumer des responsabilités en rapport avec ses capacités et ses aptitudes, ayant à en rendre compte *Ici-Bas devant la Communauté islamique* et dans l'Autre Monde *devant son Créateur* : « Chacun de vous est un pasteur; chacun de vous est donc responsable de son troupeau ! » (*ḥadîth* rapporté par les cinq « recueils »);

10) *société* où gouvernants et gouvernés se trouveraient sur un même pied d'égalité devant la justice, y compris en ce qui concerne les mesures mêmes qu'entraîne l'exercice de la justice ;

11) *société* où *chaque individu serait la conscience même de celle-ci* et où il aurait donc le droit de porter plainte en justice – *hisba* – contre toute personne qui aurait commis un crime contre les *droits de la société* et de requérir le soutien des autres membres de celle-ci, lesquels seraient alors tenus de le soutenir et de ne pas l'abandonner dans la défense de sa *juste cause* ;

12) *société* qui *refuserait toutes les formes d'oppression et garantirait à chaque individu la sécurité, la liberté, la dignité et la justice*, parce qu'elle serait requise de défendre les droits que la *Loi de Dieu* a conférés à l'homme, de travailler à les appliquer et de veiller à les protéger, ces droits mêmes que la présente *Déclaration* proclame ainsi *à la face du monde*.

Article 12 – *Le droit à la liberté de pensée, de croyance et de parole.*

Chaque personne a le droit de penser et de croire, et donc d'exprimer ce qu'elle pense et croit, sans que quiconque ne vienne s'y mêler ou le lui interdire, *aussi longtemps qu'elle s'en tient dans les limites générales que la Loi islamique a stipulées en la matière. Personne, en effet, n'a le droit de propager l'erreur ou de diffuser ce qui serait de nature à encourager la turpitude ou à avilir la Communauté islamique : « Si les hypocrites, ceux dont les cœurs sont malades, ceux qui fomentent des troubles à Médine, ne se tiennent pas tranquilles, Nous te lancerons en campagne contre eux et ils ne resteront plus longtemps dans ton voisinage : maudits en quelque lieu où ils se trouveront, ils seront capturés et tués » (33,60-61).*

Article 13 – *Le droit à la liberté religieuse.*

Toute personne dispose de la liberté de croyance et a donc la liberté de pratiquer le culte conformément à sa croyance : «*À vous, votre religion ; à moi, ma Religion* » (109,6).

Le dernier numéro de *Raison Militante*, journal de l'ADLPF, rappelle cette interview de Taslima Nasreen, en 2002, au *Nouvel Observateur* :

> Il faut critiquer l'islam, c'est un acte utile pour ceux qui vivent dans ces pays. Sous l'islam, ni la démocratie, ni les droits de l'Homme, ni les droits de la femme, ni la liberté d'expression ne peuvent survivre. Ce dont les pays islamiques ont le plus besoin, c'est d'introduire la laïcité, d'abolir d'urgence les lois islamiques pour sauver les femmes. Si vous voulez réellement du bien aux pays islamiques, vous devez combattre l'islam.

N'en déplaise aux bien-pensants laïques, Taslima, pas plus qu'Ayaan Hirsi Ali, et Geert Wilders, ne font la différence entre islam et islamisme. Pourtant, les deux premières sont adorées par le camp laïc, l'autre est insulté !

CHAPITRE III

LES RELIGIONS MONOTHÉISTES EN 2010
À LA RECHERCHE D'UN SENS DE L'AVENIR

Le travail de la mémoire ne se dissocie pas de celui de l'imagination et de l'invention. On se désidentifie du passé mauvais en envisageant, en entreprenant un avenir autre, et cette distance prise fait qu'on peut évoquer le mal parce qu'on est devenu capable d'en supporter le souvenir [1].

L'HISTOIRE À REBOURS DES RELIGIONS MONOTHÉISTES

Les religions font retour dans l'histoire contemporaine de façon bruyante et même idéologiquement agressive dans certains cas. Il y a plusieurs facteurs qui expliquent ce qu'il est plus juste d'appeler des formes variées de résurgence de religiosités populaires plus que d'une culture et de savoirs nouveaux conquis par les Sciences de l'homme et de la société dans le domaine des religions notamment. On assiste à des décompositions et des recompositions des croyances où les fonctions idéologiques régressives l'emportent de plus en plus sur l'approfondissement des valeurs spirituelles et morales dont se réclament les religions. Cette évolution est plus ou moins alarmante selon les religions les plus enracinées dans l'histoire longue des sociétés. Le christianisme se distingue par sa présence constante dans les grands débats contemporains; il fait connaître sa doctrine sociale et morale; il intervient dans les recherches sur les religions et il améliore ses programmes d'enseignement. Le contraste avec l'islam est très instructif sur le devenir des religions dans le monde actuel. La citation

---

1. P. Thibaud, *Le Monde* du 14/12/2000.

placée en exergue de cette étude exprime clairement les choix méthodologiques et épistémologiques qui nous permettront de parler autrement du monothéisme en examinant l'état présent de nos connaissances et des modes de présence de chacune des trois expansions
historiques de l'idée d'un Dieu Un vivant, parlant, agissant dans
l'Histoire du Salut des créatures humaines et dans l'histoire terrestre
orientée vers la quête du Salut éternel.

La première décision méthodologique est de partir des données
scientifiques, politiques, idéologiques, sociales, économiques, culturelles à l'échelle mondiale en 2010. Dix ans seulement sont écoulés du
IIIe millénaire célébré avec des traces d'espérance millénariste encore
présente dans la conscience de tous les humains par delà les formes
religieuses, psychologiques, culturelles, scientifiques, politiques,
éthiques de cette espérance. La portée anthropologique de l'attente
eschatologique dépasse par son inhérence à la condition humaine,
le type d'espérance introduit et diversifié dans les trois expressions historiques du monothéisme. En regardant à partir de 2010 les
déploiements anthropo-historiques de la condition humaine, nous
apprendrons plus et mieux sur le monothéisme comme une *modalité
parmi d'autres* de réalisation de l'existence humaine avec des dieux,
un Dieu ou simplement l'homme comme acteur concret capable de
changer l'homme. Pour donner un horizon de sens à chaque parcours
existentiel de l'être humain individuel ou collectif, nous avons l'habitude de remonter aux *Origines* lointaines de la *descente de la Parole
de Dieu sur terre*. Cette métaphore utilisée avec insistance dans le
Coran ne fait que consolider la représentation verticale de divinités
résidant dans les Cieux. Aux temps des dieux de l'Olympe, le Dieu Un
se révèle au Mont Sinaï à Moïse; l'islam a aussi son Jabal 'Arafat.
L'origine est toujours localisée dans un espace-temps; avec le Dieu
Un transcendant, Dieu demeure dans les Cieux, mais ses Messagers
médiatisent et amplifient son omniprésence sur la terre des hommes.
Les récits mythiques ou historiographiques plus ou moins critiques,
partent toujours d'un Moment inaugurateur dans un passé plus ou
moins concrétisé par des Figures de héros, de prophètes, de saints, de
sages, de savants, de penseurs, d'artistes…

Les trois religions monothéistes ont sacralisé et transcendantalisé
le Moment inaugurateur de leurs parcours respectifs vers le Salut
éternel en liant le temps de la *religion vraie* à des récits de structure

mythique très différents des récits et du temps profanes de l'histoire des hommes en société. L'historicisme positiviste et philologiste des XIXᵉ-XXᵉ siècles a réduit au statut de légendes, de fables folkloriques des récits mythiques qui conservent jusqu'à nos jours leur portée historique concrète. À partir des années 1950, on a commencé à travailler le concept d'*imaginaire social* et de *mémoires collectives* pour réintégrer les fonctions concrètes de tous les récits mythiques dans l'espace-temps du discours des sciences sociales convoquées par la *Nouvelle histoire*. Dans la première moitié du XXᵉ siècle, des courants de pensée protestants ont cru dépasser les excès réductionnistes de l'historicisme positiviste en *démythologisant* à la manière de R. Bultmann, les récits bibliques et évangéliques. On n'a pas tardé à s'apercevoir que cette opération de démythologisation est une autre manière de discréditer le mythe et de rationaliser de façon illusoire le discours religieux. On voit à quel point le regard rétrospectif sur les parcours des religions monothéistes à partir de 2010 ou plus tard de 2020, 2050… féconde les méthodologies, la critique épistémologique et la fiabilité des interprétations.

Les sociétés contemporaines continuent de produire des mythes de fondation qui sont tirés vers l'idéologie de combat plus que vers les exploitations fécondes de la fonction symbolique. La mytho-idéologie remplace la mytho-histoire des anciens récits. En ce qui concerne les trois monothéismes, la pratique de plus en plus étendue du dialogue interreligieux *bricole* un récit de refondation d'une religion abrahamique en ignorant les conditions historiques, linguistiques et anthropologiques dans lesquelles ont été conçus et articulés les récits de fondation concurrents qui nourrissent encore aujourd'hui les imaginaires communs des trois grandes communautés ou Traditions juive, chrétienne et islamique. Je parle de *bricolage* et non de créativité pour souligner la dégradation de la fonction mythique et symbolique en contextes de modernité dans sa phase *télétechnoscientifique* en cours. Les guerres intra-européennes, les guerres coloniales, les guerres déchaînées depuis 1945 dans le monde ont soumis à l'épreuve de vérité aussi bien les mythes fondateurs des religions monothéistes que les bricolages mytho-idéologiques en contextes de modernité. À la violence structurelle inhérente aux mécanismes de conquête et d'exercice du pouvoir politique dans chaque groupe social, s'est ajoutée la *violence systémique* à l'échelle mondiale, malgré la création d'instances internationales chargées de maintenir et de diffuser la culture de paix et le droit qui règlent des conflits réccurrents. Je pense notamment à l'ONU et à l'UNESCO.

Cette situation nouvelle est explicitée de façon dramatique avec l'événement du 11/09/2001. Je parle d'événement et non pas d'attentat. Car l'événement est toujours vécu, récupéré, exploité par des acteurs sociaux aux intérêts divergents. Les auteurs de l'événement se veulent des martyrs qui ont accepté la mort pour « *le Visage de Dieu* »; les victimes sont des innocents et réclament justice et juste châtiment. La riposte effectivement dépassera de beaucoup les dispositions de la loi du talion. Nous vivons encore tous les suites tragiques d'un événement qui attend une autre lecture historique et éthique par delà les oppositions manichéennes entre le Bien et le Mal, le Juste et l'Injuste, le Vrai et le faux, etc. Les acteurs des deux camps régressent vers la pensée dualiste consolidée par les trois monothéismes qui la fondent sur la Parole de Dieu aussi bien que la métaphysique classique dans la ligne de la pensée grecque. L'idéologie et l'Utopie demeurent ainsi au XXIe siècle les sources intarissables de l'imaginaire social, pourtant largement exploré et mis à distance critique dans toutes les sciences de l'homme et de la société depuis les années 1950-1960. Sociologiquement, la place et les fonctions idéologiques de la religiosité populiste aux États-Unis ne diffèrent guère de celle des couches sociales les plus démunies, les plus délaissées dans les sociétés dites musulmanes d'aujourd'hui. Et cela en dépit des différences considérables qui séparent les deux types de société sous les rapports de la richesse, du confort moderne, de la protection sociale, des institutions démocratiques, académiques, universitaires, du dynamisme économique, etc. Cette dégradation de la connaissance et de la vie religieuse dans des contextes si radicalement différenciés pose des problèmes nombreux que je ne puis traiter ici.

PAROLE DE DIEU →← DISCOURS PROPHÉTIQUE
LOGOS →← MUTHOS

Revenons à la perspective de très longue durée en remontant aux deux grands axes de l'évolution de la condition humaine avec deux références majeures, ou si l'on veut, deux instances de régulation, d'orientation, de légitimation de l'action des hommes en société. Je veux parler de deux couples interactifs qui façonnent sur la très longue durée les deux instances concurrentes en amont du religieux et du politique, du spirituel et du temporel, du théologique et du philosophique et de toutes les catégorisations subséquentes dans l'ordre de la connaissance et de l'action, du vrai et du faux, de la foi et de la raison, etc.

Voici une première approximation de ces deux couples.

Avec les récits successifs repris, retravaillés, réappropriés dans les corpus de textes nommés Bible, Évangiles et Épîtres, Coran, se construit le couple Parole de Dieu et Discours prophétique. Parallèlement, du VIe au IIIe siècles avant l'ère courante, un autre ensemble de récits de facture mythique et de débats philosophiques instaurent le couple *Muthos* et *Logos* qui alimentent les deux corpus des œuvres de Platon et d'Aristote. L'expansion historique de ces deux couples recouvre progressivement l'espace géohistorique méditerranéen qui ne se confond pas avec l'espace géographique et climatique, sa faune, sa flore, ses produits naturels, ses voies de communications, ses ethnies. C'est l'espace de la première diffusion parallèle et interactive de l'axe du monothéisme et de la pensée grecque philosophique et scientifique prolongée par les Romains, les Byzantins et l'Europe chrétienne, puis laïque.

Le diagramme qui sert de titre à ce paragraphe, reprend les trois tensions dialectiques très fécondantes : une tension interne à chaque couple et une troisième entre les deux couples. La *Parole de Dieu* est co-extensible à Dieu dans sa transcendance, son omniprésence, son éternité ; l'homme n'en a reçu que des fragments à travers des messagers humains. Ces fragments manifestés dans des espaces-temps différents sont médiatisés par des prête-voix humains et dans des langues humaines : hébreu, araméen, arabe ; puis transmis dans des traductions d'abord en grec et en latin et désormais dans toutes les langues vivantes d'aujourd'hui. Ainsi, le passage du statut divin de la Parole « *préservée dans le Livre céleste* » au *Dicours Prophétique* (Moïse, Jésus de Nazareth, Muhammad), puis aux divers discours des fidèles et des communautés interprétantes posent des problèmes nombreux qui font l'objet d'analyses et de débats théologiques jusqu'à l'intervention récente des analyses linguistiques et sémiotiques de tous les discours humains. La grande diversité des discours et des exégèses théologiques, grammaticales, juridiques, mystiques illustrent les tensions entre les efforts de captation de la Parole de Dieu dans « *la fraîcheur première de sa première énonciation par la bouche des Messagers de Dieu* ».

Le second couple dans la longue lignée de la pensée grecque est également travaillé par une intense interaction clairement explicitée dans l'écriture différente de Platon et d'Aristote et de leurs immenses postérités respectives. Le *muthos* exprime la philosophie dans une écriture de structure mythique propre aux récits mythiques; le logos utilise la raison logique, argumentative, démonstrative, analytique; elle utilise une rhétorique de débat, de persuasion, de réfutation, de discernement entre le vrai et le faux, le bien et le mal, le beau et le laid… La raison logocentriste a eu une longue et triomphante carrière pendant la construction des systèmes de pensée théologique, puis philosophique depuis le Moyen Âge jusqu'à nos jours. C'est là qu'émergent les tensions dialectiques entre les deux couples; ces tensions sont encore vives de nos jours, malgré les évolutions majeures introduites par les sciences de l'homme et de la société sur la connaissance mythique et la connaissance logocentriste.

Ce bref rappel historique des forces et des paradigmes en compétition dans tous les domaines de la connaissance, permet d'aborder dans une perspective non polémique, non dogmatique, non idéologique, les vicissitudes historiques et doctrinales de la raison religieuse et de la raison scientifique critique considérées dans l'évolution des *réseaux épistémiques* changeants depuis les premières énonciations des trois discours prophétiques inaugurateurs des trois versions du monothéisme jusqu'à leurs confrontations violentes notamment dans la Jérusalem « céleste » devenue la capitale de l'État d'Israël dans les conditions que l'on connaît.

Lu et compris dans cette perspective d'une histoire réflexive de la pensée dans l'espace géohistorique méditerranéen, l'événement du 11/09/2001 pouvait être transformé en *avènement* de ce nouvel ordre politique, économique, monétaire, juridique, culturel, humaniste mondial, clairement préconisé dans la Déclaration Universelle des droits de l'homme par l'ONU aussi bien que dans la Charte de l'UNESCO. Nous savons ce qu'il en est de ces beaux textes qui ont nourri tant d'espérances devenues d'amères illusions. Les principaux responsables des échecs ne continuent pas moins à prêcher les droits de l'homme, là-même où ils contribuent encore à en retarder l'application minimale. Les religions monothéistes ne sont pas en reste dans la course à des déclarations anachroniques et apologétiques des droits de l'homme tout en se laissant compromettre dans l'exercice des violences les plus cruelles. Je ne reviendrai pas ici sur cette alternative politique ouverte par le 11/09/2001 transformé en Nouvelle Alliance du Parti du Bien Absolu contre le Mal dévastateur du terrorisme international. La vision manichéenne de la condition humaine connaît un regain d'actualité dans cet Occident où la modernité a annoncé la mort de Dieu, celle du sujet humain, la sortie historique des religions traditionnelles, la fin des rêveries eschatologiques...

LES MÉTAMORPHOSES DE LA RAISON ET LA FRAGILITÉ DES RATIONALITÉS

Le moment des bilans historiques demeure lointain ; ceux que nécessite le XXe siècle à partir de 1945 sont nombreux, divers, mais trop souvent timides et escamotés. Je pense à une histoire croisée des dominations coloniales et aux usages faits jusqu'ici de la Shoah. Dix ans du XXIe siècle sont déjà écoulés ; l'Irak et l'Afghanistan sont toujours occupés ; la Palestine demeure seule dans ses péripéties tragiques ; les assassinats quotidiens se poursuivent dans ces pays et bien d'autres comme le Zimbabwe, le Soudan, le Sri-Lanka, etc. Devant ces constats rapides, les trois monothéismes sont toujours en conflit théologique latent ; le Vatican a fait le constat de l'échec du dialogue islamo-chrétien ; il préfère se consacrer au projet plus tangible de rechristianisation de l'Europe, alors que la théologie officielle revient à des attitudes plutôt dogmatiques selon une partie des fidèles. À l'intérieur du monothéisme, on n'entend guère parler de bilans critiques et comparés des théologies, des exégèses, des usages politiques du religieux, des sujets brûlants escamotés, de l'état des systèmes éducatifs dans chaque communauté. On continue de faire obstacle aux essais d'un enseignement des faits religieux dans des pays laïcisés comme la France. On freine pour sauvegarder et même renforcer les enseignements orthodoxes.

Le judaïsme a toujours été et demeure plus que jamais depuis 1945, un sanctuaire inaccessible aux non-juifs. Quand on se risque à en parler même en termes très positifs comme il m'est arrivé de le faire dans plusieurs occasions[1], on court le risque à chaque mot de perdre définitivement une écoute toujours dominée par la méfiance, le soupçon, une sorte de certitude que de toute façon le sanctuaire demeurera inviolable. Je peux citer beaucoup d'exemples de conversations privées avec de grands intellectuels où des questions pertinentes relatives à l'immense question de Jésus le juif devenu le Christ, crée un froid et fait dévier le cours d'un échange impossible à reprendre. Je perçois aussi cette idée pénible qu'un « musulman » même radicalement critique à l'égard de la raison islamique, n'a de toute façon aucun titre à intervenir dans un domaine réservé. L'islam pour le judaïsme n'est qu'un ersatz mal ficelé de la religion première, bien qu'il ait politiquement et culturellement réussi à construire plusieurs empires. Les grands islamologues juifs ne partagent pas cette opinion ; mais elle est sous-jacente au contrôle de soi qui fait miroir à celui du musulman dans toute confrontation ou simple échange. Les guerres de 60 ans ne facilitent pas la vraie communication intellectuelle. Je note aussi que lorsque mon regretté ami Étienne Trocmé, alors président de l'Université de Strasbourg, avait esquissé le projet de création d'une chaire de théologie islamique dans le cadre du Concordat en Alsace, plus que des réticences se sont immédiatement manifestées parmi les autorités catholiques et juives. Je reviendrai plus longuement dans la deuxième partie sur la place, les contentieux et les attitudes du judaïsme dans la perspective de recherche d'un sens de l'avenir.

L'islam à ces égards comme à beaucoup d'autres qu'on évoquera chemin faisant, continue d'accumuler des retards, d'ignorer les effondrements internes de son patrimoine intellectuel, spirituel, moral et éducatif (le très riche concept d'*adab* qui désignait l'attitude humaniste ne réfère plus qu'aux départements de littérature dans les Universités). Devant le mouvement terroriste qui prend en otage toutes les branches de la tradition islamique – à l'exception de la communauté

---

1. Voir entre autres, mes interventions aux deux colloques organisés à Paris par la section française du Congrès juif mondial auxquels j'avais été invité en 1977 et en 1978 par mon ami Jean Halpérin (lire mes interventions dans les Actes de ces colloques : *Le Modèle de l'Occident*, Paris, PUF, 1977 et *Communauté musulmane*, Paris, PUF, 1978).

ismaélienne – les gestionnaires des orthodoxies redoublent d'imprécations contre l'Occident et enferment les fidèles dans les carcans ritualistes et apologétiques. Un nombre important de musulmans citoyens de l'Union européenne préfèrent renforcer les rangs des imprécateurs, des prédicateurs et des apologètes plutôt que de soutenir et de multiplier des initiatives d'ouverture scientifique, éducative et culturelle comme celle de l'*Institut international de la pensée islamique* dirigé par Mohamed Mestiri à Paris. Il existe heureusement d'autres initiatives semblables en Europe et en Amériques Nord et Sud; mais elles ne prennent pas toujours en charge les impensables et les impensés accumulés dans la pensée islamique depuis qu'elle a commencé à s'enfermer dans l'oubli, le rejet systématique d'un riche héritage symbolique, spirituel et intellectuel. Il se trouve que cet héritage est plus exploité pour nourrir des argumentaires fallacieux d'identité nationale que pour en dresser un bilan critique rigoureux dont j'ai donné un grand nombre d'exemples.

À propos d'initiatives positives dans la perspective qui nous occupe ici, je dois dire un mot bref sur l'œuvre respectable à plus d'un titre de Khaled Abou El Fadl, professeur à UCLA (Los Angeles). Il a une connaissance vaste et précise des sciences religieuses telles qu'elles ont été défendues et pratiquées dans la période créatrice et classique de la pensée islamique (848-1300 environ). Il expose ces connaissances dans un anglais à la fois didactique, concis et très élégant; il défend l'idée que l'héritage théologique, exégétique et surtout juridique de la période classique est construit dans le cadre de la foi de l'islam sunnite qui peut trouver sa place et ses expressions dans la construction d'une démocratie moderne, effective et authentiquement islamique. Je pense que cette thèse formulée, je le répète, avec une érudition solide et une expression intellectuelle séduisante, n'intègre pas du tout les acquis scientifiques et intellectuels de l'anthropo-histoire et de la philosophie du religieux problématisé à partir des explorations neuves des faits religieux. Aucune pensée religieuse monothéiste ne peut faire l'économie, encore moins ignorer délibérément des acquis qui reçoivent l'homologation d'une large communauté scientifique. Attentif comme Abou El Fadl à tout l'héritage de la pensée islamique classique, ma position constante depuis la publication en 1970 de mon *Humanisme arabe au IVe/Xe siècle* consiste à rendre possible une double libération de la raison que je qualifie de *méta-moderne* : réussir la sortie de toutes les clôtures dogmatiques, aussi bien celles léguées par les traditions religieuses prisonnières des constructions mytho-historiques et mytho-idéologiques de la croyance ; dépasser la clôture dogmatique et l'axiomatique idéaliste des premières Lumières antérieures aux philosophes du soupçon (Marx, Nietzsche et Freud), puis des militants laïcistes qui appellent Voltaire au secours en l'engageant dans des combats douteux inspirés par des haines politiques et l'ignorance des enjeux nouveaux d'une pensée démocratique en crise [1].

Cette ligne de quête et nécessairement de combats intellectuels, a toutes les apparences d'une utopie, surtout pour ceux – nombreux – qui se sentent directement concernés. C'est une utopie dans la mesure où il s'agit d'un programme concret de recherche, d'enseignement et d'action défendu par un historien critique de la pensée islamique. Les militants laïcistes et les Occidentaux en général ne perdent pas leur temps à lire des ouvrages trop savants sur une pensée qui n'est plus crédible. L'avalanche de livres sur « l'islam » explique leur méfiance et leur rejet que je partage. Mais quand il s'agit d'une entreprise de subversion intellectuelle aussi bien des usages apologétiques d'une pensée arabe qui a « éduqué » l'Europe chrétienne médiévale, que de l'histoire générale de la pensée dans l'espace historique méditerranéen, on devrait trouver un peu d'attention auprès de médias importants comme le *Monde des Livres*, *France culture*, le *Nouvel Observateur*, *Libération*, *Le Figaro*... Aucun de ces titres n'a daigné accorder une

---

1. La bibliographie est considérable sur les questions que je viens de réarticuler. Ceux qui cultivent des haines rageuses, compréhensibles devant les massacres terroristes quotidiens, mais pas excusables chez ceux qui se réclament de la fonction critique dans la cité, auront intérêt à lire les livres attachants de Khaled Abou El Fadl. On en trouvera les références dans un article de synthèse récent, « Islam and the Challenge of Democratic Commitment », dans *Oriente Moderno. Islam and Democraties*, M. Campanini (ed.), Roma, Istituto per l'Oriente di Roma, 2007, p. 247-300. Pour les dérives laïcistes des débats sur les faits religieux notamment en France, je retiendrai l'essai polémique, mais grand *best seller* de M. Onfray, *Traité d'Athéologie*, Paris, Grasset, 2006. L'auteur a une culture philosophique indéniable ; mais sa connaissance des faits religieux est comparable à celle des philosophes du XVIIIe siècle qui combattaient à juste titre alors le cléricalisme en se servant à l'occasion d'un islam caricatural tout comme aujourd'hui.

dizaine de lignes à mes deux derniers livres *Humanisme et islam* et *Pour sortir des clôtures dogmatiques*. En revanche, des essais de nouveaux experts de l'islam ont droit à des pages entières et même à des débats tonitruants qui réjouissent les auteurs et les éditeurs.

Du côté musulman, il n'y a pas seulement la conspiration du silence des médias qui condamne un programme essentiel de recherche et d'enseignement à demeurer au stade de l'utopie; il y a le bouche à oreille d'une large opinion qui met en garde les bons musulmans contre des chercheurs critiques présentés comme des sous-marins au nom musulman lancés par l'Occident contre l'islam[1]. C'est aussi monstrueux à l'égard de la réaction critique que l'attitude de ceux qui considérant rétrospectivement les conquêtes fructueuses et durables de la raison moderne négligent de souligner les défaites, les errances, les dérives idéologiques à partir de l'espace-temps où s'active l'esprit humain en 2010. On mesure mieux alors la persistance et même l'aggravation de l'occidentalo-centrisme qui poursuit sa propre trajectoire depuis la date doublement symbolique de 1492 (découverte de l'Amérique et expulsion des juifs et des musulmans d'Espagne par l'Inquisition catholique), sans se soucier des cultures, des traditions, des héritages, des peuples abandonnés sans recours à tous les effets pervers d'une civilisation matérielle qu'ils n'ont jamais produite, tout en se trouvant dans la nécessité de subir ses contraintes les plus rudes. On peut parler d'un drame historique sans cesse rejoué sous les regards plus ou moins impassibles des observateurs « scientifiques » et des journalistes pressés. Les types d'échange négociés entre États souverains dans les domaines des sciences de l'homme et de la société (SHS) sont particulièrement faibles, inadéquats et précaires. Le cas des États qui affichent l'islam comme religion officielle, méritent à cet égard, des analyses spécifiques que je ne peux même pas esquisser ici. C'est un vaste champ de recherche escamoté comme tel aussi bien par les sciences politiques devenues incontournables que par les Sciences de l'homme et de la société.

---

1. Calomnie ressassée par un historien tunisien, Mohammed Talbi, bien connu pour son dogmatisme combatif et irraisonné.

Le cadre épistémique et épistémologique de la recherche. Travail du concept de Raison émergente

Nous ne perdrons jamais de vue que nous avons fait le choix de penser, de comprendre, de déchiffrer, d'interpréter, d'évaluer des productions anciennes de la pensée et des sociétés à partir du cadre épistémique[1] propre à ce moment de la modernité qui se met en place toujours en Europe à la fin des guerres coloniales et dans la dynamique de construction de l'Union européenne. Effectivement, c'est dans les années 1960 que s'achèvent les guerres dites de libération coloniale (Vietnam, Algérie notamment). Nous assistons alors à des ruptures épistémologiques plus ou moins radicales dans la pensée sous-jacente à l'écriture des SHS. Il y a eu mai 1968 en France et ses retentissements dans la recherche et l'enseignement. Dès 1970, on commence à parler de *postmodernité* même chez certains théologiens; mais le concept a eu un succès précaire notamment parce qu'il prolonge l'histoire linéaire de la pensée euro-occidentale en maintenant les

---

1. Il est important de préciser la différence entre la critique épistémique et la critique épistémologique. Les deux sont complémentaires et donc indispensables pour tout décryptage de ces *discours sociaux anciens* devenus les Écritures saintes pour les fidèles des trois versions du monothéisme. Ces fidèles continuent aujourd'hui encore d'utiliser ces Écritures en ignorant tranquillement la notion d'anachronisme qui obsède l'historien moderne. L'épistémè, c'est l'ensemble des rapports qui ont existé à une certaine époque entre les différents domaines de la science, des connaissances et des différents discours tenus dans les divers secteurs scientifiques qui constituent l'épistémè d'une époque. Ainsi, l'archéologie des épistémès des discours énoncés par les prophètes successifs nous permet de mesurer chaque fois les écarts qui séparent les épistémès des discours tenus par les croyants qui sont d'abord des acteurs sociaux dans les différentes époques de la trajectoire historique de chaque logosphère. Dans le cas des religions qui nous occupent, il y a d'abord les logosphères de l'hébreu, du Syriaque et son dérivé parlé l'araméen, de l'arabe d'un côté; du grec, du latin puis des langues européennes de l'autre. L'époque actuelle de mondialisation est une phase planétaire de multiplication et d'interaction des logosphères, donc des épistémès véhiculées et mises en conflit à propos de discours initiaux (Thorah, Ancien et Nouveau Testaments, Coran) chaque fois revendiqués comme transcendants, intangibles, pérennes et instances de l'Autorité divine. Le problème devient alors celui de la transmission non plus seulement de savoir, mais d'un usage des facultés de l'esprit qui permet de tirer toutes les connaissances des stratégies cognitives rendues possibles par l'identification des épistémès changeantes et l'évaluation épistémologique de chacune d'elles. Il faut ajouter que ces stratégies cognitives archéologiques ne sont jamais contraignantes et restent toujours ouvertes aux éclairages et aux subversions de la critique.

autres parcours dans le statut d'étranger avec la connotation d'étrangeté. Je l'ai moi-même rejeté dès le départ, car les divers sauts de la raison des Lumières continuent de coexister et de peser sur les essais d'émergence de ce que je préfère appeler une *métamodernité* intégrant les cheminements d'une *transmodernité* à travers toutes les cultures du monde en voie de redéploiement. Je parle aussi d'une *raison émergente* dans les processus de libération intellectuelle, artistique, cognitive et interculturelle qui s'affirment à travers les guerres civiles, les tragiques épreuves infligées à tant de peuples depuis la mise en place des régimes postcoloniaux dans des « nations » en gestation. Je souligne les évolutions à rebours qui s'imposent du côté des puissances colonisatrices et de celui des sociétés formellement libérées de la domination coloniale. Les sociétés colonisées font l'amère expérience d'une dramatique illusion, voire tromperie : elles commencent à découvrir la réalité des régressions de leurs cultures et de leurs civilisations avec les politiques de traditionalisation obscurantiste face à un Occident qui fait des bonds considérables dans l'ordre de la civilisation *télétechnoscientifique*, tout en régressant lui aussi dans l'ordre de l'éthique et de la gouvernance politique et économique.

Le cadre épistémique ainsi défini inclut l'idée et la pratique d'une *épistémologie historique*. En effet, la critique épistémologique appliquée aux réseaux épistémiques mis en place dans les SHS en Europe-Occident, doit tenir compte de la mobilité et des limites des postures de la raison dans la période de référence dite postcoloniale et post-communiste (1960-1989). En outre, dans la mesure où nous voulons étendre nos enquêtes non seulement aux pratiques régressives de toutes les cultures liées aux effets des sous-développements dans les sociétés dites libérées, nous devons retravailler le concept de *réseaux épistémiques* en devenir dans les sociétés euro-occidentales où s'effectue le passage de la civilisation industrielle à la civilisation et à la raison télétechnoscientifiques. En s'accélérant, la dynamique de la métamodernité génère de nouvelles mutations en Europe-Occident et multiplie des effets pervers tels que les glaciations idéologiques, les politiques d'échec et de nationalisme régressif, les replis identitaires communautaristes entraînant les religions dans des fondamentalismes meurtriers. C'est dans l'analyse des effets contradictoires de la modernité à travers les cultures inégalement réceptives que le concept d'épistémologie historique prend toute sa pertinence. La radicalisation politique du fondamentalisme terroriste en « islam » est une des illustrations tragiques de ce que j'appelle les glaciations idéologiques dans les pays qui construisent leurs « différences » avec des récits « nationaux » de fondation bien plus aliénants pour les mémoires collectives et les individus que libérateurs.

Voici maintenant les principaux champs d'application de l'enquête sur les métamorphoses de la raison et les émergences d'une raison capable de dépasser à la fois les multiples usages aliénants ou libérateurs de la raison. Je vise les usages hérités des passés lointains et récents des cultures qui s'acharnent à réactiver des « valeurs » obsolètes (politique de traditionalisation comme le port du voile en tant que signe identitaire) et négligent de se donner les moyens de penser les dangers réels liés à l'expression de la raison télétechnoscientifique et de la violence systémique à l'échelle mondiale.

L'amont et l'aval de la connaissance

Il s'agit d'identifier les réseaux épistémiques et les outils de contrôle épistémologique qui conditionnent la validité et les fonctionnements des *régimes de vérité* et les cadres de la connaissance (magique, religieuse, métaphysique classique, théologico/philosophico-politique) qui en dérivent. Il y a un régime coranique, évangélique, biblique de la vérité qu'on ne doit pas confondre avec les régimes théologiques, exégétiques, juridiques, existentiels, conjoncturels qui se sont amplifiés en codes rigides de contrôle des connaissances « vraies », de systèmes de croyances et de non croyances aussi bien dans les régimes religieux de la vérité que dans les régimes dits laïcs, séculiers de la modernité de l'âge classique [1]. Mon insistance sur

---

1. La périodisation de ce qu'on nomme indistinctement la modernité est loin d'être fixée. Dans le parcours européen, l'âge classique commence vers 1680 et perdure jusqu'en 1945. Ces deux dates sont des repères et non des barrières, car des attitudes modernes apparaissent avant 1680 et continuent de se manifester aujourd'hui encore, même en Europe. On connaît l'étude classique de P. Hazard, *La Crise de la conscience européenne. 1680-1715*, rééd. Paris, Hachette, 1989. Effectivement, l'historien oratorien R. Simon a publié son *Histoire critique du Vieux Testament* en 1678 et celle du *Nouveau Testament* en 1689. La soumission du champ religieux à la critique philologique, puis linguistique, sémiotique et anthropologique n'a pas suivi le même rythme que les autres champs de la connaissance. L'ouverture de nouveaux champs de la connaissance critique

la distinction de la connaissance réflexive produite en amont et des connaissances courantes plus partagées en aval vise un objectif péda-gogique. Dans ma longue carrière d'enseignant, je me suis toujours heurté à deux obstacles épistémologiques permanents : l'obstacle de la croyance religieuse vécue comme une connaissance transcendante garantie par ses fondements dans la parole de Dieu; celle tout aussi obstinée et arrogante des certitudes de la posture laïciste brandissant l'athéisme comme la libération de l'esprit des croyances obsolètes des religieux noyés dans la lutte salvatrice des formes récurrentes du cléricalisme et du fondamentalisme. Ces deux postures fortes de la « raison » – car l'une et l'autre se réclament de la « raison » – nour-rissent concurremment la cohabitation conflictuelle de toutes les confusions, tous les désordres sémantiques, toutes les indigences conceptuelles largement diffusés, popularisés par les médias. On n'enseigne plus guère les règles élémentaires de la pensée métho-dique, critique, interrogative, attentive aux axiomes, aux postulats, aux thématiques, aux raisonnements propres à chaque discipline. Que d'étudiants arrêtent le cours pour opposer un dogme théologique à un raisonnement d'historien, de linguistique, ou de sociologue; dans les conférences publiques, les piétinements de la pensée critique sont à la mesure des prises de parole dans les conditions connues de tous.

Ces observations expliquent pourquoi les régimes démocratiques avancés hésitent à introduire un enseignement d'*histoire et d'anthro-pologie comparées* des religions ou des *faits religieux* comme préfè-rent dire certains pour déminer précisément des terrains dangereux. Je porte témoignage ici sur la pertinence didactique qui consiste à ne jamais aborder de front des contenus de la croyance religieuse ou des

---

par Marx, Nietzche et Freud représente des sauts épistémologiques importants par rapport à la raison des Lumières au XVIIIᵉ siècle. L'extension des acquis scientifiques de ces moments de la modernité à des traditions de pensée jusqu'ici maintenues à l'extérieur de la modernité euro-occidentale est un autre moment en voie d'expansion. M. Arkoun, *Critique de la raison islamique* (*op. cit.*) et *Islam : to Reform or to Subvert?* (*op. cit.*), s'inscrivent dans cette trajectoire visant une pratique universalisable des rationalités et des connaissances produites par les SHS sur toutes les cultures et toutes les traditions de pensée. Par delà toutes les formes de la production orientaliste ou néo-orientaliste sur l'exemple de l'islam, il est grand temps d'étendre la subversion intellectuelle et scienti-fique aux constructions « théologiques », exégétiques, juridiques, institutionnelles dans le parcours *islamique* de la pensée.

certitudes idéologiques «modernes» tant qu'on n'a pas bien délimité les cadres épistémiques et épistémologiques dans lesquels se
déploient les divers raisonnements analytiques, explicatifs et descriptifs. Je sais qu'à cet égard la formation des maîtres capables d'enseigner efficacement l'histoire et l'anthropologie comparées des faits
religieux demeure très éloignée des programmes et des pratiques péda-
gogiques adéquats. Je ne peux en dire plus ici. Je rappellerai cependant
que dans les pays où l'islam est la religion officielle, l'enseignement
que je vise ici est proprement *impensable*. On enseigne au mieux la
mytho-histoire de l'islam comme la seule *religion vraie*; au pire, la
mytho-idéologie d'un islam imaginé, mutilé, sans lien avec les SHS,
tant il est réduit à des expressions ritualistes d'une identité affichée
plus que de la foi personnelle, et à des slogans mobilisateurs pour
combattre efficacement l'*agression intellectuelle*» (*ghazw fikrî*) de
l'Occident[1].

On verra par exemple qu'on ne peut confondre l'amont
chronologique d'une religion (les juifs parlent de la religion première
chronologiquement pour souligner les dépendances du christianisme
et de l'islam apparus bien après le judaïsme) et l'amont de l'axio-
logie qui commande un ordre de connaissances, de vérités et de
classification des sciences. Cette investigation doit être étendue à la
temporalité très longue des religions. Je pense aux parcours de la Bible
hébraïque à l'État d'Israël; du Coran aux Partis-États nationalistes et
aux mouvements fondamentalistes actuels; du statut théologique de la
Parole de Dieu au statut linguistique, donc humain du discours prophétique; puis aux statuts des interprétations et commentaires produits au
cours du temps par la grande diversité des communautés interprétantes
ou par les analystes modernes des discours. Tout cela donne lieu à des
différenciations décisives et un travail très clarificateur et démytho-

1. Dans le cadre de cet article, je ne peux passer en revue les exemples du judaïsme,
des catholicismes latin et orthodoxe et des divers protestantismes. Il y a des différences
importantes; mais le souci des orthodoxies et la foi dans la religion «vraie» continuent de
limiter, de fausser, donc de retarder la connaissance et l'enseignement des données
constitutives communes à tous les faits religieux. Seule l'acquisition de ces connaissances par tous dans des espaces de parole libre et critique, permettra de réfléchir à
nouveaux frais, aux conditions de possibilité d'éventuelles théologies de la foi dans
chaque tradition.

logisant sur les données de l'amont et les constructions changeantes, concurrentes, polémiques, arbitraires ... produites en aval.

La dialectique des puissances et des résidus

Je me suis beaucoup expliqué sur cette approche anthropo-historique et sociologique des parcours historiques de toutes les sociétés, leurs systèmes de croyances et de pensée, leurs dynamiques internes et leurs environnements extérieurs. Les religions sont indissociables de cette complexité; on ne peut donc les comprendre par leurs seules expressions doctrinales. Depuis Vico, Montesquieu, Machiavel, Ibn Khaldoun, ... jusqu'aux sociologues contemporains, les recherches en sciences sociales ont testé les trois propositions heuristiques suivantes: l'*institution sociale de l'esprit* (Jean de Munck); la *construction sociale de la réalité* (Peter Berger) et la *production imaginaire des sociétés* (Constantin Castoriadis). Ces propositions illustrées par un grand nombre de travaux, modifient radicalement le regard porté sur l'histoire et les systèmes doctrinaux des religions. Dans toutes les sociétés, on retrouve les tensions plus ou moins vives, fécondantes ou appauvrissantes, entre *les quêtes de sens et les volontés de puissance.* En contextes de modernité, la *Macht* et la *Realpolitik* fabriquent leur «légitimité» avec le discours à double critère: légitimation des guerres de conquête présentées comme des guerres *justes* depuis que ce concept a été travaillé théologiquement par saint Augustin pour protéger la Vérité chrétienne face aux violences des «barbares». Le discours idéaliste des religions mono-théistes renforcé par celui de la métaphysique classique, travestit encore aujourd'hui les politiques de conquête et de domination avec le discours laïc des droits de l'homme, des initiatives humanitaires, d'éducation à la démocratie, etc. La course au statut de victime, le droit d'ingérence pour l'action humanitaire s'ajoutent désormais à la panoplie des argumentaires de légitimation dans les guerres inégales entre les dominés et les dominants [1].

---

1. Pour plus de développements sur la portée anthropologique de la dialectique des puissances et des résidus, je renvoie à M. Arkoun, *Humanisme et islam, op. cit.,* chap. 3.

Les grandes disciplines de la connaissance critique

Parce que les religions interviennent dans tous les domaines et à tous les niveaux de déploiement et de formation du sujet humain, toutes les disciplines scientifiques doivent être convoquées. Cependant, celles qui sont en train de bouleverser la notion même de personne humaine doivent avoir la priorité. Je pense aux sciences de la vie qui ont obligé à créer des Comités d'éthique pour réfléchir sur la protection de la vie et de la dignité humaines. Viennent ensuite les SHS : la linguistique, la sémiotique et la sémiologie ; l'histoire *« comme anthropologie du passé et archéologie de la vie quotidienne »* ; l'anthropologie comme *critique des cultures* ; la géohistoire ; la psychologie et la psychanalyse ; l'archéologie des savoirs et leur transmission ; les diverses branches de la philosophie. Un seul *chercheur-penseur*[1] ne peut maîtriser toutes ces disciplines à la fois ; mais il doit être au courant de leurs débats spécifiques, de leurs acquis les plus décisifs pour faire progresser la critique exhaustive de tout ce qui engage l'émancipation de la condition humaine. Il est nécessaire en effet d'identifier partout les lieux (*topoi*) prioritaires de l'interrogation et de l'investigation sur les transformations et les fonctions positives et négatives des trois traditions monothéistes. Je mentionnerai la Parole de Dieu, la Révélation, le Discours prophétique dans les trois Corpus Officiels Clos (COC) que sont devenus la Bible, les Évangiles et le Coran ; puis les corpus interprétatifs produits par les Communautés interprétantes au cours de leur histoire ; la notion et les fonctions des grandes Traditions dites vivantes ; leurs transformations et leurs pesanteurs sociologiques sur les progrès ou les régressions qu'elles génèrent. On retiendra les effets de l'emprise du religieux institutionnalisé et idéologisé, et inversement l'*étatisation* des religions dites officielles ; la pensée fondationnelle *versus* fondamenta-

---

1. J'utilise ce concept pour distinguer la recherche réflexive de la recherche érudite, accumulative, visant l'exhaustivité des faits plus que l'intelligibilité, la déconstruction et l'archéologie des savoirs, des croyances, des systèmes de représentation et d'interprétation de la réalité. Je distingue aussi le chercheur-penseur qui applique les interrogations aux données fiables et validables de la recherche, du penseur-chercheur préoccupé d'abord de spéculation sur la vérité comme la théologie en quête d'approfondissement d'une Vérité déjà là, offerte par Dieu ou des Sages anciens consacrés.

liste (*usûliyy* versus *usûlawiyy*) et l'*impossibilité de fonder* dans l'âge de la pensée jetable et de la *genèse destructrice* du sens et des valeurs [1].

La sortie de l'ignorance structurelle et institutionnalisée est-elle possible ?

Par delà le travail de «*sortie de la religion*», il est urgent d'étendre à la modernité les trois opérations subversives : *transgresser*, *déplacer*, *dépasser* [2].

La question herméneutique

Cette question surgit à toutes les étapes en amont et en aval. Il convient de hiérarchiser les portées et les fécondités des divers protocoles de lecture des textes fondateurs et des textes seconds ou dérivés ; il faut accompagner tout acte herméneutique d'enquêtes complémentaires de consolidation : je pense notamment à la sociologie de la réception et des rejets des discours et des textes interprétatifs ; et à l'élucidation des conditions du passage de l'étape de l'historicisme historico-critique à celle de la subversion [3] des héritages mytho-historiques et mytho-idéologiques.

Les lieux (*topoi*) de la subversion dans les Principes de l'herméneutique déconstructive : Langue →← Histoire →← Pensée ; Violence →← sacré/saint →← Vérité [4].

Du dialogue interreligieux et interculturel ou de l'Alliance des civilisations comme «mythe contemporain» au dépassement des héritages obsolètes pour mieux valoriser le patrimoine commun de l'humanité. Il reste à mieux définir les critères d'identification des œuvres, des créations, des conduites dignes d'être intégrées dans ce

1. Voir M. Arkoun, *La pensée fondationnelle et l'impossibilité de fonder dans la pensée islamique contemporaine* (en arabe), Beyrouth, Dar al-Saqi, 2001. Pour tous les concepts techniques mentionnés dans ce paragraphe, je renvoie à *Pour sortir des clôtures dogmatiques*, Paris, Grancher, 2007.

2. Voir M. Arkoun, *Humanisme et islam*, *op. cit.*, chap. 3.

3. Voir M. Arkoun, *Islam : to Reform or to Subvert ?*, *op. cit.*, et *Al-Qur'ân : Min al-tafsîr al-mawrûth ilâ tahlîl al-khitâb al-dînî*, Beyrouth, al-Tabî'a, 2004.

4. Voir M. Arkoun, *Pour sortir des clôtures dogmatiques*, *op. cit.* et *Islam : to Reform or to Subvert ?*, *op. cit.*

patrimoine. La reconnaissance des traits distinctifs des trois monothéismes fait partie de ce travail commun d'identification. Du fait de
son antériorité chronologique, le judaïsme est un référent obligé pour
le christianisme et l'islam; l'émergence de celui-ci comme intervention ultime du Dieu Un dans l'histoire du Salut et l'histoire terrestre
des hommes, complique les rivalités et les doctrines d'exclusion
réciproque jusqu'à nos jours.

Présentation des trois monothéismes

Premières réflexions

Il s'agit de refaire le travail de problématisation et de
reconceptualisation des *faits religieux* en partant des données
contemporaines sur la réactivation des enseignements, des valeurs et
des visions du monde propres aux religions monothéistes face à deux
défis propres à la phase actuelle de mondialisation des conditions
d'émancipation des hommes en société et du sujet humain soumis à de
nouvelles limitations. Le premier défi est celui de l'égalité d'expression et de réalisation historique de soi accordée à toutes les religions,
les plus anciennes et les plus récentes, là du moins où les principes de
la démocratie sont effectivement appliqués. Ce défi oblige les parlements et les tribunaux à se réinterroger sur le concept même de religion : la définition anthropologique du fait religieux ne peut entériner
les statuts théologiques imposés aux « sectes » par les religions
officielles d'hier et d'aujourd'hui. L'islam continue de combattre les
« sectes » dites hétérodoxes comme le Bahâïsme en Iran, ou l'ismaé-
lisme qui a conquis une haute respectabilité internationale grâce aux
ouvertures humanistes bien connues de l'Imam Aga Khan en fonction
depuis plus de 50 ans. Il reste que chaque religion monothéiste
demeure un défi théologique pour les deux autres. Les rapports entre
juifs et chrétiens ont beaucoup évolué depuis Vatican II et surtout sous
la lourde culpabilité générée par l'holocauste non seulement pour la
conscience chrétienne, mais pour la conscience européenne moderne,
laïque et athée. On verra ce qu'il en est pour l'islam.

Le second défi touche toutes les religions et toutes les cultures,
puisqu'il s'agit des ruptures épistémiques et épistémologiques

successives intervenues en Europe seulement depuis le passage de ce qu'Alexandre Koyré a appelé dans son livre marquant : *Du Monde clos à l'Univers infini*[1]. Ce défi est plus crucial et lourd de conséquences pour l'esprit humain lui-même que le précédent. Nous savons, en effet, que l'attitude constante des trois traditions monothéistes est d'ignorer, résister, voire condamner juridiquement les grandes *révolutions scientifiques* qui honorent la raison humaine et consacrent son indéniable fiabilité dans l'ordre de la connaissance scientifique et de la critique intellectuelle. Cette constatation est confirmée par l'histoire comparée de la raison philosophique et scientifique et celle de la raison religieuse dans ses productions théologiques, exégétiques, « mytho-historiques » et même morales et spirituelles. Si le Vatican exerce aujourd'hui un Magistère spirituel relativement respecté, c'est parce que les papes depuis Jean XXIII ont libéré l'Église de son opposition séculaire à la modernité et à la raison scientifique.

Les tensions entre raison religieuse et raison philosophique remontent jusqu'à l'antiquité tardive quand l'Église catholique devient, après la conversion de Constantin, une institution cumulant le contrôle du pouvoir politique et l'exercice du Magistère spirituel. Les controverses se complexifient quand l'islam en voie d'émergence, puis d'expansion rapide dans l'espace méditerranéen, devient lui aussi l'instance concurrente d'un Empire régi par une autre version de la Loi dite aussi divine et politiquement plus puissante jusqu'au XIIIe siècle au moins. Elle connaît même un regain de puissance militaire, mais pas intellectuelle et culturelle avec l'expansion de l'Empire ottoman à partir de 1453 (prise de Constantinople). L'islam dans sa première grandeur (661-1258) recueille aussi l'héritage du *logos* grec et ses confrontations avec les constructions théologiques de la foi chrétienne. Quand l'islam s'exprime sous la protection d'un État impérial, il est contraint de construire une théologie spéculative, mais sans cesse mêlée aux impératifs de l'apologie offensive ou défensive selon les rapports de force changeants avec les concurrents juifs et chrétiens sur la surenchère mimétique pour gagner ou conserver le statut de la *religion vraie*. La construction simultanée d'un droit musulman

1. Paris, Gallimard, 1991.

positif (*fiqh*) enraciné dans La Loi divine (*sharî'a*) envenime les tensions entre raison religieuse islamique et la raison philosophique davantage liée aux corpus platonicien et aristotélicien qu'à ceux du Coran et de la Tradition prophétique. Les mêmes tensions se retrouvent dans les exemples du judaïsme et du christianisme.

L'histoire politique constate et narre les luttes pour l'hégémonie politique, militaire, économique, commerciale dans l'espace méditerranéen. L'histoire de la pensée occupe son domaine propre tout en s'inscrivant paresseusement dans la périodisation fournie par l'histoire politique, dédaignant encore à ce jour les coupures spatiotemporelles que connaissent les réseaux épistémiques dont il a été question. En outre, l'histoire de la pensée accepte tout aussi paresseusement de fragmenter son propre territoire en histoire des littératures, des arts figuratifs, de la théologie, de la philosophie, des langues, des religions… Pourtant, si on entend par pensée l'ensemble des activités, des créativités, des productions des facultés de l'esprit (raison, imagination, imaginaire, l'imaginal, la mémoire individuelle et la mémoire collective, la conscience et la psyché, …), on peut dire que les religions mobilisent toutes ces facultés à la fois au stade de leur production, de leurs expansions par la parole, l'écrit, les arts, l'architecture, la musique, la pratique politique, le droit, l'éthique, les rituels, les célébrations, le temps objectif, le temps subjectif, le temps cosmique, le temps eschatologique, les espaces sacrés et profanes, le surnaturel, le saint et la sainteté, etc. …

Ce que nous appelons les cultures ont entériné ces fragmentations du vécu que les religions ont fortement liées pour organiser des structures vastes où s'inscrivent et se déploient les *implicites vécus* de toute existence humaine. J'insiste ici sur la distinction entre les *implicites vécus* et les *explicites connus* de toute existence humaine dans tous les temps et toutes les cultures. Prenons les exemples nombreux de toutes les grandes *Figures Symboliques Idéales* (FSI) construites par les imaginaires sociaux dans tous les parcours historiques de l'espèce humaine. Le cas d'Abraham pour le monothéisme nous suffira ici. Figure mythique ou acteur historique réel, Abraham n'existe pour les croyants comme pour les incroyants que par les contenus explicités dans des récits dont les versions diffèrent dans les trois traditions monothéistes. Jamais personne n'a connu ou ne connaîtra les implicites vécus par Abraham comme acteur vivant de l'histoire. Il en va de même pour Moïse, Jésus, Muhammad ; et plus généralement, mais avec beaucoup moins d'enjeux, pour chaque être humain. L'explicite connu est lui-même très difficile à cerner, analyser, situer, valider ou infirmer. Or les acteurs sociaux ne cessent de se diviser, de lutter, de travailler pour faire valoir ce que chacun explicite comme du connu. C'est quand on touche au croire en général que le rôle de l'implicite vécu et de l'explicite affirmé comme connu prend des dimensions incommensurables.

Cela pose la question de la validation du croire et de ce qui distingue le croire du connu aussi bien dans le domaine de la foi fondée sur le croire que de la connaissance scientifique fondée sur l'explicite connu. La quête de validation est une autre manière de nommer le principe de falsification pour assurer plus de fiabilité à une position théorique, à une expérience de laboratoire ou à toute interprétation dans le travail herméneutique. Quand il s'agit de l'exploration critique du champ religieux, nous savons que l'attitude croyante s'abrite toujours derrière la dénonciation de la connaissance réductrice proposée par les chercheurs scientifiques qui ne partagent pas les contenus orthodoxes de la foi. Et il est vrai que les savants s'abritent eux aussi derrière la primauté et la priorité de l'objectivité impassible de toute activité scientifique. La quête de validation est l'effort intellectuel ascétique requis aussi bien dans le cas du croire comme contenu de la foi que dans celui de la connaissance homologuée par les praticiens des sciences de l'homme et de la société. Je laisse de côté le cas de ce qu'on appelle les sciences dures. Car mon objectif ici est de penser les problèmes pratiques que pose tout enseignement des faits religieux dans les cadres épistémiques très différents qui conditionnent les niveaux et les qualités de réception des élèves d'une même classe appartenant à des cultures très décalées les unes par rapport aux autres. Tous les enseignants comprennent ici les enjeux et les obstacles.

La validation est une opération incontournable dans toute construction et toute transmission didactique aussi bien des savoirs d'experts que des connaissances engageant les émotions, les sentiments et les sensibilités du sujet. En tant que chercheur et enseignant dans le domaine très controversé de l'histoire de la pensée islamique, j'ai découvert l'arrogance de l'attitude positiviste des grands érudits et l'agressivité incontrôlable et obscurantiste des soi-disant défenseurs des *droits de Dieu*. Dans l'exercice de mon métier d'enseignant, j'ai été amené à lier étroitement la rigueur méthodique du chercheur érudit et l'exigence critique du penseur qui prend en charge les difficultés du croyant à entrer dans les processus techniques de validation de la connaissance. Pour désigner ce double mouvement d'une position vers l'autre, j'ai utilisé le concept de *chercheur-penseur* et non de *penseur chercheur*, car la pensée en quête de validation doit s'exercer sur des connaissances déjà validées par le chercheur soucieux d'objectivité, d'exhaustivité, d'adéquation descriptive et explicative.

Plusieurs faits montrent les incompréhensions qui retardent la transmission adéquate des connaissances scientifiques sur les religions. Les chercheurs soutiennent qu'il appartient aux croyants d'acquérir la culture scientifique nécessaire pour en partager les acquis incontournables ; mais les États laïques démocratiques ont écarté des programmes d'enseignement les outils d'analyse historique et doctrinale des religions ; ils ont laissé la gestion des savoirs aux personnels religieux dont le souci principal est de protéger les systèmes orthodoxes de croyances et de non croyances sur lesquels repose la « légitimité » des pouvoirs en place. Cela est vrai pour le christianisme jusqu'aux fracas des révolutions politiques en Europe et plus particulièrement en France où la symbolique du pouvoir lié au sacre du roi à Reims a été abolie avec l'exécution de Louis XVI au nom du peuple souverain. Abolie juridiquement, institutionnellement, la souveraineté de Dieu va aussi s'effacer avec le triomphe de la culture de l'incroyance.

En islam, il y a du politique déjà dans le discours coranique ; mais il y a étatisation de la religion naissante dès l'installation de la dynastie omeyyade à Damas en 661. Plus jamais l'islam comme *modalité de l'expérience humaine du divin* ne connaîtra une autonomie réelle à l'égard du pouvoir étatique, ou même de pouvoirs locaux exercés par de modestes émirs ou plus gravement encore des chefs de confrérie. On pouvait espérer que les États nationaux postcoloniaux mettraient fin à cette confiscation séculaire de l'autonomie de l'expérience humaine du divin ; mais de tous les « leaders » ou « chefs historiques » qui on accaparé le contrôle des États, seul le Tunisien Bourguiba (après Atatürk) a eu le courage politique d'appliquer sa vision républicaine de l'État marquée par la culture laïque de la IIIe République française. On sait ce qu'il a fait sans aller cependant jusqu'à expliciter comme je le fais ici, les enjeux majeurs de quelques réformes acceptées par une opinion nationale euphorique et confiante dans un avenir moderne. Hassan II avait la même culture et les mêmes informations ; mais le poids lourd d'un Makhzen remontant à la première dynastie Idrisside (début du IXᵉ siècle) et les menaces dangereuses des idéologies communistes, guévaristes et arabistes ont imposé une politique de traditionalisation (*tasnîn*) bien analysée en son temps par Abdallah Laroui. L'incurie de bien des « intellectuels » militants de gauche et de droite, s'est ajoutée à l'inculture des décideurs politiques pour favoriser la prise en otage de l'islam dans une surenchère mimétique des régimes en place et des oppositions fondamentalistes qui ont abouti aux massacres que l'on connaît.

Le judaïsme mérite de longs développements dans la perspective de l'histoire réflexive où l'islam interviendra certes comme protagoniste historique et politique, mais plus que d'habitude comme ensemble d'*apories* jamais encore prises en considération, aussi bien dans les contentieux entre les trois monothéismes que dans ceux plus décisifs encore, que soulève quotidiennement la réactivation en cours des faits religieux et la raison « transmoderne » et déjà « métamoderne ». J'aborderai ce programme ambitieux dans la deuxième partie de cette étude. Je me contenterai donc ici de quelques rapides observations sur le judaïsme et l'islam notamment.

Il est indéniable que la Thorah a nourri, éclairé, consolidé l'*ethos* irréductible de l'existence et de la conscience juives dans les moments les plus tragiques et sous les dominations les plus humiliantes. Je me souviens d'une proposition dense formulée par André Néher lors d'échanges fréquents que j'ai eus avec lui à l'université de Strasbourg. *Les juifs*, disait-il, sont *le test des cheminements de la liberté dans le monde*. C'était en 1956 pendant la guerre de Suez. Il a répété cette même proposition dans une conférence publique toujours à Strasbourg. J'étais d'autant plus intrigué par une formulation si assurée que la guerre de Suez venait de se greffer sur la guerre d'Algérie en cours depuis Novembre 1954. Je me suis interdit cependant d'avoir la réaction courante en transférant un débat de haute importance aux déchirures politiques que vivaient les Algériens et à l'alliance scandaleuse du jeune État d'Israël avec deux puissances coloniales. Ce fut pour moi, jeune étudiant blessé par les guerres en cours, la première victoire intellectuelle qui me sert de repère encore aujourd'hui et aussi de point d'appui pédagogique dans mon enseignement et mes débats à travers le monde.

Une autre anecdote personnelle est aussi éclairante au sujet de ma relation personnelle aux juifs d'abord en Algérie encore française, au judaïsme ensuite. J'ai passé deux ans à l'école primaire d'Aïn-el-arba, un riche village viticole au sud-ouest d'Oran, où juifs et chrétiens étaient presque aussi nombreux que les Algériens « indigènes ». J'avais une curiosité irrésistible de voir et d'écouter un office dans la synagogue, comme je l'avais fait dans l'église grâce à des camarades de classe. Je n'y suis jamais arrivé. Mon père y était d'autant moins opposé qu'il fréquentait régulièrement les juifs du village ; mais il craignait l'opinion ambiante qui ne comprendrait pas. Cela renseigne sur la rigidité des frontières et des interdits tacites dans une société où les préjugés de la mentalité coloniale s'additionnent aux enferme- ments dans les clôtures dogmatiques que chaque communauté nomme avantageusement la foi. Cet exemple renvoie à des siècles de coha- bitation des trois religions dans un même espace social, politique et linguistique sans qu'aucune initiative n'ouvre les possibilités d'une transgression des fausses connaissances et des sacralisations aliénantes. À ce jour, ce genre d'exclusions réciproques continue de sévir en ajoutant les haines idéologiques aux contraintes des puretés rituelles.

Dans ma longue fréquentation des juifs et des chrétiens à travers le monde, il m'a été donné d'assister à des offices catholiques, ortho- doxes, protestants, maronites, coptes, bouddhistes ; mais deux fois seulement à des offices juifs en compagnie d'autres personnes. Je n'ignore pas bien sûr que les non-musulmans ne peuvent fouler le sol sacré de la Mecque et encore moins pénétrer dans les mosquées. La visite des mosquées est interdite dans certains autres pays ; elle est strictement réglementée dans d'autres, même pour les femmes musulmanes qui se risqueraient d'entrer sans un voile…

Je retiens de mes fréquentations et de mes lectures, qu'il existe un *ethos* à la fois spirituel et intellectuel juif irréductible à ceux qu'on observe chez les chrétiens et les musulmans. J'ai entendu des méde- cins, des musiciens, des biologistes, des mathématiciens parler avec ferveur des joies intimes qu'ils puisaient dans la lecture, la récitation, la citation de la Thorah. Je me suis toujours demandé si ces joies sont semblables aux élans émotionnels que tout juif ressent parce que la parole de la Thorah véhicule et récapitule sans discontinuité la mémoire existentielle du peuple juif. Elle est à la fois l'espace de projection des vécus de chacun et la source inépuisable de l'espérance, des légitimations et de paix intérieure. On retrouve les mêmes fonctions dans la parole devenue texte fondateur pour tous ceux qui en vivent. C'est pourquoi, la même interrogation s'applique aux Écritures chrétiennes et au Corpus d'énoncés et de traces qu'est aussi le Coran. Il est vrai que l'existence juive durant la très longue Diaspora jusqu'à la création de l'État d'Israël en 1948, a reçu de la Thorah autant que celle-ci a accru ses ressources spirituelles de toutes les traces qu'elle recèle des heurs et malheurs de ceux qui en vivent. C'est à cette interaction fécondante que renvoie sans doute la proposition d'A. Néher. On peut alors parler d'un *ethos* spirituel et existentiel du peuple juif irréductible à d'autres. Ce point mérite un examen plus approfondi pour ne pas céder à l'apologétique.

La différence réelle qu'on doit retenir par rapport au christianisme et à l'islam tient à ce fait historique massif que les juifs ont vécu en minorités souvent humiliées dans les contextes chrétiens et musulmans. L'accusation de peuple déicide a été difficile à surmonter. Et l'émancipation des juifs par la Révolution française n'a pas mis un terme à l'antisémitisme. Les juifs ont gardé la mémoire de leur statut de protégés (*dhimmî*) sous le califat et le sultanat musulmans. Il y a aussi les lourds contentieux théologiques ouverts dans le Coran déjà à l'égard des *peuples du Livre*. Tout cela ressort aujourd'hui dans les livres, les polémiques, les argumentaires totalement coupés des contes historiques pour mieux enflammer les imaginaires et les désirs de vengeance. La solidarité historique et spirituelle d'un peuple qui compte aujourd'hui 15 à 16 millions de fidèles est ainsi devenue plus efficace et durable que celle d'une Communauté (*Umma*) ou d'une Église (initialement *ekklesia*, assemblée) qui comptent plusieurs peuples devenus des États-nations.

Les judéo-gentils décrits récemment par E. Morin dans *Le Monde moderne et la Question juive*[1] entreront volontiers dans la stratégie cognitive d'une relecture radicale des trois monothéismes telle que je la préconise dans cet essai. Jean Daniel, un autre judéo-gentil très

---

1. Paris, Seuil, 2007.

connu, écouté et influent, a eu le courage intellectuel d'écrire un livre intitulé *La prison juive*[1]. Dans un débat public sur ce livre lors de sa parution, j'ai déclaré que je signerai volontiers un livre équivalent sous le titre *La prison islamique*. Je le fais d'ailleurs à ma façon dans mes ouvrages, mes articles et mes innombrables conférences à travers le monde. En 1984, j'ai publié ma *Critique de la raison islamique* prolongée et élargie dans *The Unthought in Contemporary Islamic Thought*. L'un et l'autre proposent de vastes programmes de recherche qui recouvrent les analyses et les visées de Jean Daniel dans *La prison juive*. Cette convergence intellectuelle illustre clairement ce que j'appelle la raison émergente ou la raison métamoderne. Elle autorise à comparer le repliement juif sur la Thorah et les corpus de la croyance qui l'accompagnent pour vivre leur histoire, à celui des musulmans sur ce que j'appelle les *corpus officiels clos* de la croyance orthodoxe, le Coran occupant une place homologue à celle de la Thorah. On ne peut minimiser l'urgence et la nécessité de ces entreprises scientifiques en réponse aux usages indécents de la religiosité émotionnelle des foules que la *Machtpolitik* de l'Occident et les oppositions fondamentalistes entretiennent sans discontinuité depuis la création de l'État d'Israël.

Car on ne peut évaluer les fonctions des trois expressions du monothéisme sans s'arrêter longuement non pas tant à la naissance politique d'un État en Palestine, mais aux significations des forces et des processus « spirituels », intellectuels, culturels qui ont conduit à faire de l'incomparable richesse symbolique de la cité de Jérusalem la capitale politique d'un État politique qui engage tout ce qui été conçu, vécu, déployé, enrichi, adoré, cultivé (au sens de cultes et de cultures multiples) au nom de l'Alliance elle-même retravaillée, réappropriée dans trois grands parcours de l'existence humaine. Quelle recherche, quelle pensée, quelles connaissances, quelles autocritiques, quelles récapitulations de tant de mémoires abolies, effritées, souillées, quels pardons, quelles mortifications, quelles réparations en dollars ou en euros (!!!!) pourront jamais redonner du sens, de la valeur, de la beauté, de la puissance créatrice, de l'inépuisable espérance à Jérusalem capitale politique d'un État qui doit rendre compte des

---

1. Paris, Odile Jacob, 2005.

conditions historiques de sa création, de la gestion de sa légitimité depuis 60 ans. Je m'empresse d'ajouter à cette exigence intellectuelle avant d'être morale – car la notion même d'Éthique attendra longtemps pour être réhabilitée – que l'ensemble de la « conscience arabe » et de la « conscience islamique » ne pourront pas camper sur leur statut de victimes; elles doivent aussi rendre compte de leur gestion politique de la symbolique de Jérusalem et donc de leur gestion spirituelle, morale et intellectuelle de l'Alliance selon la modalité islamique.

Je viens de parler de « conscience arabe » et de « conscience islamique ». Les guillemets signalent qu'elles n'ont encore l'une et l'autre qu'une existence potentielle. Elles peuvent précisément se forger et s'imposer de façon durable et crédible dans le jeu complexe des forces qui font l'histoire présente, que dans la nouvelle gestion des enseignements non seulement des soixante ans de refus d'Israël, mais d'abord et plus radicalement, de tous les parcours historiques qui font partie de ce que j'ai appelé la *Tradition islamique exhaustive*[1]. L'idée d'une conscience arabe ou islamique n'a rien à voir ni avec les rêveries entretenues concurremment par Nasser et les leaders du Ba'th sur « *La Nation arabe Une porteuse d'une mission éternelle* », ni avec la vision messianique d'une vaste *Umma* islamique. La conscience est par définition la clarté et la rigueur critique de la relation à soi du sujet individuel et du sujet collectif. En cela, la conscience diffère aussi des représentations idéalisées de soi que se font, les individus, les communautés et les nations.

À cet égard, on doit noter les conduites du Vatican aussi bien à l'égard de la question juive qu'au sujet des procès injustes faits à des penseurs et des scientifiques comme Galilée. Dans les deux cas, le magistère catholique a recouru au pardon. Je reconnais la richesse spirituelle du pardon quand le destinataire s'élève à la même conscience de la faute contre les droits de l'homme citoyen et les droits de l'esprit qui fait la dignité de l'homme par delà la vie citoyenne. Or l'analyse objective de certains gestes de pardon n'ont pas justement suscité chez certains destinataires cette réciprocité des consciences qui permet

---

1. Sur ce concept peu connu, voir M. Arkoun, « L'islam actuel devant sa tradition et la mondialisation », dans *Islam et changement social, op. cit.*

une communion dans la volonté de cheminer désormais ensemble dans les conditions nouvelles de la relation humaine créées par la grandeur du pardon. Je pense ici à des cas précis de pardon accordé et de pardon réclamé avec insistance, mais refusé. Je ne puis donner plus de précisions. Toute la gestion spirituelle et morale de la Shoah est ici en jeu.

On sait que le pardon ne supprime pas les contentieux qui relèvent des régimes de vérité dont chaque tradition se réclame. Ainsi, la genèse du judéo-christianisme est plus le fait des chrétiens que des juifs. Les premiers ne peuvent se passer des données de la Bible devenue l'Ancien Testament avec la montée du Nouveau Testament; les seconds refusent de se dissoudre dans les faits accomplis historiques d'un épisode juif avec Jésus de Nazareth devenu un Empire après la conversion de Constantin. Un Empire et une Église qui va cultiver l'héritage linguistique, intellectuel, culturel et même cérémonial gréco-romain de plus en plus éloigné de la logosphère sémitique. Si le dialogue judéo-chrétien a abouti à des apaisements sans équivalents dans le dialogue islamo-chrétien, la frontière reste infranchissable sur la question centrale de la christologie. Dans un récent livre au titre à la fois provoquant et programmatique[1], Gérard Israël donne un état mesuré de cette question complexe. Il ne répond pas de façon pertinente à la position ferme exprimée par le pape actuel quand il était Cardinal. Dans un document publié sous le titre *Dominus Jésus, Sur l'unicité et l'universalité salvifique de Jésus-Christ et de l'Église*, on lit ce passage :

> On doit donc tenir fermement la distinction entre la foi théologale et la croyance dans les autres religions. Alors que la foi est l'accueil dans la grâce de la vérité révélée…, la croyance dans les autres religions est cet ensemble d'expériences et de réflexions, trésors humains de sagesse et de religiosité, que l'homme dans sa recherche de la vérité, a pensés et vécus, pour ses relations avec le Divin et l'Absolu[2].

Je consacrerai un long examen aux ouvertures que cette position appelle du côté de l'islam. Pour clore cette première partie de mon

---

1. *Jésus est-il Dieu ?*, Paris, Payot, 2007.

2. Cité dans la *Lettre n° 66* (Novembre 2000) du Secrétariat pour les Relations avec l'Islam.

cheminement, j'ajouterai quelques observations sur les relations entre judaïsme et islam jusqu'à la création de l'État d'Israël. Les spécialistes juifs de l'islam sont beaucoup plus nombreux et surtout reconnus par la communauté scientifique comme plus capables que les musulmans de parler du judaïsme avec autorité. Cette inégalité en dit long déjà sur les lacunes, les ignorances, les ruptures de la tradition islamique et des musulmans avec la religion première, la Bible et bien sûr les Évangiles. Pourtant le Coran en a longuement parlé positivement et négativement. Les déchirures, les blessures, les massacres, les destructions, les rages accumulés depuis 60 ans, colorent comme on peut le deviner les retentissements dans la sensibilité musulmane des énoncés concernant les juifs et les chrétiens. Ce chapitre nouveau des fonctions changeantes des textes fondateurs sacralisés et sacralisateurs, doit être écrit un jour. J'ai déjà indiqué que l'islam et les musulmans ont délaissé leur propre héritage célébré comme l'âge d'or de leur histoire, mais sous-étudié et largement ignoré, mal enseigné jusqu'à nos jours. L'histoire réflexive de la pensée islamique est quasi absente. Depuis les grandes confrontations théologiques de l'islam classique, il n'y a plus de recherche théologique capable de reprendre les lieux (*topoi*, thèmes) de rupture radicale introduits par le Coran sur les fondements de la foi juive et de la foi chrétienne. Je pense aux versets qui dénoncent l'altération des Écritures (*tahrîf*) par les «peuples du Livre»; à la polémique avec les juifs qui ont déclaré qu'un certain 'Uzayr est le fils de Dieu; au rejet bien connu de la crucifixion, la résurrection et la nature divine de Jésus. Les 'ulamâ d'aujourd'hui solidement campés sur des positions politiques radicales à l'égard de l'État d'Israël, se contentent de se retrancher «théologiquement» disent-ils, derrière le fragment de verset trituré, décontextualisé comme tant d'autres : « *à vous votre religion; à moi la mienne* ».

Il y a pourtant des chantiers d'une grande fécondité à explorer ensemble dans une quête commune sur les lieux théologiques les plus controversés. Ce travail ne relève pas du dialogue où l'on échange des amabilités; seuls les chercheurs confirmés peuvent le conduire selon les programmes indiqués ci-dessus sur les problèmes de l'amont. Les liens conceptuels, rituels et normatifs (loi religieuse) entre judaïsme et islam, l'élaboration de la *sharî'a* et de la *halakha* ont été souvent soulignés par de nombreux historiens. On lira à cet égard une

excellente mise au point critique par Norman Roth dans l'article
«*Dhimma*: Jews and Muslims in the Early Medieval Period»[1].
Cette étude offre un double avantage : elle signale les insuffisances
scientifiques, voire les tendances idéologiques de travaux signés
par des spécialistes renommés depuis les recherches pionnières de
M. Steinschneider (1893 et 1902) et B. Baldi (1874) jusqu'aux plus
récents (B. Lewis, D.S. Goitein, W. Fischel, ...); elle dessine une
approche plus centrée sur les liens linguistiques, culturels, religieux
entre juifs et musulmans que sur les points de friction, d'opposition
exploités avec un esprit polémique trop souvent dicté par les
idéologies de combat des conflits anciens et contemporains. On peut
ainsi mesurer à quel point même la recherche dite scientifique se laisse
dévier par les passions qui commandent plus que jamais un domaine
crucial de l'histoire des représentations, des mémoires collectives, des
systèmes de pensée dans l'espace méditerranéen.

Considérons un autre exemple de grande actualité. Il s'agit de
l'encyclique de Jean-Paul II sur *Foi et Raison* (*Fides et ratio*) publiée
en 1995. L'ouvrage a eu du succès auprès des fidèles chrétiens; mais
pas chez ceux des deux autres religions parentes pour engager notamment un débat de haut niveau. Alain de Libera historien connu de la
pensée médiévale incluant l'islam, a consacré un épais volume au
même sujet traité selon les règles de la critique historique : *Raison
et foi. Archéologie d'une crise d'Albert le Grand à Jean-Paul II*[2].
L'auteur de *Penser au Moyen Âge* a eu le mérite d'enrichir l'histoire
de la philosophie en multipliant les parcours de différents réseaux
épistémiques dans un espace médiéval incluant, je le répète, le protagoniste intellectuel, théologique et philosophique *Islam* en un temps
où les penseurs de l'islam étaient incontournables. En présentant
la lignée d'Albert le Grand à Jean-Paul II, Libera remet en lumière
un parcours philosophique secondarisé par celui de Thomas d'Aquin
devenu la référence obligée de la théologie catholique jusqu'à nos
jours. Celle-ci stigmatise «*l'esprit excessivement rationaliste*» qui
conduit à poser une «*philosophie séparée et absolument autonome
vis-à-vis du contenu de la foi*». Cette attitude professe une défiance

1. Dans *Studies in Honour of Clifford E. Bosworth*, 1, *Hunter of the East*, Leiden,
Brill, 2000, p. 238-266.
2. Paris, Seuil, 2003.

générale, sceptique et agnostique, discréditant toute référence de la foi à la raison. On a là un exemple éclairant des choix constants opérés par les Magistères doctrinaux pour construire et perpétuer une orthodoxie face à d'autres orthodoxies concurrentes. Cela est vrai en philosophie, en théologie et dans tous les courants de pensée ou systèmes de connaissances. Le réexamen des réseaux épistémiques fait partie des tâches indiquées ci-dessus sur la quête de validation.

On comprend avec cet exemple les enjeux de la dialectique des puissances et des résidus signalée ci-dessus. Toutes les églises et toutes les idéologies étatiques génèrent des orthodoxies du côté des puissances et réduisent à l'état de résidus les formations concurrentes. On s'éloigne ainsi de la quête plurielle de la vérité. Les régimes politiques démocratiques protègent la compétition entre les régimes de vérité, sans arriver cependant à renoncer aux ressources de l'ortho-doxie pour consolider le pouvoir. Dans le cas des conflits entre Raison et foi ou Foi et raison, les désaccords et les incompréhensions conti-nuent surtout dans le contexte du retour offensif de la religiosité plus que de la religion ouverte aux programmes et attitudes cités ci-dessus. Toujours dans le cas du Magistère catholique, on sait avec quelle assurance le successeur de Jean-Paul II a parlé de la relation intime et continue entre ce qu'il a appelé le *Logos* pour marquer les sources grecques de la raison et la foi. En insistant sur ce trait distinctif du Credo catholique, il a nettement suggéré dans la conférence de Ratisbonne que l'islam n'a pas cultivé la même relation avec la *fides quaerens intellectum*. Nous ne sommes plus dans l'histoire des réseaux épistémiques, mais dans l'apologétique et la hiérarchisation des régimes religieux de la Vérité. Dans une deuxième partie plus centrée sur les conditions d'insertion de l'islam dans toutes les grandes batailles pour les droits de l'esprit que je viens d'évoquer, j'apporterai d'autres réponses et ferai d'autres propositions pour une quête solidaire *d'un sens de l'avenir* sans lequel il n'y aura pas *d'avenir de paix* entre les hommes.

Approfondissements

On partira de l'idée aisément vérifiable à l'aide des parcours historiques de toutes les cultures du monde, que l'esprit humain tend toujours à transformer de simples cohérences aventureuses en connaissances, voire en certitudes sûres et intangibles. Sans doute finit-il par renoncer à des connaissances trop régulièrement démenties par l'expérience empirique et la résistance têtue des faits. Quand on traite de croyances religieuses ou même de simples convictions politiques, la cohérence intime du sujet est menacée et le rapport à l'objectivité devient plus passionnel. « *Et pourtant elle tourne* », aurait murmuré Galilée après la fameuse sentence de ses juges habités par la vérité dogmatique. J'ai souvent opposé en mon for intérieur des propositions équivalentes aux dénégations de « croyants » qui rejettent sans examen des évidences historiques, linguistiques, psychologiques ou anthropologiques.

Le retour du religieux dans les sociétés qui croyaient être délivrées des « ténèbres » du Moyen Âge, s'explique par la substitution brutale de l'imaginaire du progrès et du salut par les idéologies positivistes et athées à l'imaginaire religieux rassuré par les cohérences aventureuses de la croyance. On ne peut nier, ni minimiser les cohérences communes à la foi monothéiste : un Dieu personnalisé, vivant, miséricordieux, créateur particulièrement attentif à la créature humaine au point d'instaurer avec elle un Pacte d'Alliance (*'Ahd*, *Mîthâq* du Coran) non seulement pour le temps court de chaque vie humaine, mais pour le temps éternel de l'Histoire du Salut. L'attente de ce Salut éclaire et oriente toutes les pensées, les connaissances, les valeurs, les conduites et surtout l'inépuisable espérance de chaque personne appelée à rejoindre ce Dieu omniprésent, vis-à-vis intime, protecteur, mais exigeant pour les choix du bien ou du mal, de l'amour ou de la violence, du beau ou du laid, du vrai ou du faux, de la fidélité ou de la rupture … dans la traversée rapide et aléatoire de la vie terrestre. Aucune créature humaine n'est abandonnée à la solitude, la détresse, l'angoisse devant les malheurs, la maladie et surtout la mort : Dieu est toujours là parlant et agissant efficacement pour éprouver la foi et la secourir avec amour. La fonction prophétique assure la médiation entre ce Dieu et les humains ; elle explicite, consolide, annonce, avertit, éduque, les peuples oublieux des bienfaits, tentés par les errements de la rébellion, la désobéissance et les fautes. C'est par les Messagers choisis par Dieu que la Parole vient s'incarner dans des langues humaines, elles-mêmes élues comme les peuples qui les parlent. Cette parole transcendante est pieusement mémorisée, transmise oralement, puis consignée par écrit dans des Livres saints, véhicules et symboles du Livre céleste qui préserve la Parole infinie dont des fragments seulement sont mis à la portée des hommes.

Voilà la présentation succincte de ce que les trois versions du monothéisme ont amplifié dans ce qui est devenu l'économie spirituelle de la quête du Salut dans la trajectoire commune à la condition humaine de la naissance à la mort physique du corps, suivie par la résurrection et la vraie Vie éternelle. Plus on entre dans les expansions des expériences mystiques du divin, des théodicées illuminatives, des constructions théologiques et juridiques, des métaphysiques contemplatives[1], plus on vérifie les riches horizons d'intelligibilité et d'interprétations qu'ouvre le concept au pluriel de cohérences aventureuses. Ce concept s'est imposé à moi à travers mes fréquentations des grands textes doctrinaux du Moyen Âge. Dans chaque champ d'expansion mystique, *Midrash, kabbalah, hadîth, tafsîr, ta'wâil, kalâm, sharî'a, halakha, haqqada, ishraq, hikma, falsafa*[2] …, on est frappé par la quête d'une cohérence intellectuelle plus ou moins liée à la cohérence existentielle du vécu des fidèles; mais il s'agit toujours d'une cohérence *aventureuse* en ce sens qu'elle a toujours rejeté, oublié, rompu avec les tentatives éphémères de soumettre les sciences religieuses soit à l'idéal de rigueur intellectuelle léguée par la logique et les sciences grecques, soit aux interrogations critiques de ce que j'ai appelé l'histoire réflexive de la pensée islamique[3].

Les philosophes hellénisants ont beaucoup fait pour acclimater la méthodologie, l'épistémologie, la logique et la conceptualisation des deux corpus aristotélicien et platonicien avec les divers commentaires produits jusqu'au passage du grec et du syriaque à l'arabe. Il y a eu des débats féconds et des oppositions récurrentes qui ont abouti à la coupure durable avec tout appel à la raison philosophique recueillie et déployée, au contraire de l'Europe latine et chrétienne au Moyen Âge avec ses prolongements triomphants dans la raison des Lumières. Pour l'histoire critique réflexive, il y a eu aussi des initiatives égale-

---

1. Pour toutes ces disciplines spéculatives développées dans la pensée islamique sous l'impulsion plus ou moins marquante du fait coranique, voir D. Urvoy, *Histoire de la pensée arabe et islamique*, Paris, Seuil, 2006.

2. Pour tous ces termes hébreux ou arabes voir *Encyclopédie de l'islam*, 3ᵉ éd. Lieden, Brill, 2007 et *Encyclopedia Judaica*, 2ᵉ éd. London, Macmillan, 2007.

3. Voir M. Arkoun, *Humanisme et islam, op. cit.*, chap. 6.

ment avortées comme celle de Miskawayh et surtout d'Ibn Khaldoun. Quand on redécouvre celui-ci à partir de la deuxième moitié du XIXᵉ siècle, on s'émerveille, on célèbre le génie précurseur de la sociologie et de l'anthropologie en multipliant les anachronismes banalisés dans les discours apologétiques et les idéologies de récupération. À partir des années 1950, on passe au « *gai savoir* » non pas de Nietzsche, mais de la Révolution socialiste arabe libératrice relayé à partir des années 1970 par celui de la Révolution islamique incarnée par l'ayatollah Khomeiny et les expansions fantasmatiques d'un islamisme radical à la fois victime de « l'Occident » et bourreau de ce même « Occident ». On n'est plus dans les cohérences aventureuses, mais dans l'irrationnel d'une compétition pour accéder au statut de victime comme fondement de la violence légitime nommée *Jihad* d'un côté et *guerre juste* de l'autre.

Ce raccourci historique sur les discontinuités non encore perçues et encore moins assumées dans les discours musulmans contemporains, renvoie à un grand nombre d'explorations qui relèvent des compétences des Sciences de l'homme et de la société. Or les sociétés dites musulmanes et leurs régimes politiques sont enfermés dans une série de cercles vicieux accumulés au cours de l'histoire. Des cercles se dessinent déjà dans le corpus coranique lui-même ; mais à ce stade inchoatif, ils pouvaient évoluer vers des cercles vertueux. Il est question en effet de versets imprécis dont il est difficile de lever l'ambigüité et d'autres immédiatement compréhensibles et applicables dans la vie humaine ; il y a aussi l'abrogation de versets antérieurs (*naskh*) qui demeurent consignés dans le Corpus Officiel Clos (*Muṣḥaf*), même quand ils ont été remplacés par des versets présentés comme plus explicites ou plus inclusifs des visées de la Loi de Dieu inséparable de la mission de transmission confiée aux prophètes successifs. En termes modernes, cette notion d'abrogation d'un verset pour le remplacer par un autre présenté comme plus adéquat, implique la reconnaissance des changements introduits dans le temps ou des contextes socioculturels différents. C'est ce que la pensée moderne appelle l'« historicité ». Plus tard, les théologiens et les juristes diront que Dieu peut décider de modifier sa propre parole, mais jamais l'homme. Quand les juristes ont essayé de faire valoir la possibilité de recourir à l'abrogation effectuée par Dieu lui-même, ils se sont heurtés à la question de la chronologie exacte de l'abrogeant et de l'abrogé.

L'idée d'abrogation s'impose aussi à propos des ruptures de fait intervenues avec Jésus, puis Muhammad par rapport à la Loi révélée à Moïse. Ruptures fracassantes aux conséquences durables jusqu'à nos jours, car c'est par l'introduction de *non croyances* que chaque nouvelle religion marque son territoire par rapport aux religions concurrentes : la profession de foi islamique qui a valeur de rite de passage dans la nouvelle religion est composée d'une proposition négative qui marque le rejet du polythéisme arabe (*Point de divinité autre qu'Allah*) et une proposition positive qui insère Mohammad dans la longue série des prophètes antérieurs (*Muhammad est le Messager de Dieu*). Les deux propositions combinées subvertissent les religions concurrentes et définissent la singularité et le statut théologique de ce qui va devenir l'islam. Les thèmes de l'altération des Écritures (*tahrîf*) et de l'unicité de Dieu contre la trinité chrétienne et la prétention des juifs à reconnaître 'Uzair[1] comme fils de Dieu, creusent les différences non encore revisitées à ce jour par une théologie historique critique. Les ruptures introduites dans le Coran sont amplifiées dans la littérature narrative qui a contribué à nourrir un imaginaire musulman commun sur la base de fictions où se mêlent plusieurs mémoires collectives antérieures au Coran et réactivées par les convertis dans un cadre islamique.

Dans tous ces exemples, on parle couramment de contradictions, d'inconséquences, de fabulations, de légendes, de folklore ; c'est le vocabulaire de l'historicisme historico-critique. Il présente l'inconvénient d'ignorer les dimensions du merveilleux, de la créativité de l'imaginaire social puisant dans des mémoires collectives entrecroisées au stade de la culture orale. Il y a plus qu'une cohérence aussi bien dans le discours prophétique recueilli dans les Écritures devenues Saintes, que dans les récits mythiques qui amplifient par exemple la Figure d'Ismaël par delà les mentions rapides qu'en fait le Coran. La cohérence des vérités ainsi construites et transmises dans les récits dits populaires, diffère de celle que proposeront parallèlement les systèmes théologiques plus ouverts aux rhétoriques discursives de la raison déductive et argumentative. Dans les deux cas cependant, les cohé-

---

1. Ce nom mentionné dans le verset polémique 9,30 a fait l'objet de recherches historiques récentes mentionnées dans l'article « 'Uzair » du *Dictionnaire du Coran*, M.A. Amir-Moezzi (dir.), Paris, Robert Lafont, 2007.

rences offertes s'avèrent aventureuses quand intervient la déconstruction linguistique et épistémique de tous les discours produits dans le cadre de la mytho-histoire et des postulats de toutes les formes de la croyance orthodoxe.

Ainsi se renforcent et perdurent au cours du temps les cohérences aventureuses données à vivre comme des fidélités scrupuleuses à l'intérieur de la communauté, fermées à tout ce qui vient de l'extérieur pour troubler les « certitudes » (*yaqîn*) ou souiller ce que Dieu a sacralisé et sanctifié. Les trois notions solidaires déjà mises en place au stade de la religion première – *l'Alliance, la transmission* (*riwâya en arabe*) *et la Restauration* (*iṣlâḥ* en islam) garantissent la protection des « certitudes » et du cheminement dans la voie droite (*Sharî'a*). Là aussi on retrouve la cohérence aventureuse puisqu'un fossé sépare la version croyante de l'authenticité des sources originelles qui nourrissent la croyance dans la religion première pour chaque communauté. Le fossé se creuse plus avec l'intervention massive des informations historiques, linguistiques et anthropologiques irrécusables de la recherche critique. Chaque tradition sélectionne dans les acquis de la connaissance des données qui aident à consolider les cohérences aventureuses léguées par les pieux anciens, les générations de rabbins, d'évêques infaillibles; elles gardent le silence et condamnent quand la menace devient dangereuse. C'est ainsi que Maïmonide et Spinoza ont connu des oppositions fortes dans la tradition rabbinique; les rejets sont plus radicaux et durables dans la tradition islamique; en chrétienté, il y a eu la forte contestation du Magistère par la Réforme protestante, puis une vraie subversion intellectuelle par la raison des Lumières.

Je voudrai éclairer un exemple qui permettra d'illustrer les décalages entre les fictions de la croyance et la connaissance critique des systèmes de croyances et de non croyances vécues comme des connaissances sûres. Dans les deux premiers siècles de l'Hégire (VIIe-VIIIe de l'ère courante) les usages pragmatiques du discours coranique ont nourri une dynamique de recherche de type scientifique sur la langue arabe, les productions orales et écrites dans cette langue, la quête inlassable des informations (*akhbâr* qui nourriront l'historiographie), les questionnements qui conduiront à la théologie (*'ilm al-kalâm*), la collecte de plus en plus diversifiée de ce qui peut éclairer les cheminements et la vie du prophète (*sîra*, *ḥadîths*) et de ses Compagnons qui deviendront les témoins essentiels de tout ce qui touche au Moment historique inaugurateur de la nouvelle ère de l'histoire terrestre et de l'histoire du Salut. L'État impérial adresse une demande pressante aux juristes qui ont lancé plusieurs écoles et ont travaillé dans le pluralisme doctrinal qui commencera à subir des limitations théoriques et officielles à partir de ce qu'on appelle la première réaction unificatrice sous le signe de la Tradition prophétique et de la Communauté (*ahl al-sunna wal-jamâ'a*).

Ces rappels suffisent [1] pour expliquer comment la construction de la croyance va s'éloigner de la curiosité scientifique critique et inter-rogative dans un climat de pluralisme doctrinal pour se consacrer à des bilans, des collectes, des récapitulations de savoirs, des synthèses, des catalogues, des anthologies des savoirs nouveaux accumulés entre 850 et 1400. Les corpus de la croyance et de la Loi divine sont déjà en circulation dès 950-1050. Les manuels où sont consignées les profes-sions de foi orthodoxes préparent les reprises et les résumés scolas-tiques de la période suivante. La transmission se fait à l'intérieur d'écoles isolées les unes des autres qui se contenteront de gloser quelques manuels tardifs invoquant formellement le nom éponyme de chaque école. C'est là que s'insèrent les maîtres éponymes d'écoles juridiques qui vont faire écran aux contacts directs avec les sources-fondements de la croyance.

Plus clairement en termes de périodisation, les historiens retiennent la période de formation de la pensée islamique (632-850), la période des grandes œuvres devenues classiques (850-1406/1492 : 1406, mort d'Ibn Khaldoun ; 1492, expulsion des juifs et des musul-mans d'Espagne) ; la période de régression, des oublis, de l'islam confrérique, d'enfermement dans la religion scolastique dans les villes et paysannerie/nomades avec les codes coutumiers locaux (1406-1800-1830) ; 1800-1945 : période coloniale et *Nahdha*, impro-prement traduit par Renaissance pour désigner l'activité déployée pour restaurer la culture et la civilisation de l'âge classique dit aussi âge d'or. Cette vision traduit un rapport plus idéologique et apolo-gétique que critique au passé ; elle voile en même temps la perception d'un Modèle à réactiver en faisant l'économie de l'enquête historique

---

1. Pour plus de détails, voir D. Urvoy, *Histoire de la pensée arabe et islamique*, *op. cit.*

sur plusieurs siècles de régression et de retards par rapport à une Europe qui en 1800 allait à la conquête et à l'exploitation des peuples d'outre-mer. Cette enquête allait être faite par l'orientalisme qui accompagne les occupations coloniales.

Les élites fragiles et peu nombreuses étaient formées en Europe où elles ont découvert une pensée et une culture modernes projetées vers la découverte, la créativité, l'exploration de mondes, de langues et de cultures dites orientales, de l'Indonésie à l'Afrique du Nord : l'*iḥyâ*, puis par l'emprunt (*Iqtibâs*) (théâtre, roman, nouvelle, roman social, amour, utopie).

Les mêmes notions et pratiques sont utilisées dans les trois traditions de déploiement de l'Alliance ; mais au lieu de conduire au dépassement des ruptures théologiques et juridiques, elles sont revendiquées comme des piliers dont les usages et l'authenticité sont assurés dans chaque tradition à l'exclusion des deux autres. Une logique grossière parlera d'incohérence ; l'analyse plus fine impose le concept de *cohérences aventureuses* au pluriel puisque chaque tradition développe sa propre cohérence et court ses propres risques historiques en s'enfermant dans ses récits mytho-historiques transformés en idéologies de combat en contextes de modernité. Elles atteignent le climat de leur exaspération dans le conflit israélo-palestinien que nous allons analyser selon notre méthode régressive-progressive.

N'oublions pas que l'Europe industrielle et machiniste a déraciné les paysans pour en faire des ouvriers d'usines dans les périphéries urbaines. Une culture de classe prolétarienne protestataire a ainsi rendu obsolètes les codes culturels millénaires de la société paysanne tout en soutenant des dictatures qui ne s'écrouleront qu'en 1989. Les sociétés colonisées connaissent des déracinements plus bouleversants encore après une illusoire libération dans les années 1950-1960. En même temps, une croissance démographique sans précédent dans l'histoire produit des effets multiplicateurs sur la destruction des cadres traditionnels de la cohésion sociale et de l'ordre sémantique, coutumier et rituel. Tandis qu'en Europe, la modernité matérielle, culturelle et intellectuelle amortit relativement les chocs de l'industrialisation et de la prolétarisation des ruraux, les sociétés traditionnelles passent de la domination coloniale à une politique de régression socioculturelle et de traditionalisation obscurantiste.

En contextes islamiques, la traditionalisation signifie la réactivation à l'aide de moyens modernes de conditionnement des individus et des foules, la grande illusion déjà déconstruite par les trois philosophes du soupçon : Marx, Nietzsche et Freud. Ces grands penseurs subversifs ont perçu et explicité la force de séduction, de suggestion, de possession des esprits et des corps, propre au discours prophétique et à ses amplifications qui s'imposent jusqu'à nos jours. Ils ont pensé et écrit sur la densité des cultures issues de cet héritage et l'épaisseur d'une histoire complexe qui pèse lourdement encore sur nos combats et nos débats d'aujourd'hui. Il se trouve que les découvertes les plus libératrices de l'esprit humain pour sa propre hygiène sont déviées par des volontés de puissance qui occultent, obscurcissent, transforment en outils d'aliénation, en sources de perversion les enseignements les plus féconds. Ces remarques s'appliquent au sort de la pensée philosophique là même où elle a prospéré depuis les grandes œuvres élaborées en Grèce classique. Marx a été confisqué par l'idéologie soviétique et ses épigones ; Nietzsche a été noirci et chargé de toutes les perversions ; Freud a été moins défiguré, mais sa postérité est si ramifiée et déchirée par des conflits internes que les grands champs ouverts notamment sur le déchiffrement du monothéisme sont envahis par des essayistes qui ne satisfont guère les divers spécialistes qui s'occupent des religions.

Du côté islamique, les penseurs du soupçon sont si rares, si isolés, si peu présents dans les débats et les transmissions des savoirs que le champ religieux demeure la propriété exclusive de ceux qui transforment la construction mytho-historique de la croyance monothéiste en bricolages mytho-idéologiques de cette même croyance désormais fragmentée, désintégrée, coupée de ses sources premières comme des connaissances critiques de la pensée moderne. Le soupçon comme première exigence de la pensée critique est proprement interdit de deux façons : 1) par les voix des gestionnaires stipendiés de l'orthodoxie, ou la voix d'un guide suprême comme Khomeiny qui lance contre Salman Rushdie une *fatwa* qui repose sur une légitimité théologique contestée à l'intérieur de la pensée islamique ; 2) par une opinion publique majoritaire depuis l'émergence de mouvements politiques d'opposition aux régimes en place au nom d'une légitimité « islamique » violemment disputée. Nous avons là un des résultats les plus pervers de la politique de traditionalisation pratiquée par les régimes postcoloniaux sans l'accompagner d'une indispensable politique de recherche et d'enseignement pour repenser à nouveaux frais, avec la méthode du soupçon, les notions fondamentales de tradition religieuse, de légitimité, d'autorité, de pouvoir, de loi, de valeur, de religion vraie, etc.[1]. Ainsi prospère le règne durable et faiblement contesté de l'imaginaire religieux prémoderne accompagné par des mémoires collectives discontinues, désintégrées, sans repères précis ni dans la longue durée, ni dans le temps présent.

Cela se passe dès les années 1970 après l'échec de la Révolution socialiste arabe, du projet Nassérien de grande Nation arabe et de l'expérience collectiviste des pays attirés dans l'orbite soviétique. Le triomphe politique de la Révolution dite islamique en Iran favorise l'expansion des mouvements islamistes de résistance contre « l'Occident ». Même la Turquie qui s'est distinguée de ce schéma avec l'imposition d'un laïcisme autoritariste est rattrapée par la vague de traditionalisation.

---

1. J'ai traité longuement de tous ces problèmes justement dans plusieurs livres déjà cités. Mais j'ai indiqué que les cadres sociaux majoritaires de la connaissance sont le produit de la politique de traditionalisation.

CHAPITRE IV

L'HISTOIRE RÉFLEXIVE DE LA PENSÉE COMME PROBLÉMATISATION DE LA VÉRITÉ

Mais l'obstacle numéro un à la recherche de la lumière, c'est bien probablement la volonté de puissance, le désir d'exhiber ses virtuosités ou de se ménager un abri contre des objections trop évidentes. La vérité est une limite, une norme supérieure aux individus; et la plupart d'entre eux nourrissent une animosité secrète contre son pouvoir[1].

REMARQUES INTRODUCTIVES

Ce thème mérite d'être revisité avec la participation non seulement de la recherche scientifique fondamentale, des professionnels gardiens de la Vérité religieuse et de la Vérité métaphysique classique, mais des hommes et des femmes citoyens appelés régulièrement à voter pour donner une légitimité à l'exercice de l'autorité et du pouvoir à tous les niveaux de la vie politique, administrative, économique, culturelle, éducative, etc. La vérité nommée *aléthéa* en grec, c'est-à-dire le non caché qui renvoie à l'idée récurrente de *dévoilement*, est présente dans toute pensée religieuse, reprise avec d'autres outils de recherche et de réflexion, dans la pensée moderne pour qui Dieu est un objet de connaissance parmi d'autres, dont l'hypothèse n'est plus nécessaire aux savants, ni aux politiciens, ni même aux penseurs.

1. A. Lalande, *Vocabulaire technique et critique de la philosophie*, Paris, PUF, 1926, Préface.

En tant qu'historien de la pensée islamique, j'ai rencontré le problème de la Vérité religieuse avec une majuscule, confrontée à la vérité scientifique et philosophique dans la phase classique de l'histoire de la pensée islamique (750-1300). Paradoxalement, les confrontations fécondes de cette période lointaine, ont cessé avec le triomphe d'une pensée scolastique répétitive et surtout indifférente à la montée de la modernité du côté européen jusqu'à nos jours. Ce paradoxe devient une tragédie collective dans la deuxième moitié du XXᵉ et le début du XXIᵉ avec les formes fondamentalistes de la « vérité » religieuse. Un autre paradoxe émerge aussi en Europe même avec les guerres intra-européennes entre des pays qui ont considérablement contribué à l'enrichissement de la pensée et de la culture modernes. Le nazisme comme le communisme stalinien ont enseigné des formes et des contenus de la Vérité qui renvoient à des interrogations radicales sur le fonctionnement de l'esprit humain en général. Ma réflexion de chercheur enseignant a considérablement bénéficié des débats riches, puissants, passionnés, toujours éducatifs qui ont marqué la vie intellectuelle, scientifique, culturelle, artistique, politique en France dans les années exceptionnelles 1960-1980. Des œuvres novatrices ont été publiées dans les divers domaines de la connaissance et de la culture ; des tensions épistémologiques éminemment instructives ont maintenu en haleine les chercheurs et les enseignants, tant ces derniers étaient sommés de transmettre à leurs auditoires de nouveaux horizons de sens, de nouvelles stratégies cognitives qui ébranlaient les systèmes de pensée et de valeurs en vigueur tout en fournissant des alternatives plus fécondes.

Mon obsession en rédigeant ma thèse de doctorat dans les années 1960, était d'appliquer aux études islamiques (en France on parlait alors d'islamologie, terme rendu obsolète par l'entrée en scène universitaire des sciences politiques dans le sillage des *political sciences* aux États-Unis), toutes les méthodes et les problématisations nouvelles introduites en histoire, sociologie, anthropologie, psychologie, psychanalyse, critique littéraire, linguistique, sémiotique, sémiologie… L'histoire en particulier disputait la suprématie à la linguistique ; l'École des Annales installée dans la nouvelle *École des Hautes Études en Sciences sociales* sous la direction de Fernand Braudel, poursuivait avec des esprits féconds et talentueux, l'élargissement du « *territoire de l'historien* ». On pratiquait la psychologie, la sociologie, l'anthropologie historiques; Georges Duby assignait à l'histoire médiévale les tâches d'une *anthropologie du passé et d'une archéologie de la vie quotidienne*. Expression programme illustrée par d'innombrables travaux de qualité non seulement pour le Moyen Âge européen, mais pour toutes les périodes de l'histoire jusqu'à nos jours. Les étudiants participaient à cette révolution des mentalités et des outils de la pensée, car ils y puisaient des réponses intellectuelles et scientifiques prometteuses pour aller plus loin dans la révision de tous les héritages de certitudes, de valeurs et de connaissances évoqués dans les manifestations de mai 1968.

En tant qu'acteur dans cette ébullition, je demeurais trop lesté par les retards de la recherche et de l'enseignement dans le vaste territoire des sociétés et de la pensée; un retard fortement lié au traitement cognitif, existentiel et idéologique de ce que j'ai appelé le *fait coranique* et le *fait islamique*. J'ai refusé d'emblée le mot valise *Islam* invoqué par tant d'acteurs de toutes origines et de toutes appartenances idéologiques, et devenu dangereux même sous la plume de beaucoup de chercheurs, essayistes et enseignants. En 2010, les manipulations du terme sont bien pires encore, car elles charrient tous les radicalismes du terrorisme et des réponses censées l'éradiquer. À la Sorbonne même, je devais ménager mes propres maîtres qui demeuraient à l'écart de ce qu'ils appelaient les *modes parisiennes* pour stigmatiser la portée éphémère des bruits idéologiques. J'ai gardé tout de même la liberté de choisir chaque année les thèmes et l'esprit de mes cours. J'ai inauguré deux chantiers de recherche et d'enseignement pour faire place non pas tant aux connaissances détaillées, accumulées dans les travaux qui portaient sur les sociétés européennes chrétiennes, puis laïques, mais sur les débats méthodologiques et épistémologiques qui divisaient les écoles dans chaque discipline. Car il fallait identifier les données propres au domaine de ma recherche : la pensée islamique. Cette appellation que j'ai du défendre n'allait pas de soi; car on découpait les champs d'étude et les disciplines en spécialités comme la théologie, le droit, l'exégèse, la philosophie, la littérature, etc. En 1973, je dessinais pour la première fois les tâches et la stratégie cognitive de ce que j'ai appelé l'*islamologie appliquée*, distinguée à la fois de l'*islamologie classique* fondée sur l'exploitation philologique des grands textes anciens et des sciences politiques en pleine ascension. En 1982, j'ai publié mes *Lectures du Coran* ; en 1984 *Pour une Critique de la Raison islamique* et en 2003 *The unthought in Contemporary Islamic Thought*.

Sous ces trois titres provocants, j'ai réuni un choix d'articles publiés entre 1970-2003 sur deux domaines stratégiques de l'histoire de la pensée islamique : le *fait coranique*, et le *fait islamique* considérés dans les divers niveaux d'usage de la raison toujours confrontée au primat du *donné révélé* et des contenus de la foi « orthodoxe ». En écrivant *Lectures* avec un « s », je voulais mettre en perspective critique la tradition exégétique des communautés interprétantes pour dépasser la hiérarchie hérésiographique qui distingue la Communauté promise au Salut et les sectes condamnées au châtiment éternel. J'ouvrais ainsi pour le domaine du fait islamique le chantier encore peu fréquenté d'une *archéologie des savoirs* et d'une *sociologie de l'échec ou de la réussite* des œuvres, des auteurs et des écoles de pensée. Il se trouve justement que les cadres sociaux de la connaissance soumis aux croyances et aux conduites régressives prônées concurremment par les partis-États postcoloniaux et les mouvements islamistes d'opposition qu'ils ont générés, ont rejeté et continuent de faire obstacle à toutes ouvertures proposées par la *Critique de la Raison islamique*. Même dans les milieux de chercheurs, d'enseignants, on trouve des partisans de l'islamisation de la modernité qui s'opposent à tout ce qui vient de ce qu'ils nomment l'*agression culturelle de l'Occident* (*Westoxication*). La sociologie de l'échec s'impose à toutes les époques et dans tous les contextes où triomphent les gardiens de l'orthodoxie de la foi et de la Loi islamiques. On trouvera beaucoup d'exemples dans mon dernier livre au titre explicite : *Pour sortir des clôtures dogmatiques* [1].

Chaque communauté ou mouvement politico-religieux autoproclamé « orthodoxe » brandit l'étendard de la Parole de Dieu authentiquement reçue, interprétée et vécue, impliquant ainsi la condamnation de tous les déviants ou négateurs. Un exemple désespérant par ses excès dogmatiques de la part d'un historien reconnu, vient d'être donné dans un livre en arabe signé par le Tunisien Mohammed Talbi (*li-yatma'inna qalbî, Pour la paix de mon cœur*).

---

1. *Abc de l'Islam. Pour sortir des clôtures dogmatiques*, Paris, Grancher, 2007.

L'analyse de l'articulation de la Vérité dans ce livre permet de mesurer l'impact de la croyance religieuse non critique sur le système du sujet individuel et collectif dans tous les contextes « islamiques » contemporains. Tout confirme la pertinence intellectuelle, culturelle et scientifique de la stratégie cognitive d'intervention proposée dans mes publications, mais très peu connue et comprise aussi bien du côté de ce que j'appelle les *sociétés du Livre-livre* que de celui des sociétés où dominent désormais la culture de l'incroyance.

C'est pourquoi je poursuis l'enrichissement et l'adaptation de mes programmes de recherche aussi bien dans mes écrits et mes enseignements que dans des conférences publiques à travers le monde. Je testais les capacités de réception de mes divers publics de l'Indonésie au Maroc, de Moscou à l'Afrique du sud et de toute l'Europe à l'Amérique du Nord. Je suis allé chercher les auditoires les plus divers, les plus éloignés linguistiquement et culturellement pour enrichir les données concrètes du terrain sans lesquelles il ne peut y avoir d'islamologie appliquée. Je poursuis cette quête méthodique sans interruption depuis 1965 jusqu'à ce jour.

Vérité religieuse, vérité philosophique, vérité scientifique et vérités communautaristes

Ma thèse de doctorat consacrée à *l'humanisme arabe au IVe/Xe siècle*[1] m'a conduit à m'interroger sur les devenirs et les fonctions de la raison en contextes islamiques. C'est pourquoi je suis revenu sur la question de l'humanisme dans un second livre 36 ans après, intitulé *Humanisme et islam. Combats et propositions*[2]. Dans le programme et les articles publiés en 1984, j'avais insisté surtout sur la période dite classique de la pensée et de la civilisation qualifiées d'islamiques. Les usages faits de la raison dans les contextes islamiques contemporains (1945-2010) renvoient à des chantiers peu fréquentés par les chercheurs et pourtant très féconds pour examiner les problèmes de la réversibilité des cultures et des civilisations, de la régression du statut

---

1. M. Arkoun, *L'humanisme arabe au IVe/Xe siècle*, *op. cit.*

2. M. Arkoun, *Humanisme et islam*, *op. cit.*

et des productions de la raison dans une phase de l'histoire générale de la pensée et des sciences, qui, en Europe du moins, continue de favoriser plutôt l'épanouissement de la raison critique, novatrice et émancipatrice pour la condition humaine.

Ces rappels rapides d'un itinéraire intellectuel montrent clairement que la question de la vérité est sous-jacente à tous les *Combats et propositions* évoqués dans le sous-titre d'un second livre consacré au devenir de la question humaniste dans les contextes où prédomine la version fondamentaliste militante de l'islam d'hier et d'aujourd'hui. *Toute écriture est un acte de solidarité historique* répétait Roland Barthes et bien des linguistes attachés aux enseignements de l'exercice nommé *analyse du discours*. Toute définition, disent d'autres critiques, est une prise de pouvoir sur la réalité et sur l'appropriation du discours aux visées de la volonté de puissance souvent déguisée sous la volonté de connaître la vérité et de vivre selon ses impératifs. Qui dit pouvoir, s'éloigne de l'autorité et s'approche des contraintes que la raison impose comme impératifs catégoriques de l'intelligence, de la morale, de *l'exercice du monopole de la violence légale*. Conscient des glissements de tout discours vers le pouvoir et la violence, je parle de *propositions* offertes aux débats ininterrompus de la communauté des chercheurs-penseurs, et pas seulement aux partisans de l'érudition froide et factuelle. Si le discours critique articulé par la raison s'offre comme une série de propositions à débattre avec des partenaires convertis à ce même *autocontrôle* de la raison, alors apparaissent des possibilités de cheminer ensemble pour surmonter les dérives, les oublis, les omissions et les errances toujours possibles de l'activité réflexive. De là vient mon programme d'*une histoire réflexive de la pensée islamique* dont les méthodes, les cheminements, les conceptualisations, les rhétoriques recherchent les validations non seulement dans le cadre particulier de la pensée islamique, mais dans les cadres les plus proches (pensée juive, chrétienne avec leurs diverses ramifications dans l'espace historique monothéiste, lui-même inséparable du socle anthropologique méditerranéen) et les plus lointains (pensée chinoise, hindoue, bouddhiste, africaine avec leurs socles anthropologiques respectifs).

LE CONCEPT DE RAISON ÉMERGENTE

L'historien Paul Veyne a consacré un livre à son collègue et ami proche Michel Foucault. Le livre est intitulé *Foucault. Sa pensée, sa personne*[1]. On s'étonnera qu'il ait attendu tant d'années pour situer l'apport et la personnalité d'un si grand esprit disparu prématurément. On s'étonnera davantage encore du sous titre qui renvoie à la banalité de l'histoire des idées dont les insuffisances méthodologiques ont été justement stigmatisées par celui qui a le plus milité pour se défaire des illusions des «*thématiques historico-transcendantales*», pour enraciner la pensée réflexive dans les situations concrètes du vécu des acteurs sociaux de tous les temps. Interrogé sur ce point, P. Veyne a révélé que son sous-titre était *Le Samouraï et le poisson rouge* : deux allusions trop obscures pour un titre. Et pourtant le poisson rouge réfère à un épisode vécu par Foucault à l'âge de 7 ans. À sa mère qui vient de lui offrir un poisson rouge dans un bocal, il pose cette question annonciatrice d'un avenir de la pensée : «*Maman qu'est-ce que ça pense un poisson rouge ?*». Plus tard, le penseur montrera que les hommes tournent en rond comme le poisson rouge dans un bocal rempli de pseudo-vérités. Il change totalement les approches de la vérité dans les systèmes de pensée hérités. Le concept de raison émergente s'est imposé à moi au cours d'une longue confrontation entre les vicissitudes historiques de la raison en contextes islamiques depuis l'installation de l'État califal impérial (661-1258) jusqu'à l'émergence des États postcoloniaux dans les années 1950-1960 d'une part ; de l'autre, le dynamisme conquérant, critique et créateur de la raison en contextes chrétiens, puis modernes en Europe. L'étude comparée des deux destins de la dialectique *du logos et du muthos* d'une part, de la Parole de Dieu et du discours religieux d'autre part, enrichit et radicalise considérablement la critique des œuvres de la raison, des conditions de ses succès et des forces qui la font régresser jusqu'à sombrer dans les fantasmes collectifs et l'aliénation des facultés de l'esprit.

Dans cette perspective sans cesse élargie, parler de *postmodernité* comme on l'a fait de façon heureusement fugitive, c'est s'enfermer

1. Paris, Albin Michel, 2008.

dans le seul sillon du parcours européen/occidental de la raison. Parce qu'elle guette sans cesse et dans toutes les cultures les défis nouveaux de l'histoire des hommes, la raison émergente élargit et multiplie ses champs d'expérience, les sources de ses informations et les réfutations qui viennent de toutes parts. J'illustrerai dans mon exposé oral les tâches nouvelles et libératrices de la raison émergente en m'appuyant sur les leçons de la polarisation idéologique « Islam et Occident ». On examinera ce couple né dans la polémique et les guerres de libération, à la fois dans la longue, la moyenne et la courte durée. On verra comment la question de la vérité sera déplacée vers des interrogations plus radicales, des impératifs critiques plus contraignants, et des formes plus humanistes de la communication.

Dans toutes les cultures, la quête de la vérité implique la prise en charge par la raison de toutes les interrogations, les méthodes, les opérations de validation liées à la production du *sens* qu'il faut toujours distinguer de *ce qui fait sens* dans telles situations de discours et ne fait plus sens dans d'autres contextes. Car on ne peut produire du *sens* sans prendre garde aux glissements faciles vers des *effets de sens* dangereux. En analyse linguistique et sémiotique, on parle aussi de la *genèse destructrice du sens* et donc de la ou des vérité(s) qui se dissolvent après l'épreuve de l'analyse du discours. C'est pourquoi, les vérités substantielles, intangibles, éternelles construites au Moyen Âge avec les postulats de la Parole révélée ou les outils du logocentrisme aristotélicien, s'avèrent fragiles et insoutenables depuis qu'elles sont soumises aux déconstructions de tous les *systèmes de pensée*. Ces *vérités aventureuses* continuent cependant de soutenir les croyances religieuses et les spéculations métaphysiques de la pensée idéaliste. Il est vrai que ces vérités remplissent encore la fonction de *refuge* pour tous ceux qui n'ont pas accès aux outils de recherche et d'analyse utilisés par la communauté réduite et distante des chercheurs. Ces fonctions de la Vérité religieuse sont clairement illustrées dans la résistance du christianisme orthodoxe à l'athéisme officiel du régime soviétique, à l'expression de la colère des peuples dits musulmans contre le régime colonial et la *Machtpolitik* des quatre grands, notamment au Moyen Orient après 1945. Le judaïsme comme l'islam continuent à servir de refuge, de tremplin et de source de légitimité pour les actions politiques et les guerres récurrentes depuis 60 ans. Le bouddhisme et l'hindouisme n'échappent pas à ces dérives fonctionnelles de la Vérité religieuse investie de plus en plus dans des idéologies de combat dont l'expansion parvient à pervertir de grandes démocraties comme aux États-Unis depuis les attentats du 11/09/2001 et les ripostes qu'ils ont suscitées.

Il en va de même pour les vérités scientifiques certifiées par la clinique, le laboratoire, le calcul mathématique et toutes les formes et les voies de l'expérimentation. Nous savons que là aussi, il y a des détournements spectaculaires qui exposent aux pires dangers la dignité de la personne humaine elle-même. Les rares puissances qui détiennent la technologie la plus performante s'autorisent à faire des guerres «propres», c'est-à-dire sans risque de pertes humaines comme dans les guerres classiques intra-européennes. La compétence des comités d'éthique pour les sciences de la vie ne s'étend pas aux armes et aux conditions de leur utilisation. Ces pratiques politiques courantes depuis les recours fréquents au terrorisme, ont des conséquences dévastatrices sur les responsabilités de la science et de la raison scientifique coupée de l'Éthique autant que l'est la raison économique et financière.

Les sciences cognitives portent un coup plus décisif encore à ce qu'on continue de nommer la vérité, le bien, le laid, le beau. Jean-Pierre Changeux vient de synthétiser ses recherches et ses théories poursuivies depuis *L'homme neuronal* (1983) dans un épais volume intitulé *Du vrai, du beau, du bien. Une nouvelle approche neuronale*[1]. Il s'efforce d'ouvrir d'autres voies à la quête de la vérité *en allant de la molécule à l'âme*. Nous sommes en effet devant des connaissances et des fondements à la fois plus rassurants et plus inquiétants, car on sait que les spéculations, les constructions conceptuelles abstraites et fragiles pour asseoir les fonctions du langage, de la connaissance, de l'intelligibilité, du jugement et des valeurs sur les données de l'observation clinique posent plus de problèmes nouveaux qu'elles n'en résolvent. Dans ces conditions, il vaut la peine de s'arrêter à la notion d'*aventures intellectuelles* au sens des errances ou cohérences aventureuses de la raison. Naguère Maurice Merleau Ponty avait examiné les *aventures de la dialectique* au sens à la fois philosophique (Hegel et Marx) et des dérives idéologiques du Léninisme-stalinisme. Là aussi

1. Paris, Odile Jacob, 2008.

l'écriture de l'histoire a ses débordements dangereux, comparables en tous points à ceux des théologiens exégètes des *Écritures* dites saintes. Il y a eu les ravages de l'historicisme positiviste, des philosophies de l'histoire au service des volontés de puissance (voir les débats récurrents sur le *clash des civilisations* et la *fin de l'histoire* immédiatement après l'écroulement de l'ennemi soviétique et maoïste). Une discipline essentielle comme la philologie a nourri l'arbitraire des mandarins à l'université ; je me souviens des tendances « impérialistes » de la linguistique dans les années 1960-1970 à la Sorbonne sous prétexte de sortir des méfaits du philologisme. Ces brefs rappels montrent que l'histoire a toujours contribué à la construction de ce que chaque *épistémè* tient pour vrai sur la base de représentations, de croyances, de définitions, d'imageries qui exercent sur les esprits, les corps, les relations quotidiennes, les conduites individuelles et collectives, des contraintes nuisibles. Ainsi, l'*histoire écrite* a des enjeux de vérité qui n'embrassent pas toujours adéquatement les vérités de l'*histoire vécue*. Les débats sur les méthodes et les épistémologies de chaque écriture de l'histoire, portent sur cet écart entre les réductions, les sélections, les découpages, les catégorisations, les interprétations arbitraires de l'historien et les « vérités du vécu » de chaque acteur social et de chaque sujet collectif.

Depuis que j'ai publié ma *Critique de la Raison islamique* en 1984, je n'ai pas cessé d'expliciter l'ordre des raisons et les objectifs pratiques concrets – notamment pour la transmission des savoirs – qui fondent cette *Critique*. Elle étend le champ de l'investigation historique en introduisant la sociologie *du pensable et de l'impensable, du pensé et de l'impensé dans les logosphères* qui coexistent dans un même espace politique et social. Plus les contrôles exercés sur le pensable dans une logosphère considérée à une époque historique donnée, plus l'espace et les nombres des impensables s'élargissent. Il en va de même pour le couple pensé/impensé. Ainsi les constructions, les fonctions, la circulation des « vérités » se complexifient et font apparaître la précarité de chaque vérité proclamée. Cette terminologie ordinairement monopolisée par le discours philosophique, a été étendue dans ma propre écriture aux disciplines clefs que nécessite l'analyse déconstructive, réflexive, archéologique, transdisciplinaire de tous les discours oraux ou écrits, de tous les corpus et anthologies, de tous les codes culturels, de tous les systèmes sémiologiques.

En engageant dans ces voies ambitieuses et complexes la *Critique de la Raison* en contextes islamiques d'hier et d'aujourd'hui, j'ai voulu et veux toujours inscrire «*l'archive*» – dans le sens développé par J. Derrida – dans le champ historique, sociologique et anthropologique travaillé par le fait islamique.

Mes explications réitérées n'empêchent pas bien des collègues à me présenter comme philosophe, ou comme professeur de la *pensée islamique* et pire encore comme professeur d'*islam*!!! À la Sorbonne, j'ai eu du mal à imposer pour ma chaire le titre d'*histoire de la pensée islamique*, tant la pratique courante préfère encore les spécialisations consacrées comme philosophie, théologie, littérature, droit, etc. Nous savons qu'au Moyen Âge, ces frontières n'étaient pas étanches, surtout dans la période d'émergence et d'expansion de ce que j'ai appelé l'*adab philosophique*[1].

L'un des plus importants enjeux de vérité dans mes combats pour illustrer et introduire un nouveau regard sur les études islamiques, concerne précisément la question des découpages des grandes périodes de l'histoire (périodisation) et pour chaque période retenue, les découpages des objets d'étude validés et perpétués par les Magistères académiques en place. Je ne reviendrai pas sur les débats passionnés et souvent irritants et stériles à propos de l'orientalisme dans les années 1970. Je retiendrai simplement l'enfermement dont continuent de souffrir les recherches, les publications et l'enseignement sur le domaine uniformément désigné par le mot-valise «Islam» avec majuscule. L'enfermement est d'abord dû à un ensemble de forces politiques, sociales, linguistiques qui commandent les instrumentalisations idéologiques de la Citadelle *Islam* depuis les indépendances acquises dans les années 1945-1960. Devant ces bouleversements internes dans le vaste domaine «Islam», les *political sciences* ont marginalisé les études classiques historicistes sur ce domaine, tout en prolongeant la ghettoïsation d'un objet de connaissance qui bénéficie toujours avec retard des acquis nouveaux en sciences de l'homme et de la société appliquées aux sociétés occidentales.

On comprendra pourquoi les enjeux de vérité de toute écriture en sciences de l'homme et de la société ont commandé toutes mes initia-

---

1. Voir M. Arkoun, *Humanisme et islam, op. cit.*

tives pour inscrire «l'islamologie appliquée» dans ce que j'appelle
«l'espace géohistorique méditerranéen». L'islamologie appliquée
est une discipline neuve différente de l'islamologie classique et de
l'écriture propre aux *political sciences*. Elle applique les stratégies
cognitives d'intervention dans les débats scientifiques et idéologiques
en cours entre Islam et Chrétienté et Judaïsme depuis l'intervention du
fait coranique; puis, à partir de 1800 (Napoléon en Égypte, Grande
Bretagne en Inde et ailleurs), dans ceux liés aux thèmes foi et raison,
tradition et modernité, laïcité/sécularisation et religion, démocratie,
droits de l'homme et religion, développement et sous-développement,
terrorisme/fondamentalisme et valeurs de l'Occident, etc. Cette stratégie d'intervention a besoin d'une *Critique radicale* de toutes les
formes de rationalité ou rationalisation léguées dans la longue histoire
de la pensée islamique; mais dans un souci comparatif avec les mêmes
rationalités et rationalisations développées dans l'espace historique
méditerranéen. C'est dans celui-ci, en effet, que la recherche solidaire par delà tous les dialogues sentimentaux et conciliateurs sans
lendemain, doit enfin examiner l'amont et l'aval de la raison critique.
L'amont, c'est la dialectique intense, continue, éducative, créatrice,
émancipatrice et surtout plus englobante des enjeux de vérité dans
la praxis historique. La complexité et la fécondité de tout ce qui
reste encore à réexaminer dans cet amont, peuvent se lire dans le
diagramme suivant:

$$[PD \rightarrow \rightarrow \leftarrow \leftarrow DP] \rightarrow \rightarrow \leftarrow \leftarrow [L \rightarrow \rightarrow \leftarrow \leftarrow M]$$
PD: Parole de Dieu; DP: Discours prophétique; L: Logos; M. Muthos

L'aval, ce sont les compétitions, les affrontements, les guerres,
les diverses formes de la violence, les connaissances fausses, les
croyances obscurantistes et aliénantes, les certitudes dogmatiques,
les principes et les définitions rigides, les désirs, les passions, les
émotions... bref tout ce qui pousse à dilapider les énergies, les
travaux, les ressources, les acquis positifs et universalisables des
hommes en société. Aujourd'hui, dans les démocraties les plus
avancées, l'éthique de la communication prônée par J. Habermas et
bien d'autres apports nouveaux de nombreux penseurs, chercheurs,
écrivains sont noyés dans le bruit incessant des médias, les urgences
de la vie quotidienne, la manipulation des désirs, la tyrannie des émotions, l'effervescence des imaginaires, les sollicitations des combats

politiques et syndicaux... La transmission des savoirs accumulés dans les bibliothèques n'atteint que des franges de plus en plus réduites de l'opinion publique. Tout cela laisse peu de temps et d'attention pour la prise en charge des problèmes qui accablent les sociétés démunies et soumises à l'obéissance aux injonctions conjuguées des pouvoirs politiques, économiques, financiers, et des traditions dites religieuses. La pression des impuissances, des démissions, des omissions, des ignorances institutionnalisées atteint toutes les sociétés contemporaines ; mais plus tragiquement et avec moins de refuges et de recours les sociétés qu'on qualifiait de sous-développées au lendemain des indépendances.

Ces brèves notations permettent de mesurer l'état de la vérité et des vérités dans les diverses cultures qui cohabitent et s'affrontent désormais dans les sociétés euro-américaines. On s'interroge beaucoup sur la gestion politique du pluralisme, de la diversité, des identités, des différences proclamées avec véhémence, sans procurer aux nouveaux citoyens les espaces et les moyens culturels indispensables à des examens autocritiques. Le désordre sémantique, les confusions conceptuelles, les indignations contre le racisme et les discriminations l'emportent ici encore sur la quête des élucidations, des valeurs viables et émancipatrices, des légitimités qui permettraient d'élargir le consensus citoyen. On dénonce les tendances aux repliements communautaristes, mais on n'ouvre pas les systèmes éducatifs à des enseignements qui feraient place à l'expression critique des mémoires collectives déracinées. Au cours de ma carrière d'enseignant chercheur, je me suis appliqué à ouvrir des espaces et des voies de transmission de savoirs et de confrontations critiques des identités affirmées, mais jamais pensées. J'ai puisé dans l'exemple des parcours historiques franco-maghrébins de nombreux exemples qui servent d'appuis à des confrontations de valeurs, de vérités, d'usages de la raison, de dépassement des fausses identités reposant sur des mytho-historiographies communautaires ou nationalistes. Mais même quelques hirondelles dispersées ne peuvent faire le printemps.

Je n'ai pas cessé de réfléchir et de faire réfléchir sur les vicissitudes de la vérité dans ses parcours religieux et ses métamorphoses modernes en Europe de l'Ouest d'abord, hors d'Europe ensuite. Dominique Chenu a eu des ennuis avec sa hiérarchie quand il assigna à la théologie la tâche première de l'*intelligence de la foi soumise à l'épreuve du temps*, c'est-à-dire aux démentis constants que l'histoire vécue inflige aux constructions imaginaires et sociales de la réalité. Cette reconnaissance de l'historicité de la vérité religieuse n'est pas encore assumée sans restriction par le magistère doctrinal catholique. La pensée islamique ignore d'autant plus l'historicité de la foi qu'elle s'est coupée de la recherche théologique et philosophique depuis le tournant du XIIIe-XIVe siècle. Voilà une donnée historique éclairante sur le rapport à la vérité dans le parcours monothéiste et après l'intervention subversive de la coupure épistémologique moderne. Or dans les multiples colloques interreligieux et interculturels depuis Vatican II, ce point décisif est le plus souvent passé sous silence. On préfère échanger des reconnaissances polies et « tolérantes » sur les articles de foi rattachés à la Figure syncrétique d'Abraham

Après Marx, Nietzsche et Freud, Michel Foucault a insisté sur la nécessité de soumettre la raison aux épreuves de la pratique politique et des conduites de la société civile face à l'État dit de droit. Cependant, on continue d'observer partout une tendance forte à appeler la raison des Lumières au secours pour stigmatiser les barbaries de notre temps. Ce faisant, on maintient l'illusion d'une instance de recours considérée *a priori* comme une autorité intangible de validation. Les croyants procèdent de la même façon en commentant indéfiniment les vérités éternelles des Écritures saintes et de ce qu'on nomme la *Tradition vivante*. Dans l'appel global aux Lumières qualifiées de nouvelles, on a aussi tendance à oblitérer les enseignements propres aux trois grands moments fondateurs de l'histoire intellectuelle de la modernité comme quête jamais achevée de l'esprit. Ces moments sont les Lumières pensées par E. Kant et les penseurs acteurs du XVIIIe siècle ; les mêmes Lumières remises en chantier et bouleversées philosophiquement par les trois penseurs subversifs Marx, Nietzsche et Freud ; les grands débats en cours depuis la fin des empires coloniaux, dans les sciences de l'homme et de la société. Incontestablement, l'effondrement soudain de l'idéologie communiste suivi par l'irruption d'une nouvelle menace le 11/09/2001, créent une nouvelle rupture, avec un avant et un après dans l'histoire des démocraties avancées confrontées aux colères des ex-peuples dépossédés de leur propre histoire.

Cependant, la subversion intellectuelle ne concerne que la frange des chercheurs scientifiques, des penseurs, des écrivains et des artistes en Occident. Les composantes des sociétés civiles des pays les plus riches du monde demeurent enfermées dans la revendication prioritaire du pouvoir d'achat. Les malheurs historiques des peuples prisonniers de régimes militaires et policiers qui ont succédé aux dominations coloniales, ne suscitent aucune volonté politique visant à humaniser le droit international et le fonctionnement des instances de régulation des rapports étatiques. On se contente d'une aide humanitaire elle-même contrôlée par les régimes en place comme au Soudan, en Birmanie, au Zimbabwé et bien sûr en Palestine. L'initiative des alliés qui envahissent l'Irak pour éliminer le tyran a donné les résultats que l'on connaît. Des peuples entiers sont ainsi entre le marteau de l'Occident et l'enclume des États prédateurs dits nationaux. Ils sont victimes de dépossessions pires que celles qu'ils avaient connues aux temps où fonctionnaient encore les codes coutumiers et culturels des sociétés traditionnelles. Les sciences sociales et politiques ne songent guère à problématiser ces impasses historiques en déchiffrant au moins les responsabilités intellectuelles, morales et juridiques des grands décideurs pour l'avenir de la planète. « L'islam » pris en otage par ses propres fidèles est devenu un des facteurs sources de la violence systémique qui se propage dans le monde actuel.

Des champs fertiles de déploiement de la pensée critique et de la connaissance des sociétés contemporaines se trouvent ainsi désertés, ignorés, souvent, il est vrai, parce qu'ils sont inaccessibles aux chercheurs de toutes origines, y compris les autochtones. Je pense par exemple à l'examen croisé par les colonisateurs et les colonisés de l'aventure coloniale et de ses prolongements après les indépendances. Il s'agit de sortir du face à face conflictuel, polémique, idéologique, avec des éruptions récurrentes de condamnations réciproques. Je pense à une *écriture solidaire de l'histoire* de la colonisation où les deux protagonistes croisent leurs questionnements, leurs subjectivités, leurs visions des passés, des présents et des futurs respectifs. Les Français et les Allemands ont esquissé un mouvement dans ce sens en écrivant un manuel d'histoire utilisé dans les écoles et lycées des deux pays. Il y a là des espaces inédits de découverte et de construction de nouvelles vérités sur les conditions de production de l'existence humaine. Car une telle expérience vaut pour tous les voisinages, toutes les guerres récurrentes, toutes les frontières rigides, tous les systèmes d'exclusion réciproque qui commandent encore aujourd'hui les tracés des frontières sociales, étatiques, inter-ethniques et internationales…

Le travail de décolonisation des esprits vaut pour les dominés et les dominants; il aurait dû commencer au lendemain des indépendances. Au lieu de cette orientation, on a trouvé de nouveaux stratagèmes pour proroger des rapports de dépendance en fermant les yeux sur les conduites des États prévaricateurs dont plusieurs méritent le qualificatif de voyous. Les démocraties les plus respectables ont pactisé et continuent de soutenir ces États dressés contre leurs peuples respectifs. La *Machtpolitik* à l'égard de l'ex-Tiers monde a lourdement pesé sur les devenirs des peuples d'Afrique et d'Asie sans que cela trouble les bonnes consciences des défenseurs des droits de l'homme. La fin de la guerre froide libère les nationalismes muselés sous le régime soviétique et nourrit l'expansion de la *violence systémique* à l'échelle mondiale. La catastrophe du 11/09/2001 ne doit pas être déchiffrée uniquement comme le déchaînement du fanatisme islamiste; elle signale les tragédies que nourrissent partout la marche altière et triomphante des « valeurs » de l'Occident et les régressions évidentes des sociétés doublement dépossédées : par l'absence de politique démocratique de leurs « élites » nationales et les pressions de toutes sortes d'un Occident heureux d'annoncer « *la fin de l'histoire* » après l'effondrement de l'idéologie communiste.

La régression des sociétés soumises aux dérives aliénantes d'un islam imaginaire, voire chez certains, fantasmatique, pose avec une force singulière le problème de la *réversibilité* des « valeurs » de civilisation. Bien qu'intellectuellement fruste, culturellement très limité, l'islam populaire des paysans et des ex-nomades avant les années 1950, avait un sens de la dignité humaine, un respect de la personne qu'ont perdus les classes déracinées, idéologisées, émigrées, aliénées, des sociétés postcoloniales. C'est à ce niveau de l'analyse sociologique, linguistique et historique des sociétés non occidentales qu'il convient de tester la portée opératoire et explicative de ce que j'appelle le triangle anthropologique : *Violence, Sacré, Vérité.*

LE TRIANGLE ANTHROPOLOGIQUE

On connaît les travaux de René Girard sur *la violence et le sacré*. Voici comment Michel Serres présente une œuvre ample et originale parce qu'elle fonde une anthropo-philosophie hantée par une question d'essence théologique sur le christianisme comme la seule religion qui délivre l'homme du rituel sacrificiel de la victime émissaire. On verra que la question est d'importance pour complexifier l'interrogation sur la vérité.

> Un jour les historiens viendront vous demander d'expliquer l'inexplicable : cette formidable vague qui submergea notre Occident pendant le XXᵉ siècle. [...] Ces abominations dépassent largement les capacités de l'explication historique ; pour tenter de comprendre cet incompréhensible-là, il faut une *anthropologie tragique* à la dimension de la vôtre. Nous comprendrons un jour que ce siècle a élargi, à une échelle inhumaine et mondiale, votre *modèle sociétaire et individuel*. Derechef, *d'où vient cette violence ?* Du mime, disiez-vous. [...] Or quand tous désirent le même, s'allume la guerre de tous contre tous. Nous n'avons encore rien à raconter que cette jalousie haineuse du même qui oppose doubles et jumeaux en frères ennemis. Quasi divinement performative, l'*envie* produit, devant elle, indéfiniment, ses propres images, à sa ressemblance. Les trois Horaces ressemblent aux Curiaces triples ; les Montaigus imitent les Capulets ; Saint Georges et Saint Michel miment le Dragon ; l'axe du Bien agit symétriquement, selon l'image, à peine inversée, de l'axe du Mal[1].

En d'autres termes, R. Girard assigne à toute culture humaine un substrat commun : *le lynchage cathartique qui apaise et ressoude la communauté*. Mais il se sert de cette hypothèse anthropologique pour donner un fondement « scientifique » à une assertion théologique qui relève de l'apologétique plus que de la validation épistémologique. Il réduit en effet la vérité de l'homme, de ses aventures herméneutiques et du monde objectif *au seul christianisme* qui innocente la victime et prend radicalement son parti contre toutes les formes de sacrifice émissaire. Il faut ajouter qu'il y a d'autres chercheurs, penseurs qui réactivent l'exception chrétienne en mêlant la culture anthropologique, la critique philosophique et le discours théologique dont le

---

1. M. Serre, « Réponse à R. Girard », dans *Le Monde* du 16/12/2005.

statut épistémologique demeure éloigné de celui des sciences de l'homme et de la société. On connaît la thèse de Marcel Gauchet qui explique que le christianisme est la seule religion qui a conduit historiquement à *la sortie de la religion en Europe de l'ouest*. Dans la même perspective, le philosophe italien Gianni Vattimo écrit ceci :

> C'est peut-être cela (l'histoire du salut comme histoire de l'annonce) le caractère du message *judéo-chrétien* qui constitue un cas unique dans l'histoire des religions et qui, au-delà de toute prétention impérialiste ou eurocentrique, en *fait un candidat raisonnable au statut de religion universelle* [1].

On notera qu'aucun des penseurs et chercheurs qui se sont longuement exprimés sur le *judéo-christianisme* ne disent rien sur l'exemple de l'islam dont on ne peut nier pourtant son inscription insistante, bien que parfois polémique, dans la longue lignée monothéiste. Je pense notamment à Paul Ricœur et Emmanuel Levinas. Cela affaiblit aussi bien la thèse scientifique que la cohérence philosophique du raisonnement. Cette carence m'a conduit à élargir l'espace anthropo-philosophique de ce que j'appelle l'anthropo-histoire critique et *réflexive*. Au lieu de partir du seul couple violence et sacré, j'insère la vérité dont la quête, les postulats, la construction, les contenus, les fonctions politiques, spéculatives, sociales sont inséparables et en tension dialectique dans l'espace d'un triangle si difficile à ouvrir que nous y sommes enfermés malgré les efforts déployés dans l'espace dit neutre de la laïcité.

J'ai choisi la sourate 9 toute entière pour montrer la pertinence théorique et la richesse informative de mon hypothèse heuristique sur le fonctionnement du triangle anthropologique non seulement pour le cas de l'islam, mais pour toutes les religions et pour les espaces modernes de la laïcité/sécularisation. Je n'ai retenu ici que deux versets pour esquisser mon approche que résument trois verbes à l'infinitif : *transgresser, déplacer, dépasser*. Ces trois termes renvoient aux espaces de la réalité, aux stratégies cognitives d'intervention, aux champs disciplinaires avec leurs méthodes et outils de pensée dont se sert la *raison émergente*.

---

1. Dans *Après la Chrétienté. Pour un christianisme non religieux*, Paris, Calmann-Lévy, 2004, p. 49 et 53.

BRÈVES ILLUSTRATIONS [1]

Je partirai de deux courtes citations et de deux versets coraniques pour montrer les tribulations de la vérité dans ses diverses dimensions, dans le monde contemporain.

La proclamation du 01/11/1954 assigne à la guerre algérienne de libération la haute tâche de « *restaurer l'État algérien souverain, démocratique et social dans le cadre des principes islamiques* ». En 1959, la France coloniale s'avise enfin de promulguer une ordonnance interdisant la répudiation des femmes et imposant la procédure judiciaire pour le divorce. Le quotidien du FLN *al-Moujâhid* du 06/07/1995 rejette avec indignation une telle intrusion dans le statut personnel des musulmans :

> Ainsi, des Français, au surplus chrétiens ou de confession israélite comme l'est, paraît-il, Michel Debré [alors premier ministre] ont osé de propos délibéré porter atteinte au Coran, de par son essence immuable, et imposer par le sabre aux musulmans d'Algérie, les lois laïques de France et ce dans la matière la plus sacrée, à savoir le statut personnel.

Auparavant, Bourguiba qui deviendra le libérateur de la femme tunisienne, s'exprimait ainsi pour réfuter une militante contre le port du voile en 1929 :

> Du fait du régime qui lui est imposé, la Tunisie court à la déchéance de sa personnalité… Pour parer à ce danger, les Tunisiens doivent veiller à sauvegarder leurs coutumes qui demeurent les signes distinctifs et par conséquent, les dernières défenses d'une identité nationale en péril.

Voici les deux versets qui nous serviront de point d'appui pour travailler le concept de triangle anthropologique :

> Quand les mois sacrés seront expirés, tuez les polythéistes (*al-mushrikûn*) partout où vous les trouverez ! Capturez-les, assiégez-les, dressez-leur des embuscades ! Mais s'ils reviennent à Dieu (*tâbû*) en accomplissant la prière, en versant l'aumône légale, alors laissez-les libres, car Dieu est toute indulgence et toute compatissance. (9,5)

> Les Juifs ont dit : « Uzayr est fils de Dieu » ;
> Les Chrétiens ont dit : « le Messie est fils de Dieu » ;

---

1. Voir M. Arkoun, *Pour sortir des clôtures dogmatiques, op. cit.*

Tel est le propos qu'ils profèrent de leurs bouches, à l'instar
de ce que disaient, avant eux, les infidèles. Que Dieu les anéantisse !
Ils s'écartent tant de la Vérité ! (9,30)

Les citations

Malgré leur ancienneté, les deux citations continuent de
commander en 2010 la même indignation, la même protestation et les
mêmes ignorances que lors de leur première énonciation. L'arrogance
et les ignorances ne sont pas du seul côté du colonisé ; le colonisa-
teur enfermait avec la même certitude empreinte de mépris, un islam
obscurantiste, une mentalité magique fermée aux apports d'une civilisation du progrès. Choc des ignorances vécues comme des vérités
indiscutables et des valeurs morales bien supérieures à celles de
l'adversaire. À l'heure où j'écris ces lignes, la polémique fait rage à
Paris à propos du boycott du salon du livre par les États et les écrivains
arabes. La différence avec les affrontements des années 1930-1950,
c'est que les acteurs sont censés mieux connaître l'histoire réelle qui
les séparent ; mais les argumentaires des deux protagonistes gomment
les références à cette histoire ressassée *ad nauseam* dans les versions
mytho-idéologiques des historiographies officielles qui continuent de
peser sur les esprits. On sait que le parlement français a même recom-
mandé récemment une histoire qui soulignerait clairement les bienfaits de la colonisation. L'indignation des grands historiens de métier
en France ont fait reculer le pouvoir qui réaffirme l'indépendance
critique de la recherche et de l'enseignement de l'histoire en général,
de celle des affrontements sévères comme la colonisation. Du côté
algérien, on s'est contenté de répéter les indignations habituelles sans
exiger la mise en chantier d'une écriture croisée de toute l'entreprise et
la pratique coloniale en partant d'une autocritique des deux protagonistes sans laquelle on resterait prisonnier de la polémique et de
l'autoglorification officielle. Effectivement, les progrès dans ce sens
sont extrêmement lents et dramatiquement insuffisants.

Ainsi, plusieurs questions cruciales sont escamotées par les
démocraties les plus avancées et les États postcoloniaux qui continuent à user et abuser de la dénonciation du « *génocide culturel et
humain* » pour détourner l'attention des déficits de légitimité politique
et intellectuelle évidente des deux côtés. Quelle « *vérité* » rechercher

quand la violence politique systémique depuis longtemps dénoncée dans les combats anticoloniaux, renaît à l'échelle mondiale dans les guerres civiles allumées dans la majorité des sociétés privées des libertés et des prospérités promises pendant et après les luttes de libération ? On parle plus de justice sociale, de dignité et de liberté que de vérité. Celle-ci se nourrit en effet de ces exigences premières des hommes en société. Il ne peut y avoir de vérité, ni de légitimité politique là où triomphent la violence systémique, tant de frustrations et de privations chez des populations où les jeunes sont plus nombreux que les catégories qui dépassent la quarantaine. Et cette justice elle-même ne peut aboutir sans une culture de paix durable qui mettrait fin aux programmations politiques des conflits. On sait que le conflit le plus tragique et ravageur a été programmé par les vainqueurs de la seconde guerre intra-européenne en un temps où prévalaient encore les empires coloniaux.

Les sciences de l'homme et de la société proposent des cheminements vers des vérités multiples plus ou moins objectivables et respectables comme telles. Même quand on identifie des vérités fiables qui devraient être contraignantes pour tous, c'est un fait permanent que les décideurs politiques ne songent pas à les intégrer dans l'action historique. La logique de la décision politique ne se laisse fléchir ni par les vérités des experts, ni par les valeurs éthiques célébrées dans des rhétoriques creuses ou ouvertement menteuses, ni encore moins par les souffrances des vaincus. Considérons l'œuvre imposante et magistrale d'un Paul Ricœur, auteur entre autres grands titres de *Soi même comme un autre*. À peine disparu, sa pensée si riche, si généreuse, si fécondante est ensevelie sous les avalanches de nouvelles tragiques, de livres et de discours sans lendemain quand ils sont liés aux passions et polémiques quotidiennes.

Je ne saurai faire valoir dans le même sens mes propres travaux sur la *Critique de la Raison islamique*. De son vivant, Paul Ricœur puisait une grande confiance dans un large public qui lisait et commentait ses écrits en Occident. Un chercheur-penseur critique qui explore le vaste domaine de l'islam ne peut prétendre à une telle réception. Après avoir concentré ses efforts à la lutte contre le camp communiste, l'Occident a fait de l'éradication du terrorisme islamiste une nouvelle priorité. Pourtant, le parcours historique du monde dit musulman est très différent de celui de l'URSS depuis la révolution d'Octobre. La page coloniale écrite exclusivement par l'Europe capitaliste relayée par les États-Unis après 1945 est effacée des mémoires réduites au silence haineux ou douloureux selon les catégories d'acteurs. Et puis la construction de l'Union européenne a ouvert des horizons d'action et d'espérance qui ont facilité l'oubli d'une fin tragique pour tous les protagonistes. Il y a pourtant bien des vérités à découvrir et expliciter pour apaiser tant de drames vécus en silence par les peuples concernés.

Ces vérités historiques sont de nature à infléchir les stratégies de contrôle géopolitique de toute la région brûlante du Moyen Orient. En les ignorant délibérément, les deux protagonistes « *Islam* » *versus* « *Occident* » ont laissé grandir le ressentiment, la méfiance, le rejet, le désir de revanche qui ont conduit à la tragédie du 11/9/2001 et ses suites plus dramatiques encore que les épreuves antérieures [1]. Il y a en compte une genèse interne et une genèse externe du recours au terrorisme qu'il reste à élucider en tant que quête objective de la vérité. Je parle de quête de vérité pour justifier la fonction cathartique de l'histoire comme instance du vrai et du juste.

Avant le 11/09/2001, il y a bien une alliance objective entre les États nationaux qui étatisent l'islam à l'intérieur et certaines puissances qui instrumentalisent la force mobilisatrice de l'islamisme radical pour mieux contrôler les devenirs des découpages géopolitiques et économiques du monde. Les analystes de ces stratégies se contentent de décrire ces manipulations stratégiques et de supputer leurs échecs ou leurs succès ; ils ne s'interrogent guère sur les effets désastreux de la *Machtpolitik* permanente sur le champ intellectuel, scientifique, culturel et moral dans les sociétés doublement éprouvées par des États nationaux peu soucieux de leur légitimité et du bien public, et par des puissances qui soutiennent ou écrasent selon les conjonctures, la violence meurtrière des mouvements subversifs et sans programme politique viable.

Ainsi triomphe le discours à double critère qui appelle au respect des droits de l'homme et des valeurs démocratiques et en même temps pervertit, voire anéantit le travail indispensable de la pensée libre pour protéger et enrichir la quête critique de vérité *inséparable de la*

1. Voir pour plus de développements mes réflexions et analyses dans M. Arkoun et J. Maila, *De Manhattan à Bagdad, op. cit.*

quête de sens, de justice et de légitimité dans toute société humaine. Là encore les sciences de l'homme et de la société font des constats d'huissier sur l'absence des libertés élémentaires, les régressions culturelles, morales et scientifiques en contextes islamiques contemporains, sans élucider la genèse historique et les facteurs idéologiques, institutionnels, politiques et sociaux qui ont conduit à la fuite des élites, à la résignation et au sentiment d'humiliation des peuples et la rage de ceux qui n'attendent plus de recours dans ce monde et décident de s'inscrire dans la liste des martyrs. Il faudrait écrire un grand livre sur la genèse politique et psychosociale de l'imaginaire du martyr depuis les guerres de libération. Dans tout l'ex-Tiers monde, le champ est devenu libre au déploiement de la religiosité populiste, des idéologies régressives et de la violence politique systémique en ce sens qu'elle combine les facteurs internes et les facteurs externes. À l'irrésistible expansion de la *culture de l'incroyance* religieuse remplacée par le culte du pouvoir d'achat, du spectacle et du profit en contextes occidentaux, correspondent du côté du protagoniste « Islam » l'envahissement de la religiosité salvatrice, la nostalgie d'une grandeur passée et depuis longtemps oubliée, l'attente incertaine et confuse d'une émancipation concrète enfin libérée de la dangereuse espérance messianique. Dans notre phase actuelle de crise généralisée de la raison et de toute quête de fondements ou d'instance de l'autorité protectrice de la vérité, du sens et de la légitimité universalisables et plus seulement nationales ou communautaires, on en vient à simuler des quêtes de vérité plus fiable en se réfugiant dans la description et la déconstruction des *régimes* idéologiques ou purement imaginaires de « *vérités* » conflictuelles qui continuent de fonder les guerres en cours.

Pour ouvrir de nouveaux champs d'investigation, rappelons pour mémoire quelques tensions de portée éducative entre théologie et philosophie. Ce rappel est nécessaire, car la théologie fortement marginalisée continue à réfléchir à des renouveaux possibles en s'aidant comme la philosophie, des interrogations, des méthodologies et du travail de conceptualisation non seulement dans les sciences de l'homme et de la société, mais également dans les avancées révolutionnaires des sciences de la vie. Je souligne que cette théologie ouverte aux grands débats épistémologiques sur les neurosciences, les sciences de la vie, le statut du fœtus et de la personne humaine virtuelle, sans parler des remises en cause par l'histoire, la linguistique, l'anthropologie, se pratique en chrétienté (protestantisme et catholicisme), de façon plus marquée par la croyance en judaïsme et en islam. Cela veut dire que le concept médiéval de *religion vraie*, à l'exclusion de toutes les autres, continue de prévaloir dans les dialogues interreligieux et de façon plus dogmatique dans les expressions ritualistes de la croyance religieuse. Malgré ses ouvertures non négligeables aux autres religions après Vatican II, le Magistère catholique continue de défendre en même temps l'idée d'une hiérarchie des religions sous le rapport de leurs régimes de vérité respectifs. Il faut se libérer de toute obsession de vérité, sachant que les vérités les plus anciennes, les mieux enracinées et les plus récurrentes dans les sociétés (je pense au retour actuel du religieux), ne sont que des croyances qui triomphent et éliminent d'autres croyances établies, concurrentes ou nouvelles.

L'activité critique de la raison dans les divers domaines de son intervention (on parle de raison religieuse, théologique, philosophique, politique, économique, dialectique, juridique, éthique, ...) ne se limite plus à discerner le rationnel de l'irrationnel, de l'imaginaire ou de l'idéologique à l'intérieur de chaque parcours historique lié à chaque logosphère ; elle doit traverser toutes les frontières pour explorer et comparer l'ensemble des systèmes de pensée et de croyances qui s'appuient sur la Vérité ou des vérités qui n'ont pas traversé l'épreuve de la comparaison et de la confrontation non plus à l'universel toujours invoqué, mais jamais réalisé, mais à *l'universalisable* qui maintient partout les processus dynamiques de la dialectique, de la confrontation et de la validation. Les religions monothéistes qui ont vécu au Moyen Âge une confrontation exigeante avec la raison philosophique, continuent à se méfier de l'attitude philosophique et surtout à s'exclure mutuellement du statut de *religion vraie* candidate à l'universel. Ce qu'on appelle le retour du religieux en Occident exacerbe la quête d'identité et la revendication du droit à la différence en élargissant les exclusions réciproques nourries depuis des siècles par les trois versions monothéistes de l'élection, de l'Alliance, du privilège conféré par le rôle de dépositaire unique de la vraie révélation de la Parole de Dieu. La raison moderne introduit une alternative à cet exclusivisme ; elle soumet à son examen critique tous les régimes de vérité, mais elle tend à monopoliser la production d'une vérité universelle également partagée par les êtres humains. De là découle l'expansion de la culture de l'incroyance qui nous renvoie soit à la relativité et à la contingence de toute vérité, soit à des impératifs catégoriques pour toute production, réception et pratique de la vérité.

Dans tous les cas où la vérité est invoquée ou mise en cause, un débat pouvant aller jusqu'au conflit majeur s'ouvre. Il n'y a de connaissance ou valeur vraie que conflictuelle. La priorité donnée par Kant à l'étude préalable des *conditions de possibilité* d'une *raison pure* et d'une *raison pratique* qui viseraient toujours la vérité consensuelle, conserve une utilité méthodologique, mais ne met pas fin aux régimes conflictuels de vérité. On sait que Marx a fait une critique de l'économie politique, prolongée, complétée, approfondie par Nietzsche dans sa généalogie des valeurs. La première critique a été confisquée et oblitérée par la soi-disant révolution prolétarienne; la seconde a été mal comprise, délaissée et surtout détournée de ses ambitions philosophiques par le retour des systèmes de croyances et de non-croyances sous le règne de l'empirisme, du pragmatisme individualiste, du libéralisme sauvage, de la marchandisation de la culture et de la pensée, de l'Organisation mondiale du commerce... Une initiative significative des conditions nouvelles de l'exercice de la pensée critique vient d'être prise par le journal *Le Monde* qui republie les grandes œuvres philosophiques classiques à des prix accessibles au large public demeuré à l'écart des combats intellectuels et artistiques libérateurs même dans les sociétés où tous les enfants sont scolarisés et tous les citoyens ont en principe accès au savoir et à la culture. On mesure ainsi la persistance des obstacles à la production et aux cheminements de la vérité dans les sociétés humaines où prédomine toujours le poids de construction sociale de la réalité.

Ici surgit un problème que signalent les politologues quand ils parlent de la fin du monopole de l'Occident sur l'orientation des forces de production de l'histoire des hommes. Cette observation remplace la théorie de *la fin de l'histoire* annoncée par F. Fukuyama en même temps que celle du *clash des civilisations* au début des années 1990. Si l'émergence de l'Inde et de la Chine annonce, en effet, l'avènement d'un monde multipolaire dans le domaine de la production et des échanges économiques et monétaires, les fonctions de la raison et de la culture humaniste orientée vers l'émancipation plus effective et généralisée de la condition humaine, ne suivent pas le rythme et l'efficacité requis par l'entrée dans la compétition de cultures très décalées, voire régressives par rapport aux avancées spectaculaires de la recherche scientifique et de l'innovation technologique. Sans doute, ces avancées produisent de la *pensée jetable* dans les sociétés de consommation, de spectacle, de grands profits et d'exclusion sociale. Cette situation accroît les responsabilités intellectuelles, scientifiques, culturelles, spirituelles d'un Occident dont la domination depuis le XIXᵉ siècle, a largement contribué à la « dépossession » du reste du monde dans les domaines cruciaux de l'indispensable *travail de soi sur soi* de chaque tradition de pensée, de culture et d'exercice légitime de la souveraineté politique.

Je reviens ainsi à l'exemple de l'islam. Je m'interroge depuis longtemps sur les forces de dislocation des sociétés traditionnelles sous l'impact de fragments de modernité imposés de l'extérieur. On investit les emprunts dans la formation d'idéologies nationalistes de combat plus que dans l'acquisition d'outils de pensée communs à la communauté des chercheurs et indispensables au travail de soi sur soi du sujet individuel et du sujet collectif. C'est ainsi que la lutte légitime contre le système colonial a entraîné la mise à l'écart de la recherche scientifique des savants occidentaux sur l'histoire des sociétés et des cultures liées au fait islamique. Ce rejet s'est durci avec l'intensité des conflits politiques. Les guerres de libération ont même coupé les mémoires collectives de leurs temporalités respectives, disqualifié les coutumes et instances de valeurs qui perpétuaient les cohésions socio-culturelles et fondaient les légitimités religieuses et politiques. Les partis-États qui ont relayé politiquement les régimes coloniaux, ont tous improvisé des politiques de *repersonnalisation* (communautarismes et quête « d'identités meurtrières ») qui ont aggravé les processus de régression et de mise en crise des valeurs et plus encore des fonctions de la raison critique libre. Les guerres civiles qui ravagent encore tant de peuples, ont commencé au lendemain des indépendances et sévissent encore jusqu'à nos jours dans plusieurs pays. Je dirai de façon lapidaire que la catastrophe du 11/09/2001 doit être pensée dans les perspectives d'une *plus grande raison* prenant en charge simultanément ses omissions, ses oublis, ses ruptures, ses choix, ses rejets tant du côté islam que du côté Occident.

Que faut-il entendre par la *plus grande raison*? Plus grande que quelles autres raisons qui serviraient de critères et de référence pertinente ? J'ai souvent parlé aussi de *raison émergente* pour désigner tous les *combats de l'esprit pour l'esprit avec les ressources de l'esprit*[1] dans toutes les traditions de pensée connues, restituées plus ou moins adéquatement par les historiens, identifiées par les anthropologues à travers le monde. Bien que l'érudition européenne ait accumulé une abondante production sur les cultures non occidentales, il reste encore beaucoup à faire pour créer des conditions d'intercréativité, d'interpénétration des systèmes de pensée, des œuvres de culture et de civilisation. Avec les flux migratoires dans le monde, la construction en Union européenne d'un nouvel espace de citoyenneté, nous entrons dans la phase historique des dépassements et des transgressions des frontières jalousement surveillées par les États souverainistes et les clercs attardés dans les cultes de religions « vraies » et d'identités fermées sur leur autocélébration. Il faudra bien sûr sortir très vite des pièges et des prisons de *Jihâd* versus *McWorld* selon un titre parlant de Benjamin Barber.

Les deux versets[2]

Comment lire les deux versets cités ci-dessus ? Il y a plusieurs protocoles de lecture des grands corpus fondateurs des religions. Je ne peux les détailler ici[3]. Je mentionnerai le protocole de lecture croyante ; de lecture philologique et historiciste ; de lecture littérale ou ésotérique ; de lecture grammaticale et lexicographique ; de lecture théologique et juridique. Chacun de ces protocoles conduit à des

1. Cette phrase est la traduction d'une confession célèbre de 'Abd-al-Qâdir al-Jîlânî, théologien mystique hanbalite devenu l'un des plus grands saints de l'islam (m. 561/ 1166). En arabe, il parle de *haqq*, un concept travaillé dans le Coran et enrichi notamment par les grands mystiques de la période classique. *Haqq* désigne à la fois la vérité, la justice, le juste, le réel vrai. Voici la citation qui mérite un long commentaire sur la vérité expérimentée, intériorisée dans l'expérience personnelle du divin : *Nâza'tu-l-Haqqa bi-l-Haqqi li-l-Haqqi*. Je traduis *haqq* par l'esprit parce la quête du *haqq* chez le mystique engage toutes les facultés de l'esprit, raison, intelligence, mémoire, imagination, capacité de contempler l'imaginal. Voir d'amples développements sur les contenus de *Haqq* dans l'ouvrage de l'auteur, *al-ghunya li-tâlibi tarîq al-Haqq*, Le Caire, 1304.

2. En introduction à tout ce paragraphe, lire M. Arkoun, *Pour une critique de la Raison islamique, op. cit.*, chap. 2, « Le statut cognitif et les fonctions de la Révélation d'après l'exemple du Coran ».

3. Voir M. Arkoun, *Pour sortir des clôtures dogmatiques, op. cit.*

régimes de vérité plus ou moins réducteurs, à des connaissances partielles, voire fausses, à des projections anachroniques sur des fragments décontextualisés et totalement indifférents aux conditions d'écriture de l'histoire critique, à la linguistique synchronique et diachronique, au passage de l'oralité à l'écriture, de l'énonciation première par le médiateur Mohammed Ibn 'Abdallah nommé prophète ou Messager de Dieu dans l'énonciation qu'il transmet.

Toutes ces ignorances, ces omissions, ces manipulations communes aux communautés interprétantes soumises à la théologie traditionnelle de la Révélation sont prises en charge et mises en examen par le protocole de lecture propre à la *raison émergente*. La complexité de ce protocole apparaîtra dans les cheminements de l'analyse et de la critique.

Lus dans leurs significations littérales, les versets 9,5 et 9,30 ravissent tous ceux qui réduisent l'islam à la religion conquérante enfermant les populations dans le dilemme : la conversion ou la mort. C'est un point d'appui solide pour tous les islamophobes d'hier et d'aujourd'hui. Aujourd'hui, les croyants pacifiques sont embarrassés par l'appel explicite à tuer tous les polythéistes qui refusent la conversion à la *religion vraie*. Ne pouvant nier l'évidence du commandement, beaucoup évitent de citer une telle injonction, surtout quand on découvre que les commentateurs médiévaux l'appellent avec un zèle pieux le *verset du sabre* (*âyat al-sayf*). En revanche, les fondamentalistes renouent avec le zèle des anciens et brandissent avec ferveur ce verset pour légitimer la *guerre juste* (*jihâd*) contre les *agresseurs* avérés de l'islam. Ils torturent le texte et font appel à des versets pacifistes pour démontrer que l'islam est une religion de paix et de tolérance ; la guerre juste est une obligation canonique pour les croyants dans les seuls cas de légitime défense ou de rupture d'alliance entre les clans et les tribus. C'est précisément cette rupture que dénonce la sourate dès le premier verset : *Allah et son messager se désengagent d'un pacte non respecté par les partenaires* (*barâ'atun*) ; ce qui ouvre la possibilité de retour aux hostilités.

Le protocole philologique et historiciste s'attarde à l'histoire des mots, aux étymologies, aux influences, aux transformations des signifiés. Il signalera les faux sens, les contre-sens du littéraliste qui ignore totalement les dangers des anachronismes. Il dédaignera les interprétations fantaisistes reposant sur des légendes ou récits mythologiques donnés à comprendre comme historiquement vrais. La philologie a été longtemps la reine des disciplines utilisées dans la méthode historico-critique et les éditions critiques des anciens textes. On peut ainsi dresser une typologie des protocoles de lecture pour marquer les ruptures et les apports nouveaux de ce qu'on pratique sous le nom de *critique du discours* dans ses différentes énonciations ou articulations écrites sans passer par le stade de l'expression orale.

Qu'il s'agisse de la Bible, des Évangiles ou du Coran, toute lecture d'un verset ou d'une unité textuelle plus longue doit tenir compte de trois niveaux de contextualisation : 1) la *situation de discours* de la première énonciation orale ; 2) le contexte textuel immédiat où le verset ou fragment est inséré ; 3) le contexte englobant du Corpus Officiel Clos (l'ensemble des récits, des fragments, de larges unités collectés et répartis dans les volumes nommés Bible, Évangile ou Coran). On perçoit déjà une grand nombre de problèmes ignorés pendant des siècles par tous les protocoles de lecture énumérés ci-dessus.

Je ne suivrai pas toutes ces étapes ici ; l'essentiel est de retenir les grands enjeux de vérité engagés dans chaque protocole retenu. Dans le cas du Coran, il est sûr qu'avec l'étatisation de l'islam et l'apparition de mouvements d'opposition comme le Front islamique du Salut (FIS) en Algérie, les Talibans en Afghanistan, le Hizbu-llâh au Liban, le Hamas en Palestine, …, on est passé d'une exégèse encadrée dans une longue tradition répétitive à une exégèse « sauvage » échappant à tout contrôle et collant aux urgences d'un militantisme entièrement voué aux impératifs de l'idéologie de combat. Par exemple, dans le verset 9,30, il est question d'un certain 'Uzayr reconnu comme fils de Dieu par des juifs. Les anciens exégètes avaient le mérite de s'interroger sur l'identité de ce 'Uzayr ; Tabarî souligne même qu'il n'est pas habituel que des juifs expriment une telle croyance. L'érudition moderne suggère que 'Uzayr est en fait le grand prêtre Ezra qui contribua à la reconstruction du Temple après le retour de Babylone à Jérusalem. Cette curiosité historique ne hante plus guère la grande majorité des musulmans, car la lecture historique des versets met en cause la représentation orthodoxe d'une Parole de Dieu descendue sur terre et communiquée mot à mot par le prophète. On a là encore un exemple très éclairant des conflits des vérités à propos des noms, des rôles, des événements, des positions polémiques qui deviennent des dogmes intouchables.

Ajoutons quelques remarques sur la signification des liens entre les deux citations concernant des acteurs contemporains et les usages faits du texte coranique. Marquons d'abord les liens entre les deux citations et l'appel ou l'absence d'appel au *Coran immuable*. Le texte véhément du quotidien *al-Mujâhid* souligne le scandale de *chrétiens* qui s'autorisent, sous le régime colonial, à modifier les dispositions de la Loi divine sur le statut des femmes. Bourguiba lie l'émancipation de la femme (nous sommes dans les années 1930) au danger de déchéance de la personnalité tunisienne. Les femmes sont les gardiennes sûres et fidèles des coutumes qui perpétuent les signes distinctifs de l'identité nationale. L'adhésion émotionnelle immédiate à ce vocabulaire des « valeurs » efface dans les esprits la violence *implicitement* vécue par les femmes sans pouvoir jamais la porter elles-mêmes à l'*explicite connu* jusqu'à des temps récents. En outre, l'évocation de la mise en péril de l'identité nationale par l'occupant colonial fonde la nécessité d'un combat légitime de libération politique, sans expliciter le prix payé à terme par le maintien d'un régime patriarcal archaïque et régressif après la libération et l'installation d'un État national. Car le code de la famille et des successions continue de s'imposer dans plusieurs pays avec l'argument dirimant que la législation humaine ne peut changer les dispositions explicites de la Parole de Dieu. Je ne connais pas de juriste musulman qui ouvre les voies d'une théologie assez audacieuse pour s'interroger sur le statut cognitif du discours coranique dans son ensemble. Je l'ai fait personnellement depuis les années 1970; mais mon intervention est assimilée à celle des Orientalistes non musulmans. Ainsi, la structure de l'imaginaire commun de la croyance musulmane fixée dès le IVe/Xe siècle, continue de contrôler et freiner toute initiative de libération intellectuelle et culturelle en ouvrant comme je l'ai fait, le chantier d'une critique de la raison juridique en islam contemporain [1].

La pensée politique et juridique critique reste bloquée à la fois par les juristes traditionalistes gardiens des orthodoxies sunnite et shî'ite et par les États postcoloniaux qui ont *étatisé* la religion en fonctionnarisant le contrôle de tout le théologico-politico-juridique. La citation d'un seul verset ou ḥadîth « authentique » suffit pour arrêter tout débat

---

1. Voir M. Arkoun, *Humanisme et Islam, op. cit.*

libre sur les questions relevant du statut personnel (*aḥwâl shakhṣiyya*). En d'autres termes, l'activité de la raison scientifique critique est sous la domination stricte de l'imaginaire commun de la croyance. Les discours sociaux et politiques quotidiens subissent tous les effets pervers et souvent paralysants du registre émotionnel de la croyance combiné avec celui d'un nationalisme véhément que continuent d'enflammer l'intolérable arbitraire politique de « l'Occident » dans tout l'espace géopolitique renommé rebaptisé le *Grand Moyen Orient* sous le règne de l'administration Bush. Ainsi, la combinaison explosive et perverse de l'imaginaire politique et de l'imaginaire religieux a considérablement élargi dans l'ensemble de ce qu'on appelle à tort le « *monde musulman* », le domaine des sujets et du vocabulaire tabous. La question de la vérité est le premier grand tabou, car il n'y pas de vérité qui ne soit articulée déjà dans le Coran ou que l'esprit humain pourrait énoncer sans la valider par un enseignement coranique ou prophétique. C'est là du moins la croyance reçue à propos de la Parole de Dieu consignée dans le corpus appelé *Muṣḥaf*.

BIBLIOGRAPHIE[1]

A Companion to Linguistic Anthropology, A. Duranti (ed.), Oxford, Blackwell, 2004.

ABÉCASSIS F. et MEYNIER G. (dir.), *Pour une histoire franco-algérienne. En finir avec les pressions officielles et les lobbies de mémoire*, Paris, La Découverte, 2008.

ABEL O., *Le dévoilement*, Éditions de l'IDES, 1996.

– *La justification de l'Europe*, Genève, Labor et Fides, 1992.

– *Le livre de traverse. De l'exégèse biblique à l'anthropologie*, Paris, Le Cerf, 1992.

– *Pierre Bayle : la confiance dans le doute*, Genève, Labor et Fides, 1995.

– *Paul Ricœur, la promesse et la règle*, Paris, Éditions Michalon, 1996.

– *L'amour des ennemis et autres méditations sur la guerre et la politique*, Paris, Albin Michel, 2002.

– *Jean Calvin*, Paris, Éditions Pygmalion, 2009.

AUGÉ M., *Non-Lieux. Introduction à une anthropologie de la surmodernité*, Paris, Seuil, 1992.

BADIE B., *Les deux États. Pouvoir et société en Occident et en terre d'Islam*, Paris, Points-Seuil, 1997.

BROWN J., *The Canonisation of al-Bukhârî and Muslim. The Formation and Function of Sunnî Hadîth Canon*, Leiden, Brill, 2007.

BURTON M., *Who wrote the New Testament? The Making of the Christian Myth*, New York, Harper Collins. 1995.

---

1. Le livre *Les identités, richesse ou menace?* (Bordeaux, Centre Culturel Hâ 32, 2005) tente de faire le point sur les questions liées à l'identité, en rassemblant la plupart des conférences données en 2002 et 2003 au Centre Culturel Hâ 32, à Bordeaux, dans le cadre d'un cycle sur les identités. Nous donnons dans la présente bibliographie une liste d'ouvrages cités ou écrits par les conférenciers, ainsi que quelques références plus récentes.

CAHEN M., *Ethnicité politique. Pour une lecture réaliste de l'identité*, Paris, L'Harmattan, 1994.

– *Nationalisation du monde. Europe, Afrique, l'identité dans la démocratie*, Paris, L'Harmattan, 1999.

CAMUS A., *L'étranger*, Paris, Gallimard, 1942.

– *Le premier homme*, Paris, Gallimard, 1994.

Ce que la Bible doit à l'Égypte, préface Th. Römer, Paris, Bayard, 2008.

CHABBI J., *Le Seigneur des tribus. L'islam de Mahomet*, Paris, Noesis, 1996.

– *Le Coran décrypté. Figures bibliques en Arabie*, Paris, Fayard, 2008.

CHRÉTIEN J.-L., *Sous le regard de la Bible*, Paris, Bayard, 2008.

COLOSIMO F., *L'Apocalypse russe. Dieu au pays de Dostoïevski*, Paris, Fayard, 2008.

CROUZET D., *Dieu en ses royaumes : une histoire des guerres de religion*, Seyssel, Champ Vallon, 2008.

DAKHLIA J., *Lingua franca*, Arles, Actes Sud, 2008.

DEBRAY R., *Un Candide en Terre Sainte*, Paris, Gallimard, 2008.

DOUGLAS M., *L'anthropologue et la Bible. Lecture du Lévitique*, Paris, Bayard, 2005.

DUPIN É., *L'hystérie identitaire*, Paris, Éditions du Cherche Midi, 2004.

ENDRESS G. (ed.), *Organising Knowledge. Encyclopaedic Activities in the pre-eighteenth Century Islamic World*, Leiden, Brill, 2006.

FERRET S., *Le philosophe et son scalpel. Le problème de l'identité personnelle*, Paris, Éditions de Minuit, 1993.

FINKELSTEIN I. et SILBERMAN N.A., *La Bible dévoilée. Les nouvelles révélations de l'archéologie*, Paris, Bayard, 2002.

FLORI J., *Pierre L'Hermite et la première croisade*, Paris, Fayard, 1999.

FURET F., *Le passé d'une illusion. Essai sur l'idée communiste au XXᵉ siècle*, Paris, Lafont, 1995, rééd. Paris, Calmann-Lévy, 2008.

GAUCHET M., *Le désenchantement du monde*, Paris, Gallimard, 1985.

GUENANCIA P., *L'identité*, dans *Notions de philosophie*, t. 2, Paris, Gallimard, 1995.

HEIDEGGER M., *Questions I, Identité et différence*, Paris, Tel-Gallimard, 1990.

HERVIEU-LÉGER D., *La religion en miettes ou la question des sectes*, Paris, Calmann-Lévy, 2001.

– *Les identités religieuses en Europe*, Paris, La Découverte, 1996.

– *Le Pèlerin et le Converti*, Paris, Flammarion, 1999.

– *Catholicisme, la fin d'un monde*, Paris, Bayard, 2003.

HOFFMANN Th., *The Poetic Qur'ân : Studies on Qur'ânic Poeticity*, Wiesbaden, Harrossowitz Verlag, 2007.

HUME D., *Traité de la nature humaine*, Livre I, Paris, GF-Flammarion, 1999.

HUNTINGTON S., *Le choc des civilisations*, Paris, Odile Jacob, 2000.

ISRAEL J., *Radical Enlightenment : Philosophy and the Making of Modernity, 1650-1750*, Oxford, Oxford UP, 2001.

JOBIN G., *La foi dans l'espace public. Un dialogue théologique avec la philosophie morale de Jean-Marc Ferry*, Laval, Presses de l'Université Laval, 2004.

JOXE P., *L'Édit de Nantes. Une histoire pour aujourd'hui*, Paris, Hachette-Littératures, 1998.

– *À propos de la France, Itinéraires 1*, Paris, Flammarion, 1998.

JUYNBOLL G.H.A., *Encyclopaedia of Canonical Hadîth*, Leiden, Brill, 2007.

KAUFFMANN J.-Cl., *L'invention de soi. Une théorie de l'identité*, Paris, Armand Colin, 2004.

KOHLBERG E., *Belief and Law in Imâmî Shî'ism*, Hampshire, Variorum, 1991.

— and AMIR-MOEZZI M.A., *Revelation and Falsification. The Kitâb al-qirâ'ât of Ahmad b. Muhammad al-Sayyârî*, Critical edition with introduction and notes, Leiden, Brill, 2009.

LAFONT R., *Nous, peuple européen*, Paris, Kimé, 1991.

LAMBERT J., *Le dieu distribué*, Paris, Le Cerf, 1997.

LEFORT Cl., *La complication*, Paris, Fayard, 1999.

LETT D., *Un Procès de canonisation au Moyen Âge. Essai d'histoire sociale, Nicholas de Tolentino 1325*, Paris, PUF, 2008.

LOCKE J., *Essai sur l'entendement humain*, livre I-II, introduction, trad. fr. et notes J.-M. Vienne, Paris, Vrin, 2002.

MAALOUF A., *Les Identités meurtrières*, Paris, Grasset, 1998 ; rééd. Paris, Le Livre de Poche, 2001.

MARION J.-L., *Le croire pour le voir*, Paris, Éditions Parole et silence, 2010.

– *Certitudes négatives*, Paris, Grasset, 2010.

MARTIN D.-C., *Les nouveaux langages du politique en Afrique orientale*, Paris, Éditions Karthala, 1998.

– *Au delà des traditions, langages et pratique de la démocratie en Afrique orientale*, Paris, Karthala, 1997.

– *Sortir de l'apartheid*, Bruxelles, Complexe, 1992.

— (dir.), *Cartes d'identité, comment dire « nous » en politique ?*, Paris, Presses de la FNSP, 1994.

— et COULON C., *Les Afriques politiques*, Paris, La Découverte, 1991.

MEIER J.P., *Un certain juif Jésus. Les données de l'histoire*, vol. 1, *Les sources, les origines, les dates*, Paris, Le Cerf, 2004 ; vol. 2, *La parole et les gestes*, Paris, Le Cerf, 2004 ; vol. 3, *Attachements, affrontements, ruptures*, Paris, Le Cerf, 2005 (the original English version is published in 1991-1995 by Doubleday, New York).

MICHON C. (dir.), *Christianisme : héritage et destins*, Paris, Le Livre de Poche, 2002.

NAGEL T., *The History of Islamic Theology. From Muhammad to the Present*, Princeton, Princeton UP, 2000.

– *Muhammad Lieben und Legende*, Munich, Oldenburg Verlag, 2008.

– *Allahs Liebling. Ursprung und Ersheinungs formen des Muhammad glaubens*, Munich, Oldenburg Verlag, 2008.

OUAKNIN M.-A., *Mystères de la Bible*, Paris, Assouline Éditions, 2008.

PERREAU J., *Trois bordelais du temps passé*, Bordeaux, P.P.C. Éditions, 1982.

PLATON, *Le Sophiste* (254e, 257c), dans *Œuvres*, t. 2, Paris, Gallimard, 1993.

– *Le Théète* (152d, 155d), dans *Œuvres*, t. 2, Paris, Gallimard, 1993.

PURKHARDT S.C., *Transforming Social Representations. A social Psychology of Common Sense and Science*, London, Routledge, 1993.

PYYSIAINEN I., *How Religion Works : Towards a new Cognitive Science of Religion*, Leiden, Brill, 2001.

RICŒUR P., *Soi-même comme un autre*, Paris, Seuil, 1990.

ROUX G., *Du prophète au savant. L'horizon du savoir chez Maïmonide*, Paris, Le Cerf, 2010.

RUBIN U., *The Eye of the Beholder : The Life of Muhammad as Viewed by the Early Muslims*, Princeton, Darwin Press, 1995.

– « The Shrouded Messenger. On the Interpretation of al-Muzammil and al-Mudaththir », *JSAI*, 16/1993.

SAND S., *Comment le peuple juif fut inventé*, Paris, Fayard, 2008.

SCHWARTZ R.M., *Transcendence : Philosophy, Literature, and Theology Approach the Beyond*, London, Routledge, 2004.

SEILER D.-L., *La vie politique des Européens*, Paris, Éditions Economica, 1998.

– *Les partis politiques en Occident : sociologie historique du phénomène partisan*, Paris, Ellipses, 2003.

SELLS M.A., *Approaching the Qur'ân. The early Revelations*, Aschland, White Cloud Press, 2001.

SERJEANT R.B., *Customary and Sharî'a Law in Arabian Society*, Hampshire, Variorum, 1991.

SERRE J.-L., *Génétique*, Paris, Dunod, 2001.

– *Génétique des populations*, Paris, Dunod, 2006.

– *Génétique humaine*, Paris, Nathan, 1993.

STOCKWELL P., *Cognitive Poetics. An Introduction*, London, Routledge, 2002.

TURNER V.W., *Ritual Process : Structure and Anti-structure*, Berlin, de Gruyter, 1995.

VAN DAMME W., *Beauty in Context. Towards an Antropological Approach to Aesthetics*, Leiden, Brill, 1996.

VILADESAU R., *Theological Aesthetics. God in Imagination, Beauty and Art*, Oxford, Oxford UP, 1999.

WALES K., *A Dictionary of Stylistics*, 2ᵉ ed. Harlow, Longman, 2001.

WAAIJMAN K., *Spirituality. Forms, Foundations, Methods*, Louvain, Peeters, 2002.

WHITEHOUSE H., *Modes of Religiosity. A Cognitive Theory of Religious Transmission*, Lanham (Md.), Rowman AltaMira Press, 2004.

WILD S. (ed.), *Self-Referentiality in the Qur'ân*, Wiesbaden, Harrassowitz Verlag, 2007.

ZAMMIT M.R., *A Comparative Lexical Study of Qur'ânic Arabic*, Leiden, Brill, 2002.

ZEKI S., *Inner Vision : An Exploration of Art and the Brain*, Oxford, Oxford UP, 1999.

Laboratoire d'Anthropologie des Populations du Temps Passé : http://www.pacea.u-bordeaux1.fr/presentationlapp.html

Cogweb Talk of Origins : http://cogweb.ucla.edu/

TABLE DES MATIÈRES

Achevé d'imprimer par Corlet, Imprimeur, S.A. - 14110 Condé-sur-Noireau
N° d'Imprimeur : 134642 - Dépôt légal : décembre 2010 - *Imprimé en France*